儿童基本动作技能教学实践与评测指南

杜 更 著

北京理工大学出版社
BEIJING INSTITUTE OF TECHNOLOGY PRESS

版权专有　侵权必究

图书在版编目(CIP)数据

儿童基本动作技能教学实践与评测指南 / 杜更著
. -- 北京：北京理工大学出版社，2020.7（2024.8重印）
ISBN 978 - 7 - 5682 - 8729 - 6

Ⅰ.①儿… Ⅱ.①杜… Ⅲ.①儿童–体育教学–教学研究 Ⅳ.①G807.01

中国版本图书馆CIP数据核字（2020）第135416号

责任编辑：徐艳君	**文案编辑**：徐艳君
责任校对：周瑞红	**责任印制**：施胜娟

出版发行 /	北京理工大学出版社有限责任公司
社　　址 /	北京市丰台区四合庄路6号
邮　　编 /	100070
电　　话 /	（010）68914026（教材售后服务热线）
	（010）68944437（教材资源服务热线）
网　　址 /	http://www.bitpress.com.cn

版 印 次 /	2024年8月第1版第2次印刷
印　　刷 /	定州启航印刷有限公司
开　　本 /	787 mm×1092 mm　1/16
印　　张 /	15.5
字　　数 /	400千字
定　　价 /	88.00元

图书出现印装质量问题，请拨打售后服务热线，负责调换

前言

儿童是实现祖国伟大复兴的希望，是推动社会进步的有生力量，是维护家庭情感的重要纽带，因此儿童的身体健康和全面发展时刻牵动着国家、社会和家庭的密切关注。"好奇"是促进儿童身体活动的根本动因，"好动"则是儿童探求未知的主要方式，儿童就是在一次次满足好奇心的身体探索中，提升了对外部世界的认知，增强了身体活动的能力，丰富了操控物体的经验。身体活动不仅有助于提升儿童的身体素质，更能促进他们的认知发展，培养其良好的社会适应能力和心理品质。大量研究表明，儿童早期运动经历和行为习惯都将对其成年后的认知发展、体育素养和运动习惯产生重要且深远的影响。

随着社会现代化发展日新月异，智能手机、自动机械在日常生活中得到广泛运用，在提升人类生活品质的同时，又极大地减少了人类体力活动的机会。因此，当前我国居民体力活动水平明显不足，尤其是儿童日常的身体活动普遍存在体力活动量不够、基本动作技能学习不足、电子产品使用成瘾等现实问题，从而导致我国儿童肥胖、近视和心血管疾病等慢性病比例逐年攀升，身体素质每况愈下。许多组织和学校已经充分意识到了问题所在，分别在公共舆论引导、健康行为干预、体育课程设置方面做了大量公共健康干预与体育活动引导工作，但是收效甚微，究其原因在于广大学校、体育管理部门和儿童体育培训机构缺乏科学指导儿童开展基本动作技能学习的具体内容、指导方法与评测手段。随着《"健康中国2030"规划纲要》和《3～6岁儿童学习与发展指南》的出台，关注儿童身体健康已经逐渐上升到国家战略层面。因此在国家、社会大力促进儿童身体健康发展的大背景下，为学校和相关部门、机构提供一部儿童基本动作技能教学指导与动作评测的指导教材，将是帮助破解儿童体力活动不足的关键所在，这也是撰写本书的初衷。

动作是一切身体运动不可分割的基本单位，也是儿童探索环境、操控物体和参与游戏的根本方式。因此如何在儿童体育教学中帮助其全面、系统、科学、熟练地掌握各种动作技能就变得十分重要。基本动作技能是儿童从基本动作模式向专项动作技能过渡的重要发展阶段，其在儿童体育锻炼意识培养、终身运动习惯养成和身体健康促进方面都发挥着十分重要的作用，因此基本动作技能教学应是不同年龄段儿童体育教学的重要内容。

本书在借鉴国外动作概念分析框架、儿童动作技能学习和基本动作技能主题教学等前沿理论的基础上，结合 0~12 岁儿童不同阶段的生长发育、认知发展、动作发展和社会情绪发展的基本特点，创造性编写符合我国儿童身心发展特点和体育教学需要的内容，以便广大从事儿童体育教学的教师和教练员能够学以致用、融会贯通、灵活实施，从而以提升儿童基本动作技能水平为契机，不断提高其身体活动能力与身体素质水平。

当今儿童动作技能教学过程中普遍存在着不同年龄段儿童同一项动作技能掌握程度存在差异、同龄儿童不同动作技能发展不够均衡以及儿童基本动作技能评测工具缺乏等问题，始终困扰着身处儿童体育教学一线的教师和教练员们。针对以上问题，本书设计显现出以下几点创新：

第一，教学理念新颖。充分发挥专业优势，结合国内外儿童体育教学前沿理论与我国儿童体育教学实情，将国际儿童动作概念分析框架理论和我国儿童体育核心素养进行有机结合，依据不同阶段儿童身心发展和动作能力特点，有针对性地制定儿童基本动作技能教学三个阶段的具体内容、教学方法、指导原则和评测标准等，全面指导广大教师和教练员科学开展儿童动作技能教学活动，提高教学效率。

第二，教学内容完整。通过细致的收集、整理和分类，全面梳理了 3 大类、24 项儿童基本动作技能的具体教学内容和指导方法。通过总结儿童稳定、位移和操控类基本动作技能学习的迁移规律，制定出儿童不同类型基本动作技能教学序列进度表，进而优化不同基本动作技能的学习顺序，不断提升儿童基本动作技能教学的科学性与实用性。

第三，动作评测优化。目前我国儿童动作技能一线教学缺乏科学、系统、操作性强的技能学习评估标准和动作质量评测工具，使教学主导（教师）和教学主体（儿童）均不能准确、便捷、全面地获得有效的练习反馈，降低了教学效率和学习积极性。根据动作技能学习与控制基本原理，结合我国不同年龄段儿童的动作能力和发育特点，全面、系统地编制了 3 大类、24 项儿童基本动作技能的整体构成序列综合评测方法矩阵，创造性地制作了儿童动作质量评测量化分级雷达图，使广大教师和教练员可以从动作过程与结果两个方面，全面、科学地评定儿童动作技能的掌握程度和教学效果，为开展儿童基本动作技能科学化评测奠定了良好基础。

本书的撰写发端于笔者在美国春田大学留学访问期间，对儿童动作技能学习研究的浓厚兴趣以及归国后儿童动作技能教学的实地调研，都进一步激发了撰写此书的意愿。为了能够提升我国儿童基本动作技能的教学水平，帮助广大教师充分认识动作技能评测对儿童体育活动的促进作用和现实意义，笔者认为确有必要撰写一部符合我国儿童身心发展特点和教学实际情况的儿童基本动作技能教学指导工具书，从而顺应儿童基本动作技能评测标准化、动作技能教学科学化和教学活动组织实效化的时代发展潮流。

本书在撰写过程中得到了"武汉体育学院东湖学者计划"的资助以及北京师范大学陶

焘讲师的指导与帮助。书中的图片模特由梁冰淇（女）、郭祺敏（女）和郑星（男）担任，在动作图片和视频的拍摄过程中分别得到武汉 A-1 少儿体能机构董晓芸，武汉体育学院徐东、王云祥、卓龙、唐锐和长江职业学院卜凡俊等同志的大力协作与鼎力支持，在此一并表示感谢！

  此外，在本书撰写伊始，长沙班迪熊儿童运动馆宁晓青女士在儿童体育培训实地和问卷调研方面提供了许多帮助与研究便利，对她持续关注儿童、青少年健康的专业素养和人文情怀表示由衷的钦佩，对她在本书撰写过程中所给予的大力支持表示十分感谢！

  希望本书能够切实地帮助广大体育教师和教练员更好地提升儿童基本动作技能教学水平，成为 2~12 岁儿童基本动作技能教学与评测的有效指导工具，为我国儿童身心茁壮成长贡献力量与智慧。

目 录

第一章 不同年龄阶段儿童生长发育与动作能力发展的基本特点 (1)

第一节 0~2周岁婴幼儿生长发育的基本特点 (1)
一、0~2周岁婴幼儿身体生长的发展特点 (1)
二、0~2周岁婴幼儿认知能力的发展特点 (3)
三、0~2周岁婴幼儿社会情绪能力的发展特点 (6)

第二节 2~6周岁幼儿生长发育的基本特点 (8)
一、2~6周岁幼儿身体生长的发展特点 (8)
二、2~6周岁幼儿认知能力的发展特点 (10)
三、2~6周岁幼儿社会情绪能力的发展特点 (11)

第三节 6~12周岁儿童生长发育的基本特点 (12)
一、6~12周岁儿童身体生长的发展特点 (13)
二、6~12周岁儿童认知能力的发展特点 (14)
三、6~12周岁儿童社会情绪能力的发展特点 (16)

第四节 人类动作能力形成与发展的基本原则 (17)
一、儿童动作能力形成与发展的基本原则 (17)
二、人类动作能力衰退的基本原则 (18)
三、儿童动作能力形成与发展的基本规律 (18)
四、人类动作能力发展的基本特性 (19)
五、动作能力发展对儿童身心健康的价值与作用 (21)

第二章 动作技能学习概述 (23)

第一节 动作技能的定义、具体分类与基本特征 (23)
一、动作技能的定义 (23)
二、影响动作技能发挥的主要因素 (24)
三、动作技能的具体分类 (25)
四、人类动作技能学习与发展的基本特征 (27)
五、人类动作技能学习与控制的理论模型 (29)

第二节　动作技能与儿童身心整合发展的逻辑关系…………………（30）
　　　　一、动作技能对儿童身心发展的整合作用……………………………（31）
　　　　二、动作记忆形成对儿童动作技能学习的影响与作用………………（32）

第三章　儿童基本动作技能学习概述……………………………………（35）

　　第一节　人类动作技能的类别与特征……………………………………（35）
　　　　一、一般与高级动作技能分类的基本思路……………………………（35）
　　　　二、动作技能习得的基本特征…………………………………………（36）
　　第二节　基本动作技能的定义、分类与发展特点………………………（37）
　　　　一、基本动作技能的分类标准与具体类别……………………………（38）
　　　　二、影响儿童基本动作技能学习的主要因素…………………………（40）
　　　　三、儿童基本动作技能学习的差异化特征……………………………（41）
　　　　四、儿童早期运动能力发展的关键敏感期……………………………（42）
　　　　五、基本动作技能与专项动作技能的关联与迁移……………………（46）

第四章　儿童基本动作技能主题与解析框架的内容体系………………（51）

　　第一节　技能动作概念解析框架的理论基础与内容构成………………（51）
　　　　一、动作概念解析框架的组成构件与含义……………………………（52）
　　　　二、动作概念解析框架对儿童基本动作技能教学的价值与作用……（53）
　　第二节　儿童基本动作技能教学的技能动作主题设计…………………（54）
　　　　一、基本动作技能在不同运动项目中的运用分析……………………（54）
　　　　二、不同运动项目的基本动作技能与身体素质的需求分析…………（55）
　　　　三、动作概念车轮框架图的构成简介…………………………………（56）
　　第三节　动作概念解析框架的内容架构…………………………………（58）
　　　　一、身体认知的含义与构成要素………………………………………（58）
　　　　二、空间认知的含义与构成要素………………………………………（60）
　　　　三、运动认知的含义与构成要素………………………………………（63）
　　　　四、运动关联认知的含义与构成要素…………………………………（65）
　　　　五、动作概念解析框架对儿童基本动作技能学习的
　　　　　　价值与作用…………………………………………………………（66）
　　第四节　动作概念解析框架在儿童基本动作技能教学中的
　　　　　　实践应用……………………………………………………………（67）
　　　　一、科学、均衡、全面地制定儿童基本动作技能的教学
　　　　　　总体目标……………………………………………………………（67）
　　　　二、动作概念分析理念在儿童位移类基本动作技能教学中的
　　　　　　规划设计……………………………………………………………（67）
　　　　三、动作概念分析理念在儿童稳定类基本动作技能教学中的

　　　　规划设计 ………………………………………………………………（68）
　　四、动作概念分析理念在儿童操控类基本动作技能教学中的
　　　　规划设计 ………………………………………………………………（69）

第五章　儿童动作能力形成与动作技能学习的阶段划分、表现特征与教学启示

　第一节　不同时期儿童感知觉的发展特点 ………………………………（71）
　　一、不同时期儿童视觉感知能力的发展特点 …………………………（72）
　　二、不同时期儿童本体感知觉的发展特点 ……………………………（73）
　第二节　儿童基本、专项动作技能形成的阶段特点与行为表现 …………（74）
　　一、儿童基本动作技能形成的阶段划分与发展特点 …………………（75）
　　二、儿童专项动作技能形成的阶段划分与发展特点 …………………（78）
　第三节　动作技能学习的阶段划分、表现特点与指导策略 ……………（82）
　　一、认知阶段的动作技能学习 …………………………………………（82）
　　二、联结阶段的动作技能学习 …………………………………………（83）
　　三、自动化阶段的动作技能学习 ………………………………………（84）
　　四、儿童动作技能学习不同阶段的表现、目标与指导原则 …………（85）
　　五、不同时期儿童动作技能发展与技能学习的整合教学规划 ………（86）

第六章　儿童基本动作技能评测方法及其实践操作 …………………………（89）

　第一节　不同时期动作技能的表现特点及发展关联 ……………………（89）
　　一、儿童早期基本动作形成的发展意义 ………………………………（89）
　　二、儿童基本动作技能形成的发展意义 ………………………………（90）
　第二节　儿童基本动作技能评测应用的目的、作用、
　　　　　原则与影响要素 ………………………………………………（91）
　　一、动作技能评测的概念与作用 ………………………………………（91）
　　二、设计动作技能评测的三项基本原则 ………………………………（91）
　　三、影响动作技能评测质量的五个重要因素 …………………………（92）
　　四、动作技能评测的五个主要目的 ……………………………………（93）
　第三节　儿童基本动作技能评测的具体内容、方法及应用的注意事项 …（94）
　　一、评测儿童动作技能学习效果的内容取向 …………………………（94）
　　二、评测儿童动作技能学习效果的方法手段 …………………………（95）
　　三、儿童动作技能评测应用的注意事项 ………………………………（97）
　第四节　动作整体构成序列综合评测方法的实践运用 …………………（98）
　　一、动作整体构成序列综合评测方法的目的与意义 …………………（99）
　　二、动作整体构成序列综合评测方法的构建思路 ……………………（99）
　　三、动作整体构成序列综合评测方法的具体应用 …………………（101）

四、儿童基本动作技能教学整体规划与不同动作技能的
迁移效应 ……………………………………………………………… (102)

第七章　儿童稳定类基本动作技能教学指导与方法策略 …………… (105)

第一节　单脚站立平衡动作技能教学的主要内容、教学组织
与指导反馈 ……………………………………………………… (105)

一、单脚站立平衡动作技能简介 ……………………………………… (105)

二、单脚站立平衡动作的教学原则和注意事项 ……………………… (106)

三、单脚站立平衡动作的评测标准与作用 …………………………… (106)

四、单脚站立平衡的常见动作错误与教学指导 ……………………… (107)

五、基于动作概念解析的单脚站立平衡动作技能变换练习
内容与方法 ………………………………………………………… (107)

六、单脚站立平衡动作的渐进式练习范例及启发 …………………… (108)

七、不同阶段单脚站立平衡动作技能的教学干预策略 ……………… (108)

第二节　平衡木行走动作技能教学的主要内容、教学组织
与指导反馈 ……………………………………………………… (109)

一、平衡木行走动作技能简介 ………………………………………… (109)

二、平衡木行走动作的教学原则和注意事项 ………………………… (109)

三、平衡木行走动作的评测标准与作用 ……………………………… (110)

四、平衡木行走的常见动作错误与教学指导 ………………………… (110)

五、基于动作概念解析的平衡木行走动作技能变换练习
内容与方法 ………………………………………………………… (111)

六、平衡木行走动作渐进式练习范例及启发 ………………………… (111)

七、不同阶段平衡木行走动作技能的教学干预策略 ………………… (112)

第三节　着陆动作技能教学的主要内容、教学组织与指导反馈 …… (112)

一、着陆动作技能简介 ………………………………………………… (112)

二、着陆动作的教学原则和注意事项 ………………………………… (113)

三、着陆动作的评测标准与作用 ……………………………………… (113)

四、着陆的常见动作错误与教学指导 ………………………………… (114)

五、基于动作概念解析的着陆动作技能变换练习内容与方法 ……… (114)

六、着陆动作渐进式练习范例及启发 ………………………………… (115)

七、不同阶段着陆动作技能的教学干预策略 ………………………… (115)

第八章　儿童位移类基本动作技能教学指导与方法策略 …………… (117)

第一节　跑步动作技能教学的主要内容、教学组织与指导反馈 …… (117)

一、跑步动作技能简介 ………………………………………………… (117)

二、跑步动作的教学原则和注意事项 ………………………………… (117)

三、跑步动作的评测标准与作用……………………………………………………（118）
　　四、跑步的常见动作错误与教学指导………………………………………………（118）
　　五、基于动作概念解析的跑步动作技能变换练习内容与方法……………………（119）
　　六、跑步动作渐进式练习范例及启发………………………………………………（120）
　　七、不同阶段跑步动作技能的教学干预策略………………………………………（120）
第二节　侧并步动作技能教学的主要内容、教学组织与指导反馈……………………（121）
　　一、侧并步动作技能简介……………………………………………………………（121）
　　二、侧并步动作的教学原则和注意事项……………………………………………（121）
　　三、侧并步动作的评测标准与作用…………………………………………………（122）
　　四、侧并步的常见动作错误与教学指导……………………………………………（122）
　　五、基于动作概念解析的侧并步动作技能变换练习内容与方法…………………（123）
　　六、侧并步动作渐进式练习范例及启发……………………………………………（124）
　　七、不同阶段侧并步动作技能的教学干预策略……………………………………（124）
第三节　纵跳动作技能教学的主要内容、教学组织与指导反馈………………………（125）
　　一、纵跳动作技能简介………………………………………………………………（125）
　　二、纵跳动作的教学原则和注意事项………………………………………………（125）
　　三、纵跳动作的评测标准和作用……………………………………………………（126）
　　四、纵跳的常见动作错误与教学指导………………………………………………（126）
　　五、基于动作概念解析的纵跳动作技能变换练习内容与方法……………………（127）
　　六、纵跳动作渐进式练习范例及启发………………………………………………（127）
　　七、不同阶段纵跳动作技能的教学干预策略………………………………………（128）
第四节　跳远动作技能教学的主要内容、教学组织与指导反馈………………………（128）
　　一、跳远动作技能简介………………………………………………………………（128）
　　二、跳远动作的教学原则和注意事项………………………………………………（129）
　　三、跳远动作的评测标准与作用……………………………………………………（129）
　　四、跳远的常见动作错误与教学指导………………………………………………（130）
　　五、基于动作概念解析的跳远动作技能变换练习内容与方法……………………（131）
　　六、跳远动作渐进式练习范例及启发………………………………………………（131）
　　七、不同阶段跳远动作技能的教学干预策略………………………………………（132）
第五节　爬行动作技能教学的主要内容、教学组织与指导反馈………………………（132）
　　一、爬行动作技能简介………………………………………………………………（132）
　　二、爬行动作的教学原则和注意事项………………………………………………（133）
　　三、爬行动作的评测标准和作用……………………………………………………（133）
　　四、爬行的常见动作错误与教学指导………………………………………………（134）
　　五、基于动作概念解析的爬行动作技能变换练习内容与方法……………………（135）
　　六、爬行动作渐进式练习范例及启发………………………………………………（135）
　　七、不同阶段爬行动作技能的教学干预策略………………………………………（136）

第六节　单脚跳动作技能教学的主要内容、教学组织
　　　　　与指导反馈 ………………………………………………………………(136)
　一、单脚跳动作技能简介 ……………………………………………………………(136)
　二、单脚跳动作的教学原则和注意事项 ……………………………………………(137)
　三、单脚跳动作的评测标准和作用 …………………………………………………(137)
　四、单脚跳的常见动作错误与教学指导 ……………………………………………(138)
　五、基于动作概念解析的单脚跳动作技能变换练习内容与方法 …………………(138)
　六、单脚跳渐进式练习范例及启发 …………………………………………………(139)
　七、不同阶段单脚跳动作技能的教学干预策略 ……………………………………(139)

第七节　前滚翻动作技能教学的主要内容、教学组织
　　　　　与指导反馈 ………………………………………………………………(140)
　一、前滚翻动作技能简介 ……………………………………………………………(140)
　二、前滚翻动作的教学原则和注意事项 ……………………………………………(140)
　三、前滚翻动作的评测标准与作用 …………………………………………………(141)
　四、前滚翻的常见动作错误与教学指导 ……………………………………………(141)
　五、基于动作概念解析的前滚翻动作技能变换练习内容与方法 …………………(142)
　六、前滚翻动作渐进式练习范例及启发 ……………………………………………(143)
　七、不同阶段前滚翻动作技能的教学干预策略 ……………………………………(143)

第八节　前并步动作技能教学的主要内容、教学组织
　　　　　与指导反馈 ………………………………………………………………(144)
　一、前并步动作技能简介 ……………………………………………………………(144)
　二、前并步动作的教学原则和注意事项 ……………………………………………(144)
　三、前并步动作的测评标准和作用 …………………………………………………(145)
　四、前并步的常见动作错误与教学指导 ……………………………………………(145)
　五、基于动作概念解析的前并步动作技能变换练习内容与方法 …………………(146)
　六、前并步动作渐进式练习范例及启发 ……………………………………………(147)
　七、不同阶段前并步动作技能的教学干预策略 ……………………………………(147)

第九节　变向动作技能教学的主要内容、教学组织
　　　　　与指导反馈 ………………………………………………………………(148)
　一、变向动作技能简介 ………………………………………………………………(148)
　二、变向动作的教学原则和注意事项 ………………………………………………(148)
　三、变向动作的评测标准和作用 ……………………………………………………(149)
　四、变向的常见动作错误与教学指导 ………………………………………………(149)
　五、基于动作概念解析的变向动作技能变换练习内容与方法 ……………………(150)
　六、变向动作渐进式练习范例及启发 ………………………………………………(150)
　七、不同阶段变向动作技能的教学干预策略 ………………………………………(151)

第十节 侧滚翻动作技能教学的主要内容、教学组织与指导反馈……………… (151)
  一、侧滚翻动作技能简介……………………………………………………… (151)
  二、侧滚翻动作的教学原则和注意事项……………………………………… (152)
  三、侧滚翻动作的评测标准和作用…………………………………………… (153)
  四、侧滚翻的常见动作错误与教学指导……………………………………… (153)
  五、基于动作概念解析的侧滚翻动作技能变换练习内容与方法…………… (154)
  六、侧滚翻动作渐进式练习范例及启发……………………………………… (154)
  七、不同阶段侧滚翻动作技能的教学干预策略……………………………… (155)

第十一节 后滚翻动作技能教学的主要内容、教学组织
         与指导反馈……………………………………………………………… (155)
  一、后滚翻动作技能简介……………………………………………………… (155)
  二、后滚翻动作的教学原则和注意事项……………………………………… (156)
  三、后滚翻动作的评测标准与作用…………………………………………… (157)
  四、后滚翻的常见动作错误与教学指导……………………………………… (157)
  五、基于动作概念解析的后滚翻动作技能变换练习内容与方法…………… (158)
  六、后滚翻动作渐进式练习范例及启发……………………………………… (158)
  七、不同阶段后滚翻动作技能的教学干预策略……………………………… (159)

第十二节 垫步跳动作技能教学的主要内容、教学组织
         与指导反馈……………………………………………………………… (160)
  一、垫步跳动作技能简介……………………………………………………… (160)
  二、垫步跳动作的教学原则和注意事项……………………………………… (160)
  三、垫步跳动作的评测标准与作用…………………………………………… (161)
  四、垫步跳的常见动作错误与教学指导……………………………………… (161)
  五、基于动作概念解析的垫步跳动作技能变换练习内容与方法…………… (162)
  六、垫步跳动作渐进式练习范例及启发……………………………………… (162)
  七、不同阶段垫步跳动作技能的教学干预策略……………………………… (163)

第十三节 直腿跨跳动作技能教学的主要内容、教学组织
         与指导反馈……………………………………………………………… (163)
  一、直腿跨跳动作技能简介…………………………………………………… (163)
  二、直腿跨跳动作的教学原则和注意事项…………………………………… (163)
  三、直腿跨跳动作的评测标准与作用………………………………………… (164)
  四、直腿跨跳的常见动作错误与教学指导…………………………………… (165)
  五、基于动作概念解析的直腿跨跳动作技能变换练习
      内容与方法………………………………………………………………… (165)
  六、直腿跨跳动作渐进式练习范例及启发…………………………………… (166)
  七、不同阶段直腿跨跳动作技能的教学干预策略…………………………… (166)

第九章 儿童操控类基本动作技能教学指导与方法策略 ……………………（167）

第一节 抓接动作技能教学的主要内容、教学组织
与指导反馈 ……………………………………………（167）
一、抓接动作技能简介 ………………………………………………（167）
二、抓接动作的教学原则和注意事项 ………………………………（167）
三、抓接动作的评测标准与作用 ……………………………………（168）
四、抓接的常见动作错误与教学指导 ………………………………（168）
五、基于动作概念解析的抓接动作技能变换练习内容与方法 ……（169）
六、抓接动作渐进式练习范例及启发 ………………………………（169）
七、不同阶段抓接动作技能的教学干预策略 ………………………（170）

第二节 肩下投掷动作技能教学的主要内容、教学组织
与指导反馈 ……………………………………………（171）
一、肩下投掷动作技能简介 …………………………………………（171）
二、肩下投掷动作的教学原则和注意事项 …………………………（171）
三、肩下投掷动作的评测标准与作用 ………………………………（172）
四、肩下投掷的常见动作错误与教学指导 …………………………（173）
五、基于动作概念解析的肩下投掷动作技能变换练习
内容与方法 …………………………………………………………（173）
六、肩下投掷动作渐进式练习范例及启发 …………………………（174）
七、不同阶段肩下投掷动作技能的教学干预策略 …………………（175）

第三节 肩上投掷动作技能教学的主要内容、教学组织
与指导反馈 ……………………………………………（175）
一、肩上投掷动作技能简介 …………………………………………（175）
二、肩上投掷动作的教学原则和注意事项 …………………………（176）
三、肩上投掷动作的评测标准与作用 ………………………………（177）
四、肩上投掷常见动作错误与教学指导 ……………………………（177）
五、基于动作概念解析的肩上投掷动作技能变换练习
内容与方法 …………………………………………………………（178）
六、肩上投掷动作渐进式练习范例及启发 …………………………（179）
七、不同阶段肩上投掷动作技能的教学干预策略 …………………（179）

第四节 双手持棒击球动作技能教学的主要内容、教学组织
与指导反馈 ……………………………………………（180）
一、双手持棒击球动作技能简介 ……………………………………（180）
二、双手持棒击球动作的教学原则和注意事项 ……………………（180）
三、双手持棒击球动作的评测标准与作用 …………………………（181）
四、双手持棒击球常见动作错误与教学指导 ………………………（182）

五、基于动作概念解析的双手持棒击球动作技能变换练习

　　　　内容与方法……………………………………………………（183）

　　六、双手持棒击球动作渐进式练习范例及启发…………………（183）

　　七、不同阶段双手持棒击球动作技能的教学干预策略…………（184）

第五节　原地踢球动作技能教学的主要内容、教学组织

　　　　与指导反馈……………………………………………………（185）

　　一、原地踢球动作技能简介………………………………………（185）

　　二、原地踢球动作的教学原则和注意事项………………………（185）

　　三、原地踢球动作的评测标准与作用……………………………（186）

　　四、原地踢球的常见动作错误与教学指导………………………（186）

　　五、基于动作概念解析的原地踢球动作技能变换练习

　　　　内容与方法……………………………………………………（187）

　　六、原地踢球动作渐进式练习范例及启发………………………（187）

　　七、不同阶段原地踢球动作技能的教学干预策略………………（188）

第六节　行进间运球动作技能教学的主要内容、教学组织

　　　　与指导反馈……………………………………………………（189）

　　一、行进间运球动作技能简介……………………………………（189）

　　二、行进间运球动作的教学原则和注意事项……………………（189）

　　三、行进间运球动作的评测标准与作用…………………………（190）

　　四、行进间运球的常见动作错误与教学指导……………………（190）

　　五、基于动作概念解析的行进间运球动作技能变换练习

　　　　内容与方法……………………………………………………（192）

　　六、行进间运球动作渐进式练习范例及启发……………………（192）

　　七、不同阶段行进间运球动作技能的教学干预策略……………（193）

第七节　凌空抽射动作技能教学的主要内容、教学组织

　　　　与指导反馈……………………………………………………（193）

　　一、凌空抽射动作技能简介………………………………………（193）

　　二、凌空抽射动作的教学原则和注意事项………………………（194）

　　三、凌空抽射动作的评测标准与作用……………………………（194）

　　四、凌空抽射的常见动作错误与教学指导………………………（195）

　　五、基于动作概念解析的凌空抽射动作技能变换练习

　　　　内容与方法……………………………………………………（195）

　　六、凌空抽射动作渐进式练习范例及启发………………………（196）

　　七、不同阶段凌空抽射动作技能的教学干预策略………………（197）

第八节　脚运球动作技能教学的主要内容、教学组织

　　　　与指导反馈……………………………………………………（198）

　　一、脚运球动作技能简介…………………………………………（198）

二、脚运球动作的教学原则和注意事项……………………………………（198）
三、脚运球动作的评测标准与作用……………………………………………（199）
四、脚运球的常见动作错误与教学指导………………………………………（199）
五、基于动作概念解析的脚运球动作技能变换练习内容与方法……………（199）
六、脚运球动作渐进式练习范例及启发………………………………………（200）
七、不同阶段脚运球动作技能的教学干预策略………………………………（201）

附件 ……………………………………………………………………………（202）

第一章

不同年龄阶段儿童生长发育与动作能力发展的基本特点

发展从哲学层面解释是事物不断前进的过程，也是事物由小到大，由简到繁，由低级到高级，由旧物质到新物质的不断运动变化的过程。站在人类历史的长河中审视，发展一直都是人类生存繁衍的永恒主题，是个体为了实现生存和生活的目标、提升和超越自我价值的必然选择；同时，也是人类为了适应环境和改变环境，在个体发展的过程中，生理、心理和社会实践三种身心活动之间存在着相互影响、相互制约的关系，而这三种活动之间的作用机制是共时、交融的。

第一节 0~2周岁婴幼儿生长发育的基本特点

婴幼儿身心发展是指新生儿出生之后直至2周岁这一时间阶段中，人体在身体外部形态、内在机能水平和性状结构特征等方面所表现出来的生理、心理和社会情绪方面的变化进程。而这一变化趋势也是婴幼儿从生命之初对父母的供养依赖，逐渐走向独立自主生活的渐进式变化过程。婴幼儿发展的进程是一个不断发生变化的连续体，遵循人体生长发育的生理、认知和社会情绪发展的客观规律，这一发展过程具有可预测的顺序性特点。由于受遗传、生活环境、教育环境、经济水平等诸多内外因素影响的制约，使得每个幼儿呈现出截然不同的生长速率和发育水平。通常，婴幼儿后一阶段的生长发育，往往受到前一阶段生长发育和内外因素的直接影响。婴幼儿整个生命周期中的身体性状发育往往都是基因控制的必然结果，我们将婴幼儿的这种受到基因控制的身体性状发育的过程称为身体发育。婴幼儿的生长发育也同样受到其生活环境、学习经历、家庭经济条件和营养水平等外在因素的直接影响。但婴幼儿的生长发育过程往往是以上两种内、外因素相互影响作用的结果，而这一结果体现了婴幼儿生长发育过程中，儿童的生长发育不仅受到基因遗传（先天因素）的内在因素制约，还受到生活环境（后天因素）的外在条件的导向作用。因此，婴幼儿从父母的生物遗传中所获得的天性与生活环境中所形成的习性共同影响、制约和推动着婴幼儿的身体生长状态与发育水平。

一、0~2周岁婴幼儿身体生长的发展特点

婴幼儿阶段是人类身体生长发育速率最快的一个阶段。从人类全生命周期来看，此阶段的人脑生长发育速度是最快的。依据儿童身体生长、发育过程的阶段性变化，将出生后

28天至1周岁的儿童发展阶段称为婴儿期;将1周岁至3周岁的儿童发展阶段称为幼儿期。在幼儿阶段,儿童动作发展主要以学习行走等位移动作技能为主,因此也将1周岁至2周岁的幼儿发展阶段称为幼儿学步期。

婴幼儿的身体生长与发育变化是迅速而深刻的。婴幼儿的身体生长、发育是指随着年龄增长而凸显出来的身体外部形态和内在机能水平的生物学变化。决定婴幼儿身体生长、发育进度的重要影响要素包括外部身体形态、内在身体机能和大脑认知能力的变化,同时这也决定了婴幼儿的感知觉能力、动作发展和身体素质等多方面的身心发展状况,如表1-1所示。

表1-1　0~2周岁婴幼儿身体生长、生理机能和感知觉的发展变化

阶段划分	身体生长	生理机能	知觉发展
0~1周岁婴儿期	• 新生儿身长平均50.8 cm,男孩比女孩略长;1周岁身长比出生时增长50%; • 新生儿体重平均3.4 kg,男孩比女孩略重;5个月时体重是出生时的2倍;1周岁时,体重是出生时的3倍; • 出生至9个月,身体脂肪迅速储备;肌肉组织增长非常缓慢; • 女孩骨龄大于同龄男孩,出生时男、女孩骨龄差值为4~6周,而该差异在婴幼儿期进一步扩大; • 骨发育快速期; • 大约6个月,第一颗牙齿出现。	• 足月新生儿肺活量:35~40 mL/(kg·min^{-1}),200~300 mL/min。	• 运动和双眼深度线索敏感,尤其对绘画高度敏感; • 能识别一定的外部刺激,偏好人脸模式,能够识别母亲面部特征; • 听觉发展良好,具有较为敏感的声音识别能力,对母语的声音尤为敏感,用以检测、理解有意义的语音单元; • 能将许多外部环境中的听觉和视觉刺激识别成为对自我有价值的信息;
1~2周岁学步期	• 身高和体重继续增长,但不如第一年迅猛; • 2周岁时,身高比出生时增长75%; • 2周岁时,体重是出生时的4倍; • 第2年期间,多数学步婴儿变瘦,身体各部分比例发生变化; • 2周岁时,幼儿平均有20颗乳牙。		• 依赖于物体的形状、颜色和质地等特征来区别环境中的不同物体; • 在所有的感知觉系统中最先发育成熟的是前庭系统,8~9周婴儿的内耳平衡器官便已基本形成,并且开始运作; • 形成初级的感觉统合。

由表1-1可知，婴幼儿在出生后至2周岁的学步期，其身体生长、发育和感知觉发展速度十分迅猛，身体各部位在外部形态、内在机能和感官功能等身体结构维度和功能维度都有十分明显的进步。具体表现在以下四个方面。

（一）骨骼生长发育特点

婴幼儿阶段的骨骼生长发育旺盛，随着年龄的增长，婴幼儿的骨骼不断变长、变粗，长骨两端的软骨也在不断发育、变长并不断钙化。由于此阶段婴幼儿的骨骼生长发育十分迅速，因此这一阶段也是人类骨骼生长快速期。具体表现为出生后至1周岁的第1年期间，大多数婴幼儿的身高增长约为25 cm，在随后的第2年中继续增长10 cm。虽然身体增长速率逐渐趋缓，但是2周岁婴幼儿的身高比出生时已经增长了75%。

（二）呼吸、循环系统发展特点

呼吸系统发展：新生儿出生后立即开始自主呼吸，每分钟40~60次。由于呼吸中枢发育的不成熟，肋间肌较弱，因此，新生儿呼吸浅、快且不规则，早产儿有呼吸暂停现象。

循环系统发展：新生儿心率较快，每分钟120~160次，少数新生儿出生后1~2天在心前区可闻及心脏杂音，这与动脉导管未闭有关。

（三）前庭觉发育特点

婴幼儿的前庭觉在所有的感知觉系统中最先发育成熟，8~9周的婴儿内耳平衡器官便已基本形成，并且开始发挥积极作用。前庭神经核是人体维持平衡能力的重要神经组织，它位于人脑后下方的脑干前侧，这一微小感知式神经组织器官的根本作用是发展并维持人体在不同物理环境中重心平衡。由于平衡是人类开展一切身体活动的动作控制基础，因此平衡觉是人脑其他功能活动的基本前提。它的主要功能是接收来自外部环境的视、听、嗅、味、触输入信息，并通过感觉登记、过滤和辨识，再输入到大脑感知觉神经中枢。因为平衡觉属于无注意力参与的一种本体感知觉，所以人体维持重心平衡能力的好坏，将直接影响着人体的运动能力和人脑其他感知功能，于是将前庭觉称为人脑感知觉功能的"阀门"。

（四）感觉统合

在0~2周岁阶段，婴幼儿具备初步的感觉统合能力。感觉统合是大脑与身体相互协调的学习过程，一般是指人体在环境中有效利用自身感官能力，以不同的感觉通路（视觉、听觉、味觉、嗅觉、触觉、前庭觉和本体觉等）从环境中获得信息，通过信息输入、信息加工处理，做出适应性反应的能力，简称"感统"。

二、0~2周岁婴幼儿认知能力的发展特点

认知在心理学中是指通过形成概念、知觉、判断或想象等心理活动来获取知识的过程，即个体思维进行信息处理的心理功能。认知过程可以是自然的或人造的、有意识或无意识的。婴幼儿的认知发展是人类认知发展的第一阶段，在此阶段婴幼儿运用多感官渠道获得所处环境和互动物体之间的方位等属性特征，包括视觉、声音、触觉、味道、气味和语言等。而输入人脑感知觉神经中枢的这些外部信息，都需要人类认知系统进行快速、准确的信息加工处理，所以认知过程是人脑对外部信息处理的主动识别和分析的过程，其目的是为下一步反应组织提供行动依据，如表1-2所示。

表1-2 0~2周岁婴幼儿大脑发育和高级认知等能力的发展变化

阶段划分	脑发育	语言发展	信息加工	高级认知
0~1周岁婴儿期	• 新生儿大脑平均重量约为390 g，10个月时约为780 g，1周岁时约为936 g； • 大脑的发育快于其他任何器官，一旦神经元形成，便能快速建立神经元间的突触联系； • 不同认知能力和认知水平的婴幼儿大脑皮层区域的发展顺序具有一致性，额叶最后发展（从出生后第2个月开始）； • 大脑皮层专门化，在出生后的最初几年，脑的可塑性极高； • 0~6个月，大脑第一次感觉统合：身体反应区。7~18个月，大脑第二次感觉统合：语言表达和动作程序组织。	0~6个月： • 初步学会发声，多为咕咕声，并在此时期末，开始咿呀学语； • 开始凝视与照料者同样的方向。 7~12个月： 从咿呀学语逐渐学会简单叠词口语，如"mama、baba"； • 开始理解词语意义； • 使用身体语言来交流。	• 注意变得更有效和灵活； • 对人、地点和物体的记忆能力明显进步； • 能够通过类比来解决简单问题； • 能根据物体的共同功能与行为，将外界刺激划分成多种有意义的类别。	• 能够立即或延迟模仿成人面部表情； • 能够重复引发具有积极情绪体验的动作行为； • 预期违背任务表明对客体永存和其他客体属性的某些认识； • 图式整合感知运动； • 开展有意义且目标明确的行为； • 找到隐藏的物体； • 形成对物体属性的扩展理解； • 延迟模仿成人的行为举止。
1~2周岁幼儿期	• 2周岁时大脑重量约为1.17 kg； • 神经胶质细胞负责髓鞘化，在第2年大量增加，并且造成脑重量大幅增加； • 19~36个月，左、右脑均衡发展。	13~18个月： • 与照料者的联合注意变得更准确； • 能开展互动游戏，如拍拍手与躲猫猫； • 利用手势影响他人行为； • 说出第一个词。 19~24个月： • 词汇量增加到200个左右； • 言语表达不够流畅，开始理解语法规则； • 早期语言发展，女孩优于男孩。	• 持续注意提高； • 对人、地点和物体的回忆能力进一步提高；记忆变得不那么依赖于情境； • 能更有效地对物体进行分类。	• 开始试错； • 能够找寻隐藏在多处的物体； • 能根据情境变化模仿行为举止； • 遵从简单的指令； • 通过表征解决简单的问题； • 能够发觉物体移动的迹象； • 延迟模仿成人预期行为； • 乐于参与角色扮演游戏。

由表1-2可知，0~2周岁婴幼儿的大脑和神经系统在最初的两年间经历了十分惊人的成长。从婴幼儿大脑重量的变化来审视大脑发育，新生儿出生时的大脑平均重量约为390 g，约为成年人大脑平均重量的25%；婴幼儿出生后的头一年，大脑发育极其迅猛，脑的重量和体积随着时间推移也发生了明显的改变，当婴幼儿长到10个月大时，大脑重量已经约为780 g，约为成人大脑平均重量的50%；1周岁幼儿的大脑重量约为936 g，约为成人大脑平均重量的60%。从婴幼儿的大脑神经元的发展变化来总结大脑发育，新生儿出生时就已经拥有了与其成年后一样多的脑神经元，在出生后的一年当中神经元的体积会增大约一倍，当长到3周岁左右时，幼儿大脑的体积大约为其成年后体积的80%。从婴幼儿大脑神经纤维的形成速度看0~3周岁婴幼儿大脑的快速发展，其大致经历了以下发展进程：婴幼儿神经元树突生长的关键期→大脑神经元树突网络逐渐密集，表示婴幼儿神经元突触连接日益紧密，其脑部思维活动日益活跃→婴幼儿轴突神经纤维形成初步的髓鞘化保护，随之婴幼儿的神经传导更加快速且准确→当婴幼儿3周岁左右时，其大脑神经突触所建立的神经网络已接近成人水平。从以上婴幼儿大脑神经发育变化来看，0~2周岁婴幼儿的大脑发育呈现出生长速度逐渐加快，不同脑区功能不断完善，中枢神经系统日臻完善的情形，使此阶段婴幼儿的语言、信息加工和认知能力也有了长足的发展与进步。

（一）婴幼儿认知能力的发展变化

（1）出生~1个月龄新生儿：新生儿能够形成并完成一定的原始反射动作，例如通过吮吸一个奶嘴来获取有趣的景象和声音。

（2）1~4个月龄婴幼儿：能够知晓物质的客体属性，包括客体永久性和物体的重力，能够在延迟1天以后对成人面部表情进行模仿。

（3）4~8个月龄婴幼儿：具备基本的数字和物理概念，能够在较短的时间间隔内延迟模仿成人的物体操控动作。

（4）8~12个月龄婴幼儿：能够找到用布遮盖的物体，能够通过对先前类似问题的类推，具备解决简单问题的能力。

（5）12~18个月龄婴幼儿：具备在不同情境下搜索隐藏物体的能力，例如：能够根据物体同属特性开展由A到B的推理搜索，能够在更长时间间隔中延迟模仿成人的物体操控动作以及能够根据不同的情境变化进行动作模仿。

（6）1.5~2周岁婴幼儿：能够对成人的未来预期行动进行延迟模仿，尽管该行动并未完全实现，意味着婴幼儿已经初步具备推断力。1.5~2周岁的婴幼儿，常常会对成人和周围环境的变化进行延迟模仿，而这种延迟模仿正是记忆能力不断增强并得以完善的一种明显表现。

（二）婴幼儿感觉统合能力的重要发展变化

1. 婴幼儿大脑的第一次感觉统合

婴幼儿出生后的第一年是其初步建立外部环境信息输入的感觉初识阶段。此阶段中婴幼儿仅能通过眼、耳、鼻等感觉器官对外部信息进行初步辨识，尚未形成对输入信息中所隐含的抽象符号的辨析能力。由于婴幼儿对输入信息所蕴含的内在含义与自我所理解的信息内涵存在数量和质量上的差异性，因此婴幼儿所能感知理解的"世界"与其所存在的现实"世界"之间存在着一个意涵的"差距"，但这个过程是人脑从简单走向复杂、从感知走向认知的关键过程。所以，婴幼儿早期对外部环境信息的感知觉输入和其大脑对信息分析、加工能力的刺激与练习，对日后婴幼儿大脑的优化发展起到十分重要的作用。

2. 婴幼儿大脑的第二次感觉统合

1~2周岁婴幼儿的右脑功能得到长足发展，特别是语言表达和动作组织两个方面的能力，逐渐从初始走向成熟。婴幼儿大脑的生长和发育，发端于人脑对外部环境信息的输入和感知，一方面人脑的发展得益于环境多维信息的输入，从而促进人脑的快速发展，另一方面外部环境信息又是人脑提取有意义的"资讯"的直接素材与源泉。因此0~2周岁婴幼儿在复杂多变的环境中感知、学习、成长，并通过大脑对输入信息的综合与分析，学会了更快、更准确地进行信息加工，进而理解周遭个体与环境所蕴含的真实意图。外部环境信息与婴幼儿认知能力形成了一个相互作用、相互协调、相互影响的连续过程，婴幼儿正是通过对复杂多变的外部刺激的动作反应才实现了从单一任务目标的简单动作操控，逐渐发展成多任务目标的复杂动作操控的转变，这也正是婴幼儿认知能力从初级走向高级的重要过程。

3. 婴幼儿左、右脑均衡发展特征

婴幼儿左、右脑在出生后的第19个月到第36个月期间发育成熟。从左、右脑的功能划分来看：左脑主要负责逻辑理解、记忆、时间、语言、判断、排列、分类、逻辑、分析、书写、推理、抑制、五感（视、听、嗅、触、味）等，思维方式具有连续性、延续性和分析性，因此可以称作"意识脑""学术脑""语言脑"；右脑主要负责空间形象记忆、直觉、情感、身体协调、视知觉、美术、音乐节奏、想象、灵感、顿悟等，思维方式具有无序性、跳跃性、直觉性等，因此右脑极具创造性，因而又被称为"本能脑""潜意识脑""创造脑""音乐脑""艺术脑"。

三、0~2周岁婴幼儿社会情绪能力的发展特点

社会情绪是指伴随个体整个社会心理过程所产生的主观心理体验和心理感受，是个体在长期社会交往中所体验到和表达着的情绪。在婴幼儿成为社会人的过程中，婴幼儿的情感所经历的社会化过程，其中包括了婴幼儿在社会中所培养出来的、与人交往并改善自身行为的感情。婴幼儿的社会情绪不是一种自然而然的产物，而是婴幼儿与他人、环境、制度互动的结果，这个结果既是婴幼儿的一种主动选择，也是社会的一种刻意建构。儿童社会情绪发展通常是指儿童理解他人感受、管理自我情绪和行为，以及与同伴良好交往的能力，包括表情和情绪管理、与他人建立积极和有益关系的能力，其中涵盖了人际关系和人际交往过程两个方面。

儿童社会情绪发展的核心特征包括以下几个方面：儿童自我情感经历、识别和理解自我感觉的能力，准确阅读和理解他人的情绪状态、以建设性方式管控不良情绪及语言表达的能力，移情能力与同理心、良好人际关系与社会适应能力。如表1-3所示。

由表1-3可知，社会情绪发展是孩子理解他人感受、控制自我情绪和行为以及进行良好社会交往的综合能力。从个体融入社会分工协作体系的角度考虑，婴幼儿为了能够更好地适应社会，并与他人展开合作，就必须在协作过程中正确表达情感需求，开展自我管控和良好交往互动。而这些因为人与人分工协作而形成的关系网络，往往赋予了社会网络关系中人的不同情绪体验，例如信任、悲伤、骄傲、友谊、喜怒和幽默等心理体验。以上体验都是婴幼儿社会情绪发展的组成部分，而且在社会关系网络中通过良好互动形成的信任和关爱，将会成为其成年后建立良好人际交往和事业成功的重要促进因素。

表1-3 0~2周岁婴幼儿自我意识、情感表达和依恋关系的发展变化

阶段划分	自我意识	情感表达	依恋关系
0~1周岁婴儿期	• 自主意识萌芽。	• 能表露出微笑等积极的情绪体验； • 能用面部表情与成人进行面对面的互动； • 面部情绪表露更加丰富、准确，并能将其与环境事件进行有意义的联系； • 能够通过不同表情，表达不同程度的愤怒或恐惧的情绪。	• 出现陌生人焦虑和分离焦虑； • 在照料者陪伴下婴儿表现出较好的安全感； • 表现出对熟悉的照料者的"明显"依恋感。
1~2周岁幼儿期	• 出现客体意识，能识别镜子中自己的影像； • 自我意识第一次飞跃，能运用名字或人称代词指代自己； • 能够根据年龄、性别、体征、好坏和能力强弱来区分自我与他人； • 玩具选择具有一定的性别专属特征； • 具有一定的情绪管控能力； • 能够持续注意或语言更发达的儿童，也更能自我控制，女孩通常早于男孩。	• 能够区分自我与他人情绪反应的差异； • 出现羞怯、窘迫、内疚和自豪等自我情绪表达； • 能够通过术语表达自我情绪体验； • 通过语言暗示帮助自我调节情绪。	• 能与熟悉的成人、兄弟姐妹和同伴玩耍； • 能够独自玩耍； • 开始运用言语影响玩伴的行为。

(一) 婴幼儿自我意识的形成与发展

自我意识通常指个体心理、生理和社会功能状态的知觉和自我评价，也是主体对其自身的意识，一般包括自我观察、自我监督、自我评价、自我体验、自我教育和自我控制等。自我意识对人的心理活动和行为起着调节作用。婴幼儿自我意识的第一次飞跃大约出现在1至3周岁期间，以儿童学会用人称代词"我"来指代自己为显现的标志。

1. 作为主体的自我意识

从人类心智发展的客观规律来看，当婴幼儿生长、发育到8个月左右时才逐渐萌发出自我意识，在1周岁前后婴幼儿才慢慢形成作为主体的自我认知，主要表现在两个方面：第一，婴幼儿把自己作为活动主体的认知，表现为主动将自身动作与镜像动作相匹配，并用自己的动作引发出镜像动作，表示婴幼儿能够把自己作为活动的主体来看待；第二，婴幼儿能把自己与他人分开，对自我镜像与自身动作之间的关联有了清楚的觉知，表明婴幼儿已经能够区分自我行为活动与他人行为活动的不同。例如婴幼儿热衷于扔玩具，让成人拾起，再扔，再拾，反反复复，通过这个事例可以说明，婴幼儿能够将自己视为活动主体，并能把自己与他人的行为进行明确的区分。

2. 作为客体的自我意识

在2周岁前后，作为独立个体的婴幼儿，其自我意识发展发生了第一次飞跃，表现为婴幼儿作为客体的自我意识的出现。婴幼儿作为客体的自我认知主要表现在以下两个方面。第一，婴幼儿开始把自己作为客体来认知。2周岁左右的婴幼儿已经能够意识到自己

的独有特征，能从客体（如照片、录像）中识别自己，这表明婴幼儿已经具有明确的客体自我认知。第二，能运用人称代词"你、我、他"称呼自己和他人，如用"我"来准确地指代自己。

（二）婴幼儿情绪表达及依恋关系的建立

情绪发展对婴幼儿适应环境、生存、生活都有着特别的作用与意义。婴幼儿天生就具有情绪反应能力，新生儿出生后的早期阶段，婴幼儿就会显露出他们的情绪反应，这正是婴幼儿生存发展的重要方式。婴幼儿年龄越小，情绪发展在生活中的地位越高、作用越大，这是由婴幼儿心理特点所决定的。

情绪也是婴幼儿进行人际交往、建立依恋关系的重要手段。不同情绪体验的表露是照料者识别婴幼儿心理状态和需求的重要参照，例如婴幼儿的饥饿感总是通过啼哭的方式加以表达，用以提醒父母的及时喂养，同时通过微笑来回应喂饱之后的满足。通过微笑等方式的交流互通，不仅促进了亲子情感的交流，还更好地促使婴幼儿对自我情绪的认识。婴幼儿年龄越小，由于自我生存的客观需要，使婴幼儿越倾向与照料者建立一种十分紧密的亲子依恋关系，从而实现其生存和发展的内生需要；随其逐渐长大，这种依附生存的亲子关系将会逐渐弱化，取而代之的更多的是心理依赖。

第二节 2~6周岁幼儿生长发育的基本特点

经过了0~2周岁蹒跚学步阶段的身心发展以后，幼儿的身体生长、发育进入了一个全新的发展阶段。随着四肢逐渐粗壮以及神经肌肉控制能力的增强，这一阶段的幼儿身体活动表现出了认知水平更高、身体活动范围更大、动作模式更优、动作能力更强的发展态势。表面上看似重复单调的幼儿身体活动，其实都是幼儿通过感知觉辨识物理环境特征，以探知自我和世界的联系与区别，进而在神经系统的支配下，运用四肢及身体各部位探索外部物理世界，实现其存在的目的。在这一过程中，幼儿不断与环境中的人或事物进行协作与交互，最终实现自我身心整合性发展。幼儿身心全面发展是一个渐进式的发展过程，一方面幼儿身心发展受到来自养育观念、遗传、疾病和经济状况等隐性因素的制约作用，另一方面其又受到来自物理环境和人际交往等显性因素的促进作用。正是在以上多种交叉且复杂的影响因素的综合作用下，幼儿长大成人的"运行轨迹"才呈现出千差万别的状况。因此，在幼儿成长发育过程中，应主动、充分发挥身体活动在促进幼儿健康成长中的积极作用，同时合理规避环境污染和疾病等阻碍幼儿茁壮成长的消极因素。

一、2~6周岁幼儿身体生长的发展特点

尽管幼儿早期的身体生长、发育速率较婴儿时期相比有所放缓，但幼儿早期的身体生长、发育仍然保持高速发展势头。随着肢体不断变得粗长，身体愈发健壮，此阶段的幼儿身心发展处在巨大的变化当中。幼儿时期身体比例发生快速变化，使得他们的体格看起来更像是青少年，而非幼儿。随着幼儿骨骼不断生长、钙化以及手腿的快速增长与变粗，四肢在功能和比例关系上能够和先于其生长的头部与躯干显得更加协调。同时，随着幼儿在日常活动中直立行走的时间占比越来越长，客观上需要幼儿能够更好地控制身体重心，完

成较长时间的身体直立活动。因此，其躯干和四肢的肌肉力量随着不断增加的身体活动而逐渐加强，随之而来的是体脂率不断下降，"婴儿肥"逐渐消失、瘦体重持续增加，这种由于身体成分变化而带来的身体活动能力上的提高，将直接为幼儿探索外部环境提供有利条件。如表1-4所示。

表1-4　2~6周岁幼儿身体形态、生理机能和感知觉的发展变化

身体生长	生理机能	知觉发展
• 身高、体重的增长速度比学步期缓慢：身高平均每年增长5~7 cm，体重平均每年增加2.3 kg； • 随着瘦体重逐渐增加，体脂逐渐减少，身体呈流线型，腿变长，身体比例逐渐接近于成人； • 男孩体型略大于女孩； • 骨骼发育减缓期； • 5~6周岁时长出第一颗恒牙。	• 最大肺活量（4~6周岁）： 30~37 L/min， 1.95 L/(kg·min^{-1})； • 最大吸氧量（4~6周岁）： 45~47 L/min， 0.8~0.9 L/(kg·min^{-1})。	• 平衡感增强，行走变得更加协调； • 3周岁能判别图形大小，这种判别大小的能力随年龄的增长而不断提高； • 3~4周岁，视觉焦距稳定； • 4~5周岁，辨别积木大小时，需要触摸积木边缘或将其堆叠进行比较； • 6周岁后可以单凭视觉找出一堆积木中体积大小相同的积木。 • 3周岁能辨别上下方位；4周岁左右，辨别前后；5周岁能以自身为中心辨别左右；6周岁虽能辨别上下、前后四个方位，但在身体运动的过程中辨别左、右方位仍有一定困难。

由表1-4可知，幼儿在2~6周岁阶段中，其身体生长发育和感知觉发展仍然十分旺盛，保持着较快的发展速度，身体各部位不仅在结构维度上发生变化，而且在功能维度上表现出了巨大的进步。具体表现在以下三个方面。

（一）身体生长、发育特点

此时是幼儿骨骼发育减缓期（男孩2~12周岁，女孩2~10周岁），也是骨骼营养储备期。其间骨骼生长相对稳定且均匀，正常生长速度应为每年5~7 cm，若小于4 cm则有必要对骨发育状况进行评估检查。其间骨骼营养的充分储备对后期骨骼加速生长的意义重大。由于幼儿骨骼构成中软骨成分较多，其骨组织中有机物与无机物之比为5∶5，而成人则为3∶7，所以，幼儿骨骼弹性大而硬度小，不易完全骨折，但易弯曲变形。骨的成分随着年龄的增长逐渐发生变化，无机盐增多，坚固性增强，韧性减小。在骨骼生长过程中，骺软骨迅速生长，并逐渐完成钙化。

（二）呼吸系统发展特点

幼儿呼吸器官较为娇嫩，喉咙狭窄；声带发育不够完全，易充血、肿胀变厚；鼻腔、气管及支气管容易感染。幼儿肺泡的数量少、容量小，呼吸浅。另外，由于发育不够完善，其胸廓小，气道较狭窄，呼吸时的弹性阻力和气道阻力大，所以幼儿肺活量较小，并且大都采用腹式呼吸。但是幼儿机体代谢旺盛、需氧量多，于是通过加快呼吸的频率来代偿，平均每分钟较成年人多呼吸22次。幼儿最大通气量和最大摄氧量的绝对值（每分钟最大肺活量）比成年人低，但其相对值（每分钟每千克体重肺活量）却并不低于成年人，甚至还要略高于成年人水平。

(三) 感知觉发展

随着幼儿身体生长、发育和身体活动能力的不断增强，其平衡感也随之增强，行走也变得更加协调。通常情况下，幼儿在3周岁左右能够判别图形大小和身体方位，随着年龄增长，辨识图形和方位的能力也随之提升。

二、2~6周岁幼儿认知能力的发展特点

幼儿早期阶段不仅在身体生长、发育方面保持着较为旺盛的发展趋势，同时还在认知发展方面同样保持着快速的发展势头。在此阶段幼儿通过身体活动，进一步发展其观察外部环境和交流互动的能力。随着幼儿身体活动能力的不断增强，其对外部环境探索范围不断扩大、能力不断提升、形式变化多样，最终幼儿通过身体活动这一方式，在与外部环境"好奇探索"的互动过程中，使得感知能力和认知水平不断得以提升和发展，如表1-5所示。

表1-5 2~6周岁幼儿大脑发育和高级认知等能力的发展变化

大脑发育	语言发展	信息加工	高级认知
• 大脑重量增长到占成年后大脑重量的70%~90%； • 刚出生的婴儿大脑中的突触连接数量会随着发育不断增多；4周岁时，大脑皮层形成了数量极大的神经突触，尤其是大脑额叶部的突触连接数量接近成人数量的两倍多；6周岁时突触数量到达顶峰；此后，大脑又会通过突触删除，让这个数量降低并维持在一个比较稳定的水平；一旦神经突触出现删除现象后，人脑的可塑性也相应削弱； • 大脑皮层左半球的发展先于右半球，这促进了幼儿语言技能的快速发展； • 幼儿早期，大脑各个结构建立起了连接。连接小脑和大脑皮层的纤维增长且髓鞘化，促进了平衡和肌肉控制； • 幼儿早期，利用手进行精细化操控的倾向性逐渐加强，说明此时身体远端神经肌肉系统的分化程度更高，表现为手部操控动作的精细化程度越来越好。	• 语言能力（句子长度、词汇量、句法和语法）迅猛发展； • 一旦幼儿掌握了足够多的词汇，就会引申出语义，并通过自创新词，表达隐喻； • 4周岁时，幼儿已具备较强的语言交流能力，此时他们已经能够考虑到自己的语言表达是否能够被同伴理解； • 在需要准确描述和阐述感受的对话情景中，学龄前幼儿的语言交流技能还欠成熟。	• 注意力变得更加持久、有计划； • 能够回忆起熟悉的经历，再认、回忆、陈述性记忆、自传式记忆不断增强； • 能按照等级将熟悉的物体进行合理分类； • 注意到书面语言的某些意义特征； • 3~4周岁，能数少量物体的个数，掌握了基数词；5~6周岁，能正数和倒数，能做简单加法和减法运算； • 能理解字母和发音之间的意义联系，能区分英文字母； • 面对具有挑战性的任务时，能运用个人语言指导行为。	• 3~4周岁，能理解信念和欲望对行为的意义；5~6周岁，对于信念的内涵理解增强； • 装扮游戏更少依赖于真实玩具、更少以自我为中心、更加复杂； • 在简单情境中可以接受别人的观点； • 掌握了双重表征，能注意到并解释转换和逆向思维，能理解许多因果关联，能区别表象和现实。

(一) 幼儿早期大脑发育特点

幼儿大脑发育水平基本接近成人，幼儿大脑重量增长较快，占其成年后大脑重量的70%~90%。4周岁时，大脑皮层形成了数量极大的神经突触连接；5周岁左右大脑单侧

化现象稳固建立；6周岁时突触数量到达顶峰，基本接近成人水平。此阶段幼儿神经纤维的增长及髓鞘化基本完成，兴奋和抑制的神经过程不断增强，且二者日趋平衡；条件反射易建立，而且较为巩固；随着连接小脑和大脑皮层的纤维增长且髓鞘化，进一步促进了平衡和肌肉控制。

（二）语言发展和信息加工能力

大脑皮层左半球的发展先于右半球，极大地促进了幼儿语言表达能力的发展；随之大脑对于外部信息的输入和处理能力也不断增强，表现为幼儿在完成相关任务时，注意力能够维持更加持久且带有很强的计划性。

（三）高级认知发展

2~4周岁，幼儿表征活动显著增多，反映在语言发展、装扮游戏、象征与真实世界关系的理解（如照片、绘画和地图）以及分类能力上。在简单、熟悉的环境和日常生活以及面对面交流中，幼儿不仅能够采纳他人观点，区分有机物与无机物之间的区别，理解注意转换、逆向思维以及因果关系，还能够基于物体普遍的自然种类、功能以及行为（不仅仅是知觉特征）对物体进行分类，并能在此基础之上理解某一种类物体所共有的潜在特征。4~7周岁，幼儿在装扮游戏以及其他思维过程中表现出思维表征活动具有越来越清晰的意识，能够将动画片中的许多人物及人物所拥有的特质，如仙女的魔法、妖怪的魔力、信念及其与期望存在冲突的事件，用合理的解释加以代替。

三、2~6周岁幼儿社会情绪能力的发展特点

幼儿早期社会情绪发展对于幼儿社会交往具有十分重要的影响与作用，那些社会情绪发展较好的幼儿，能够更加容易与同伴或成年人建立起积极且良好的交互关系。2~6周岁阶段是幼儿学习表达自我情绪和觉察他人情绪变化的关键时期，在这一阶段中，幼儿社会情绪发展不仅限于幼儿自我的情绪表达，还包含着幼儿的生活习惯、与同伴交流互动、与他人构建积极的人际关系、自我情绪管理以及建立积极的自我形象等。以上这些与幼儿社会情绪发展密切相关的心智发展，将是决定幼儿适应校园集体学习生活、开展人际交往和身心全面发展的主要影响因素，如表1-6所示。

表1-6　2~6周岁幼儿自我意识、情感表达和社会关系的发展变化

自我意识	情感表达	同伴、社会关系
● 2~3周岁，建立自我概念和自尊意识；3~4周岁，能够分清不同人际关系中自尊的意义，如同学间、同伴间、亲子间； ● 性别刻板印象信念及行为继续增加，理解性别的恒定性； ● 出现第一逆反期。	● 3~4周岁，对他人的感受和情绪反应敏感；在遇到麻烦的事件或突发状况时，可能会在情绪上做出反应； ● 4~5周岁，通常专横、苛求、好斗，走向极端、专横，经常发牢骚、哭泣和抱怨； ● 5~6周岁，大多数已表现有自我情绪体验，但需要依赖父母的信息； ● 移情在幼儿早期越来越普遍，相比学步期，更多依赖语言来完成共情表达。	● 2~3周岁，开始出现协作或攻击行为； ● 3~4周岁，攻击行为减少，有敌意的攻击行为增加；反社会行为活动减少，交互式行为活动增多； ● 5~6周岁，能够更好地处理自己所面临的社交问题；能够与同伴建立友谊关系，但与同性玩伴交往的偏好增强； ● 能区别道德、社会习俗与个人事务的区别，能遵守相关道德规则和行为规范。

（一）幼儿自我概念

3~6周岁幼儿社会性发展的重要表现之一就是自我概念的形成，此时幼儿具备了将自己和他人进行区分的能力，并能够较好地辨别每个个体所独有的特征。

（二）自尊

随着自我认知能力的提升，幼儿逐渐具备了判断自我价值的能力，幼儿的自尊感由此产生。幼儿往往容易高估自己对新技能的掌握程度，从而低估新任务的完成难度。幼儿能够感觉到自己是否被他人喜爱或接受，这往往是由事态发展的好坏程度所决定的，因此，幼儿情绪很容易受到父母评价的影响。

（三）幼儿情绪自我调节

此阶段幼儿开始意识到并理解自我的情感，即情感的自我调节。随着幼儿逐渐理解自己及他人不同情绪的产生原因，幼儿在人际交往中开始学会展示友好并与他人展开合作。

（四）移情

这是显现幼儿社会性形成的另一个重要情感发展特征。移情是指幼儿理解和回应他人感受的能力。幼儿能够在理解他人情感体验的前提下，对同伴、兄弟姐妹或者父母的遭遇表示同情、安慰和支持。随着语言表达能力的发展和提升，幼儿能够运用语言或肢体语言来安慰他人，同时也能够解释其他同龄幼儿的情绪波动以及引起这种情绪变化的原因。

（五）第一逆反期

幼儿在3~5周岁会发生一系列心理变化，这个时期叫作第一逆反期。第一逆反期的反抗对象以父母为主，标志着幼儿心理发展出现独立的萌芽，自我意识开始发展，学会用"我""我的"来表达自己的愿望和要求，按自己的方式行动，不愿意让别人来干涉他们，行为上表现出执拗与任性。

（六）亲子关系

幼儿与父母等照料者的关系是幼儿社会情绪发展的最重要关系，因为照料者在幼儿身心发展过程中影响作用最大。影响亲子关系的因素主要包括教养方式、幼儿个性特质和幼儿人际关系互动，这三个因素的交互影响是动态且复杂的，幼儿社会情绪发展受到以上三个因素的综合作用。

第三节 6~12周岁儿童生长发育的基本特点

儿童不同阶段身心整合性全面发展通常是指从新生儿出生那一刻开始直到青春期结束的这一时期，儿童所经历的生理、心理和情感及社会适应上的身心体验与变化的过程。同时这一过程也是幼儿从被照料、依赖的状态中，逐渐发展成为具有自主性的独立个体的全过程。儿童身心发展过程是一个连续的、阶段分明的过程，发展顺序具有一定的可预测性。儿童身心全面发展受制于多个因素的影响与制约，例如遗传、家庭条件、生活环境、营养条件和教育水平等因素都是影响儿童身心均衡、全面发展的重要因素，因此不同儿童身心发展速度各不相同。儿童身心发展的每个阶段不仅受到遗传等先天条件的直接影响，同时还会受到前一阶段生活环境、养育水平等诸多因素的间接影响，这也是为什么处于同一年龄阶段的儿童在身体形态、情感表达、动作能力和认知水平上存在差异的根本原因，因此也成就了人类社会发展的多样性。

儿童中期通常是指 6~12 周岁阶段的儿童，进入这一阶段也就标志着儿童即将进入小学阶段的集体学习生活。此时儿童在集体学习生活中学会与人共处、交流沟通，甚至开始与身边的同伴进行比拼、竞争。6~12 周岁儿童身体生长、发育速度不及婴幼儿及儿童早期那么迅猛，但在此阶段中，儿童体重平均每年以 3.17 kg 左右的幅度增加，而身高平均每年以 3 cm 左右幅度增长。随着儿童身高、体重等外部形态不断长高、变重以及控制激素生成的内分泌系统不断完善，儿童进入身体性状变化的"青春期"。这预示着儿童的身体生长发育、认知发展、动作能力和社会情绪发展将进入一个全新的发展阶段，此时的儿童、青少年在身体素质、认知水平、运动能力和社会适应等方面的综合能力与素质将会与成人相差无几。

一、6~12 周岁儿童身体生长的发展特点

儿童在进入成人阶段之前，身体快速生长、发育是人类生存生活和适应环境变化的高级进化策略。因为身体四肢的增长和粗壮为参与身体活动提供了便利条件和竞争优势，同时适宜的身体活动又能更好地促进新陈代谢，使身体内在机能水平朝着刺激—适应的优化方向发展，并且儿童也不断从适宜的身体活动中受益，实现健康成长，如表 1-7 所示。

表 1-7　6~12 周岁儿童身体生长、生理机能和感知觉的发展变化

阶段划分	身体生长	生理机能	知觉发展
7~9 周岁	• 7 周岁，男孩平均身高 124 cm、女孩平均身高 122.5 cm，身高平均每年增长 5~6 cm； • 7 周岁，男孩平均体重为 24 kg；女孩平均体重 22.6 kg；体重平均每年增长 3 kg； • 6~8 周岁，女孩的体重和身高都略逊于男孩；9 岁，女孩和男孩的差距发生倒转； • 骨骼继续变长、变粗；骨骼发育逐渐进入减缓期。	• 最大肺活量：43~51 L/min, 2.04 L/(kg·min^{-1})； • 最大吸氧量：47~54 L/min, 1.3~1.4 L/(kg·min^{-1})； • 激素水平： 7~8 周岁，男孩雄激素（睾丸激素）分泌水平要高于同龄女孩，两性呈现出不同的发展趋势； 8~9 周岁，促进青春期男孩和女孩身体快速发展的激素变化逐渐显现出来。	• 7 周岁以后，能够以他人为基准辨别人体或物体的左右方位。
9~12 周岁	• 女孩比男孩提前两年进入青春发育高峰期； • 男孩骨骼发育进入减缓期，女孩骨骼发育进入加速期； • 20 颗乳牙逐渐被恒牙取代，女孩比男孩换牙更早。	11~13 周岁，男孩的雄性激素（睾丸激素）分泌水平高于同龄女孩，出现第二次快速增长，在体格和力量增长方面两性呈现出不同的发展趋向。	11 周岁左右形成较好的方向辨识能力和空间感。

（一）儿童中期骨骼发展特点

人体骨骼生长是骨的"破坏"和"建造"两个过程对立统一的结果，生长过程中建造占优势。影响骨生长的因素有很多，其中种族、遗传和激素的作用是内因，营养、微量元素、肥胖和体育锻炼是外因。

在 7~9 周岁，男孩与女孩的骨骼将继续变长、变粗，但总体上骨骼的生长发育速度将逐步减慢，进入骨骼发育的减缓期；在 9~12 周岁，男孩与女孩的骨骼发育将有所分化，男孩的骨骼发育将进一步减缓，而女孩的骨骼发育将再次进入加速期。由于女孩生长发育往往早于男孩，因此女孩的骨骼发展进入加速发展期的时间也要早于男孩。

男孩 12~16 周岁、女孩 10~15 周岁骨骼发育进入加速发展期。由于骨骼生长发育过快，导致前一阶段储备的营养快速被消耗，因此该时期也被称为骨骼营养消耗期。进入青春发育期后，男孩身高平均可增加 25~28 厘米，女孩身高平均可增加 23~25 厘米。为了能够在有限的生长周期内提高儿童骨骼生长质量，加速其骨骼生长、发育，我们应帮助儿童加强钙等微量元素的供给，以适应儿童骨骼快速生长的营养需要。通过提供合理、科学的营养膳食，延长儿童身体生长周期，给予骨骼生长更大的发展空间。

（二）儿童中期生理机能发展特点

此阶段随着儿童身体活动强度逐渐提高、运动时间不断延长，其摄取氧和利用氧的能力也随之不断提高。7~8 周岁时，男孩雄激素分泌水平要高于同龄女孩，两性呈现出不同的发展趋势；8~9 周岁时，促进青春期男孩和女孩身体快速发展的激素变化逐渐显现出来。

二、6~12 周岁儿童认知能力的发展特点

随着儿童身体活动能力的增强，活动范围逐渐扩大，这样使得儿童通过肢体及感官与物理环境、人和客观物体等进行互动的机会日益频繁，身体活动和语言交流的机会逐渐增多，儿童对于物理环境、客观实物和空间概念的认识和理解也在不断加深，而且在儿童中期发展阶段中，对于事物的理解和认识朝着个性化、差异化的方向发展，如表 1-8 所示。

表 1-8 6~12 周岁儿童大脑发育与高级认知等能力的发展变化

阶段划分	大脑发育	语言发展	信息加工	高级认知
7~9 周岁	• 7 周岁时，大脑重量约为 1.4 kg（占其成年后大脑重量的 90%）；儿童中期和青春期，大脑重量仅增加 10%； • 7 周岁时，发育最晚的额叶基本成熟； • 白质（有髓鞘的神经纤维）稳定增长，特别是位于大脑皮层的额叶和胼胝体部分；灰质减少，其原因是突触删除和大脑半球功能的单侧化。	• 词汇量迅速增加； • 词的定义更加具体，涉及功能和外表； • 元语言认知增强。	• 注意更具有选择性、适应性和计划性； • 能运用复述和重组等记忆策略； • 将大脑视为积极的、建构性的结构，能够进行信息的转换； • 记忆策略的知觉和心理因素（注意、动机）对任务表现的影响增强； • 实现了从"学会阅读"到"阅读学习"的过渡； • 能够运用数和计算等概念常识进一步掌握复杂的数学技巧。	• 空间概念理解增强，能够描画物体定位并理解地图； • 具备更强的逻辑思维能力。

续表

阶段划分	大脑发育	语言发展	信息加工	高级认知
9~12周岁	9~12周岁是左、右脑协同发育时期,这个时期右脑发育逐渐趋于成熟,而左脑发育逐渐加快。	• 词的定义、强调同义词和近义词; • 对隐喻和幽默的理解,反映其掌握和运用词义的能力; • 具备复杂语法结构的运用能力; • 在交谈过程中,能根据听者需要提供不同的信息; • 谈话策略更加完善。	• 计划性增强; • 复述和重组的记忆策略更加有效;使用精细计划的记忆策略;同时能应用几种不同的记忆策略; • 长时记忆的知识库不断得以丰富; • 能够根据需要不断调节并发展自我认知能力。	• 皮亚杰认知发展模式逐渐被理解并接受; • 直到儿童中期末,逻辑思维一直局限在具体情境中(形象思维)。

（一）儿童中期大脑发育特点

随着儿童身体的生长发育，7周岁时儿童大脑重量约为1.4 kg，约为其成年后大脑重量的90%，同期发育最晚的额叶脑区基本发育成熟；进入儿童中期和青春期，大脑重量仅增加10%。儿童中期大脑白质（有髓鞘的神经纤维）稳定增长，特别是位于大脑皮层的额叶和胼胝体部分白质增长尤为明显。另外大脑的灰质逐渐减少，其原因是突触删除和大脑半球功能的单侧化。

（二）儿童中期认知发展特点

此时儿童能够对具体可感知的信息进行逻辑推理，随着儿童对物体感知能力的增强以及具备知觉的恒常性之后，其逐渐形成了逆向思维能力。此时，儿童能更清晰地理解等级分类、发展序列和空间结构等概念，具体表现在方向定位和识图理解能力的增强。

（三）儿童中期信息加工发展特点

随着认知能力的不断增强，儿童大脑信息加工能力也日益增强。具体表现为：在思维过程中注意力更加集中且有计划性，注意的强度、抗干扰性和持续时间明显增强，特别是儿童对于陈述性知识的再识能力不断提升。

（四）儿童中期高级认知发展特点

儿童中期高级认知发展的主要特点是：以具体形象思维为主要形式，逐步向抽象逻辑思维过渡。这种过渡性主要是指儿童能对具体事物的变化进行抽象推理，并揭露其本质特点。此阶段儿童的空间概念理解能力不断增强，能够准确描画物体定位并理解地图中的物体方位，同时具备更强的逻辑思维能力。

三、6~12周岁儿童社会情绪能力的发展特点

随着儿童身体活动能力增强，其在环境空间中的活动边界也逐渐增大，人际交往互动更加频繁。在这一交互过程中，儿童的情感、意志和自我意识都能得到充分发展。通常情况下，学龄儿童的情感比婴幼儿和少年时期的情感都要稳定，他们能经常处于比较平静、持久、稳定和愉快的情绪状态中。儿童中期社会情绪发展较早期而言有了质的飞跃，尤其是社会情绪能力的不断提升，使其能从具体"个人"的情感扩大到对整个"集体"的情感，不仅对日常生活中的事物产生情感，还会对精神生活中的事件产生情感，如表1-9所示。

表1-9　6~12周岁儿童自我意识、情感表达和社会关系的发展变化

年龄阶段	自我意识	情感表达	同伴、社会关系
7~9周岁	• 自我概念中开始包括个性特质和社会比较； • 自尊开始分化发展。	• 能识别相同情境下，个体间不同的情绪体验； • 产生由个人责任感控制的自豪和罪恶等自我意识情绪。	• 在解释他人感受时，会考虑更多的线索，如表面的、环境的以及过去的经历等； • 认识到不同的信息使人们产生不同的看法； • 更具责任感和独立性； • 公平分配的依据从均等、美德至善心，发生了两次变化； • 与同伴交往更具亲社会性，攻击行为下降； • 具备"去中心化"的思维能力，能考虑并接纳多种观点。
9~12周岁	• 自尊不断提升； • 能区分能力、努力和运气对成功及失败的意义并能够归因分析； • 能够换位思考，学会站在他人的角度来审视自己； • 能够从第三方公正的角度来审视人际关系。	• 拥有一套适应性强的情绪调节策略。	• 赞同道德准则和社会习俗之间的联系； • 赞同个人选择，形成对个人权利的理解； • 同伴团体出现； • 在互信基础之上，选择性地与同伴建立友谊； • 具备性别角色意识，但是对男性、女性的职业角色定位持有灵活观点； • 兄弟姐妹间的竞争加剧。

（一）儿童中期情绪体验的特点

自我体验是伴随自我认识而产生的内心体验，即主我对客我所持有的一种态度。自我体验通常是指伴随自我认识所产生的各种内心体验，也是自我意识在情感上的表现，但不

同的自我体验的产生与发展具有非同步性。一般而言，儿童的愉快和愤怒的两种内在情绪发展较早，而自尊、羞愧和委屈发生较晚。儿童的自我体验与自我意识的形成与发展呈现出相似的发展趋向，在儿童中期阶段其自我情绪体验的形成、发展与自我认识、自我评价发展密切相关。

（二）儿童中期道德情感发展特点

由于共同学习和生活经历将儿童聚集在一起，结伴成群、形成团体成为必然。在群体交往过程中，个体之间的相互交往变得更加频繁而密切，由此儿童便形成了受到集体公共生活规则所制约、影响和调节的道德情感。儿童在集体学习与生活中为了完成共同的任务或达成共同的目标，逐渐意识到个人、集体和祖国之间的相互关系，并在学习等日常活动中产生了爱国主义情感、集体荣誉感、使命感、责任感、正义感，等等。儿童的道德情感发展具有非均衡性，表现为使命感最为强烈，荣誉感次之，良知和爱国主义再次之，幸福体验感最差。

第四节 人类动作能力形成与发展的基本原则

人体生长发育和动作能力的发展遵循由上至下循序发展的头尾原则、从中央向四周逐级加强控制的近远原则以及大肌群先于小肌群发展的大小原则，常常被认为是人体从生长发育逐渐走向成熟的趋势，并且它们指明了人体发育和动作发展的走向和进程。

一、儿童动作能力形成与发展的基本原则

（一）头尾原则

头尾原则是指人体中枢神经系统对于全身肌肉的控制，遵循着由上至下、从头顶向足底逐级加强控制的发展过程，而此原则尤其适用于儿童、青少年的身体生长发育方面。相对于身体其他部位来说，新生儿和婴幼儿的头部尺寸、重量与全身尺寸、重量的比例要明显大于儿童、青少年或成人的同类比例。因此，说明中枢神经系统比身体其他部位的神经发展得更早、更迅速，表现出一种从上至下的逐级发展过程，如图1-1所示。

（二）近远原则

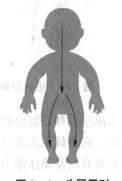

图1-1 头尾原则

近远原则是指靠近身体中心线的神经肌肉和关节要先于远离身体中心线的神经肌肉和关节开始发育。基于对儿童身体生长发育和动作学习、控制的实际观察，可以看出儿童的神经肌肉控制呈现出从中心向四周逐级发展的趋势，而这种现象被称为近远原则。在现有大量的儿童动作能力发展研究中，这一原则反复被幼儿身体发育和动作发展的研究结论所证明。人类是从身体的中心逐渐进化而来的，这是一种微小、延伸的细胞群，最终形成了人体的中心线——脊柱。人体的生长发育始于身体的中心部位，直至身体所有肢体和器官发育完成，在获取动作技能方面也有类似的发展过程。例

如在婴幼儿尝试抓握的早期阶段，婴幼儿的手臂动作主要受制于肩部肌肉的控制，通过不断加强身体活动，婴幼儿逐渐学会了控制自己的肘部，并在日常的身体活动中，不断将其学到的动作技能加以实践和操控。在反复练习的过程中，这种控制神经肌肉的能力得到了长足的进步。随着肘部控制能力越发精准，使得完成更为精确的手部动作就变成了可能。最终，婴幼儿学会了通过利用手腕及手指的控制能力，顺利完成精确的手部抓握动作。如图1-2所示。

二、人类动作能力衰退的基本原则

伴随着个体生物年龄的增长，其动作的学习与控制能力会呈现出不断衰退的态势。在人体动作能力学习与控制的过程中所呈现出来的头尾原则、近远原则和粗精有序原则，在人体动作能力学习与控制的衰退过程中，却呈现出逆向的发展进程，最明显的就是人体下半身末端的动作能力将会最早出现衰退迹象，例如老年人的步履蹒跚、双手抖颤等。动作能力退化的过程也将会是由足底逐渐向头顶、从身体外周向身体中心以及从精细操控到粗大位移这三个方面开启缓慢的衰退进程，如图1-3所示。而目前人类已知最有效缓解动作能力衰退的方法就是，通过大量的身体练习，尽可能地强化动作记忆和神经肌肉的控制能力，从而最大限度地减缓这一衰退过程。

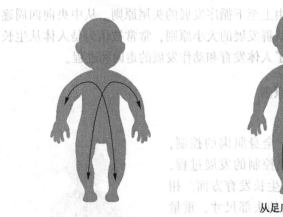

图1-2 近远原则

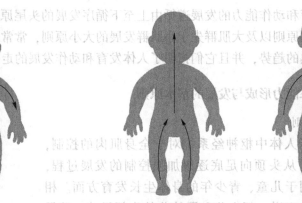

从足底向头顶衰退　　从外围向中心衰退

图1-3 人类动作技能衰退变化示意图

头尾原则和近远原则对于我们掌握儿童基本动作能力的发展规律具有非常重要的意义和价值，它是认识人类动作发展和衰退过程的"金钥匙"。这些规律也可以大量应用到人类生长发育以及动作能力发展的评价、研究和实践中，同时也为开展儿童动作技能教学实践提供了行动指南与干预思路。

三、儿童动作能力形成与发展的基本规律

（一）以神经肌肉控制能力逐渐增强为特点的"动作分化"

动作分化是指从总体宽泛的、不成熟的大肌群动作往精准化的、具有良好控制力的、有意识的精细化动作连续转变的过程。通过对儿童步态变化的观察研究，从一个侧面解释了儿童动作能力发展由大肌群粗泛化控制为主向小肌群精细化调控为主的转变过程。从儿童早期行走动作模式的观察研究中不难发现，儿童行走时双腿的前后摆动主要是靠髋关节

周围的大肌群所控制、调节。伴随其神经肌肉控制能力的不断增强，分布于腿部各个区域的神经肌肉系统完成了最终分化发展，这也就代表着儿童步态控制逐渐从失调、费力向协调、省力的动作控制方向转化。简言之，儿童在行走动作模式的发展过程中，腿部各部位的神经肌肉进一步加快发展、分化，并最终形成了独特且具有精细化控制的"动作能力"。儿童双侧下肢经过不断发展、分化，成为在复杂背景环境和多重任务要求的挑战下，仍能够顺利完成身体支撑和位移活动的功能强大的"运动效应器"。因此，儿童早期以僵硬、不协调动作特点的步态将会发展、分化成为自然、控制力强、上下肢协调用力的一种更高效、更节省的行走动作模式。

儿童肌肉系统的发展受到神经系统发展的制约与影响，在动作能力发展方面，人体遵循着粗大动作技能先行发展，随后精细动作技能接续发展的特征。例如，儿童首先学会上肢动作技能，随着神经支配肌肉的能力不断增强，其逐渐掌握了抓握的动作技能，由于身体活动和神经肌肉控制能力的不断改善，其最后学会了指握的动作技能。在幼儿早期的身体活动中，常以大肌群控制的身体位移动作为主，如翻转、爬行、坐立、站立和行走等，以上动作无一不是需要大肌群协同才能完成动作控制的。但是随着感知觉输入和神经肌肉控制能力的提升，儿童的动作控制能力从粗泛化的大肌群控制向精细化的小肌群操控进行转变，这样也使儿童身体活动能力和动作操控方式发生了巨大变化，使其能够面对愈加复杂的运动环境，完成更具挑战性的动作任务。

（二）以感知觉统合能力不断提升为特点的"动作整合"

"动作整合"作为一种相似且相关的改变过程，发生于个体动作能力逐渐发展的过程中。通过动作技能水平的提高，身体各部位的神经肌肉系统会发展或改变其"动作执行能力"。随着儿童感知觉输入和神经肌肉控制能力不断增强，神经肌肉系统不仅通过分化得到充分发展，而且其协同工作能力也随之得以改善。例如，当一名儿童想要抓取一个玩具时，他会运用距离玩具较近一侧的上肢去完成"抓握"的动作。但如果面前的玩具足够多时，该名儿童想立即抓取同侧第二个玩具时，他会把已获得的玩具转移至另一侧上肢进行保管，同时将已经腾空的手再次抓取第二个玩具。完成这项动作任务的前提是，该名儿童具有良好的双侧上肢抓握的整合能力。如果该名儿童的双臂不具备良好的整合或协调能力，那么他将为了完成这项动作任务而改变行动策略，即为了抓取第二个玩具而丢弃之前拿在手里的玩具。而儿童这一动作任务的执行能力，则表明了该儿童手眼协调性和双手整合用力的执行能力。因此，儿童不同的动作整合执行能力，决定了其在身体活动中的动作方式、动作质量与完成结果。

四、人类动作能力发展的基本特性

根据个体生长发育的客观规律以及影响人类动作能力形成、发展和退化的内在机制，归纳人类动作能力的发展走向和变化进程，总体来说，人类动作能力的形成和发展具有六大特性。

（一）结果导向性

动作完成质量（动作过程）的提升必定带来任务目标完成结果（动作达成）的优化，同时标示着个体动作能力水平的不断提升和突破。例如，儿童在学习肩上投掷动作的初始阶段，经常会出现同侧手脚完成投掷的动作。随着练习次数的增加和神经肌肉控制能力的增强，随之出现的是能够进行全身力量高度整合的对侧手脚协调用力的投掷动作，而该动作执行过程的质量优化，直接体现在投掷的远度和准度的提升上。因此动作操作质量（内在表现）的提高，最终都是导向动作结果（外在表现）的优化。在人类长期进化发展的过程中，为了适应环境变化，求得生存与发展，人类在生产实践中不断完善更新，以此为了获得最大化的劳动收益，因而在动作执行过程中，也总是期待能够在减少能量消耗的前提下，实现动作输出的最优化结果。而这一价值取向使人类在动作能力的形成与发展过程中，始终追求以改善动作质量来获得动作结果的最大化效益。

（二）发展顺序性

从人体生长发育和动作能力发展的客观现实来看，某些动作模式总是比其他动作模式最先发展，这种动作模式的发展呈现出明显的先后发展序列。例如，儿童首先掌握站立动作，在此基础上学会了行走，随后才能够进行跑动，这一发展的顺序性体现了儿童动作能力发展的阶段性变化，同时这也是体现儿童身体生长发育水平的动作发展里程碑。因此儿童身体能力和动作发展变化的顺序特性，可以作为把握儿童动作技能教学最佳干预时机的风向标。

（三）渐进积累性

人类动作能力的发展总是呈现出渐进发展、逐步积累的特点，即后续的动作发展总是建立在先前的动作发展基础之上，前序动作能力是后序动作发展的基础和前提，两者之间相互关联、相互影响、互为基础。如果前序动作能力发展延缓，则后序动作发展也必然受到影响，前序与后序动作之间是继承与发展的关系。例如，儿童辅助站立动作是在其借助父母搀扶帮助下，由坐立这一动作发展、演化而来的。儿童保持坐立姿态所需动员的肌肉和动作控制难度都较站立动作更低，随着儿童下肢肌力和神经肌肉系统发展日臻完善，进行站立这一看起来"困难"的动作就逐渐变得"容易"起来。这一特性说明在人类动作能力发展的过程中，儿童生长发育的客观规律与其动作能力发展之间具有密切的关联性，前后发展的动作序列互为基础、相互影响、相互促进，从而避免了儿童在动作能力发展过程中，出现"跨越"某一动作能力发展阶段，直接进入后续动作能力发展的现象出现，这种动作能力的"跨越式发展"与动作技能先后循序发展的客观规律是相违背的。

（四）趋势导向性

人类动作能力发展总是随着身体能力、练习次数、运动经历和伤病的出现而呈现出上下起伏的发展态势，因此人类动作能力发展的运行轨迹不可能总是持续向上（改善提升），也不可能始终低位运行（退变弱化）。当练习次数逐渐增加、身体能力不断增强时，儿童的动作能力水平就会呈现出"向好/向上"的发展趋势，动作控制也会逐渐娴熟；而当伤病的出现和练习次数减少时，动作能力水平就会呈现出"向坏/向下"的发展趋势。不论动作能力逐渐增强或日渐退化，这都是动作能力发展的必然趋势，代表着动作能力发展变化的走向。所以从人类动作能力形成与发展的全周期视角审视，人类动作能力的形成与消退总是呈现出此消彼长、上下起伏的运行发展趋向。

(五) 多因制约性

人类动作能力的形成与发展总是受制于个体的生长发育水平、身体素质、运动经历、疾病或损伤、背景环境以及任务难度等诸多因素的影响。任何单一因素都不足以对动作能力发展产生影响，只有站在复合多因素影响的视野上，才能真正理解动作能力发展的复杂性。因此我们在促进儿童动作能力的形成与发展的过程中，应该高效利用对儿童动作能力发展起到积极作用的有利因素，如动作练习的频次、时长和及时的教学反馈，合理规避阻碍儿童动作能力发展的消极因素，如限制班级教学规模、避免消极评价和降低动作难度等。

(六) 个体差异性

虽然儿童的身体生长基本是朝着日臻成熟的方向发展，但是受到遗传、环境、营养、地理气候和养育等诸多因素的影响，儿童的生长发育总是呈现出不同的发展速率，而这种发展程度的差异性将直接影响到儿童动作能力发展。

理解了儿童生长发育和动作能力形成与发展的特点之后，我们更加明白了儿童动作能力的形成与发展是一个具有鲜明阶段特征的渐进式发展过程。我们掌握这些发展特性并不只是为了让我们知晓儿童动作能力发展的现状，而是可以使我们更加全面地掌握儿童动作能力发展的演变规律和阶段特点。因此，对于儿童动作能力的评测不能唯"生物年龄"论，虽然在儿童生长发育的过程中，生物年龄作为一项参考指标，能够在一定程度上反映与其年龄密切相关的发育水平和能力差异，但这一项指标仅具有相对的参考价值，并不具有决定性作用。例如：当一名4岁儿童在练习棒球的挥棒击球动作时，常出现双脚平行开立、原地转体挥击的上下肢不协调动作。从动作执行过程和结果来看，这一动作肯定是不够完善、未能形成全身合力的，但是从一名4岁儿童的身体条件来看，如此双手持棒击球的动作模式正是其力所能及的动作完成方式。虽然该名儿童不能高效、熟练地完成持棒击球的动作，却很可能以自己特有的动作模式完成投掷动作。通过以上事例说明，由于很多主客观因素的影响与作用，儿童个体间的动作能力发展存在普遍差异，因而证明动作能力发展是一个极其复杂且受多因素影响的过程，和生物年龄紧密相关，但绝非生物年龄所能决定的。

五、动作能力发展对儿童身心健康的价值与作用

从人体进化发展的角度审视，人体结构是为运动而专门"设计"的。对于具有身体移动能力的新生儿而言，他们总是对外部的环境充满着无限的好奇，从此移动就成为他们探索这个世界的最佳手段。婴幼儿的身体移动对于促进其身体生长与认知发展具有十分重要的价值与意义：一方面通过身体移动他们能够在未知的空间中自由地游走，为提高他们对外部环境的感性认识提供了更多的可能和方便；另一方面，婴幼儿在移动过程中利用视觉、触觉、听觉、嗅觉和本体觉等不同感官去感知和认识他们所生存的外部世界，而这些先验的感觉经验也会使他们获取许多宝贵的感性认识，为他们形成对环境、物质和关联等概念和意义提供机会，从而不断地促进其身体、认知和社会情绪的持续发展。由此可见，婴幼儿早期的身体移动蕴涵了巨大的成长奥秘，婴幼儿通过身体移动获得了与周遭环境的交互机会，而这种凭借身体与环境的互动交流能够使婴幼

儿不断地学习、成长。所以，动作是儿童识别环境空间、认识物质形态、促进身心发展的"金钥匙"。

儿童在物理环境中运用肢体与环境的互动过程其实就是刺激脑细胞生长，打开神经肌肉控制通道以及建立神经元突触之间复杂连接的过程，这个过程一方面十分利于儿童感知觉输入能力的发展，另一方面新的刺激和实践经验也有助于优化儿童脑神经网络结构，进一步增强其大脑的识别和决策能力。由于婴幼儿早期的运动经验会给儿童大脑发育带来积极、可观的影响，因此尽早促进婴幼儿进行身体活动，对婴幼儿身心全面发展的影响效应就会越大。而这种幼儿时期多样化运动的经历将会促进儿童未来身心的健康、持续发展，尤其是对儿童未来运动能力的发展将产生深远的影响。

第二章

动作技能学习概述

动作技能是在特定条件和环境背景下，为了实现人类行为目标而合理、有效地运用人体运动系统来执行的身体活动方式，这是从动作技能对人类生存、生活和发展视角来审视其价值和作用的。由于动作技能依赖于脑、骨骼、关节和神经等系统的相互协调与运作，因此动作技能往往会受制于这些系统内在的结构与功能。尽管肢体伤残和运动损伤都会影响动作技能的学习与发展，但是儿童能够在早期的体力活动中获得一定的动作操作经验，这些早期动作经验为儿童学习并形成熟练、完善、系统的动作技能奠定了坚实的基础。

从人类进化发展的视角来审视人类动作技能的形成过程，我们可以看出人类早期动作技能的学习与形成必定与人类生存、生活和生产实践密不可分。人类为了生存、生活，在与大自然和动物的长期斗争中，形成了对世界、自然环境的认识和适应，并在这种思想认识的指导下，逐渐形成了一套解决问题的行为规范和操作方法。而人类最初的动作技能就是在一次又一次动作重复模仿的基础上学习后掌握的。因此动作技能不仅是人类为了生存开展生产劳动实践所必备掌握的"本领"技能，更是其适应自然、改造自然的主要斗争"手段"。从人类最初的动作技能形成的内在机制而言，人类动作技能的早期学习与发展主要源于动作的观察与模仿；从动作控制角度看，动作技能学习是一种从"无序"走向"有序"的渐进形成过程；从认知发展角度看，动作技能学习是一种从刻意模仿的"感性认识"向熟练自如的"理性认识"的学习过程。

第一节 动作技能的定义、具体分类与基本特征

一、动作技能的定义

动作技能也称为运动技能，由于其应用面广、涉及学科多，因此很难给予一个表达准确、概括全面、适用性强的定义。Schmidt 等（1999）指出，运动技能是由动作执行者根据任务需要而做出的特定动作方式，而动作质量是衡量动作技能优劣的重要因素。Magill（2004）则认为运动技能是指为实现特定目标而操作的动作或任务，是以操作质量为评价指标的。

马启伟和张力为（1996）指出，运动技能是指通过练习而获得的、符合某种法则的动作方式。林崇德（2003）在《心理学大辞典》中指出，运动技能是指通过学习而形成的、有法则的操作活动方式。

本书主要是从后天习得、儿童生长发育规律和影响动作技能形成、发展的主要因素进行归纳，不仅涉及儿童的日常起居的生活技能，还包括特定体育运动的专项动作技能等。因此本书中的动作技能定义为：一种能够将人体动作的最终结果稳定导向于最优化、自动化和节省化状态的任务学习与执行能力。

二、影响动作技能发挥的主要因素

从认知心理学角度来看，动作技能是根据动作任务需要，在神经肌肉系统支配下，身体各部位协同用力完成动作组织与执行的过程。动作的执行是一种动作经验而非认知经验，具有物质性、外显性、内隐性与展开性等特点。从动作技能掌握的熟练程度来区分，可分为初级动作技能和高级动作技能两类。初级动作技能是指通过一定练习或模仿而形成的带有明显意识控制特点的技能；高级动作技能则是指经过反复练习使动作产生、控制和执行达到自动化水平的技能。

NBA篮球决赛中扣人心弦的绝杀投篮和奥运会赛场上双人高台跳水的决胜一跳，看似千万次同样动作的重复，实则包含了极为复杂的心理认知和动作控制过程。受到外部环境不确定因素影响的同场或隔网对抗性项目，认知决策因素对其动作技能的组织与执行影响较大。例如网球比赛中，接球一方运动员必须对发球一方运动员的站位、身体姿态、表情和比赛态势进行迅速判断，而运动员在这一复杂的心理认知加工过程中，必须在极短的时间内对"做什么"（内容）、"怎么做"（方式）和"何时做"（时机）这三个关键问题进行抉择，而这些抉择过程就是动作执行成功的关键所在。因此，在特定的背景环境下，人体执行每一个动作技能都会产生特定的心理过程，而在这个心理过程中，其认知水平的高低将直接决定动作技能操作的过程与结果。所以，优质、高效的动作技能至少应包括三个层次的心理过程：首先是对动作技能操作环境的感知能力，这将直接影响着信息输入、分析和整合的水平，为动作的产生、选择提供现实依据；其次是动作程序的预设规划和组织调整，这个过程中动作执行者必须在有限的时间中，迅速对"行动的内容""执行的方式"和"操作的时机"这三个关键问题进行决策；最后则是通过神经动作单元引起有组织的肌肉活动来执行动作，完成任务目标。

动作技能的执行过程也可以分为相互联系的三个有机组成环节。第一，身体姿态控制环节。良好的身体姿态为高质量完成动作提供稳定的平台支撑，例如棒球投手的手臂自后向前的发力投掷是整个动作的动力来源，但如果离开了下肢的稳定支撑，那么上肢的动作发力将势必受到很大影响，因为一切的动作技能都需要在稳定支撑的条件下才能得以完成。第二，身体重心位移环节。身体重心朝向动作技能实施的方位是动作执行的前提基础，例如羽毛球运动中的"球到、人到"即是这个道理，身体位移能力是高质量回球的前提基础，如果身体未能在击球最佳时期到达相应的击球位置，那么高质量的回球动作将无从谈起。第三，身体协调操作环节。大多情况下，人体在运动过程中需要有机协调全身各部位共同用力才能完成动作。因此各个身体部位在完成动作过程中，所表现出来的协同性和准确性是影响动作质量的关键因素。例如棒球击球动作就具备物体轨迹追踪任务中的手眼协调动作执行特点。虽然不同类型动作技能的操作过程都包括以上这些心理认知加工过程，但各种类型动作技能的侧重点和影响要素存在差异。

三、动作技能的具体分类

动作技能的种类很多，从单维度视角分析众多的动作技能，可以根据认知决策参与动作执行的程度、不同肌肉募集程度和用力方式、动作连贯与否以及不同环境条件对动作的干扰程度这四个分类标准，将动作技能大体上划分为相互独立、内容统一、概念对立的四个动作技能类别。

（一）粗大与精细动作技能

依据动作技能所涉及的运动幅度大小和肌肉募集数量多少，可将其分为以小肌群控制为主的精细动作技能和以大肌群控制为主的粗大动作技能。精细动作技能主要是通过小肌肉运动控制（如腕关节和手指的运动）来实现的，在狭小的空间范围内进行，要求动作协调、精准且高效，是具有精巧协调动作的技能，如写字、射击、雕刻、绣花、投篮等技能。粗大动作技能则是运用大肌肉运动控制（如髋关节的运动）来实现的，需要募集更多的肌肉以及更大的动作幅度才能完成动作的技能，如跑步、游泳、打球、举重等。如图2-1所示。

图2-1 精细与粗大动作技能的连续发展整体

（二）连续性、非连续性及系列性动作技能

依据动作的连续与否，分为连续性、非连续性和系列性动作技能。连续性动作技能是指在动作执行过程中没有明确的开始和结束部分，且总是以连续、不间断的方式完成一系列动作的技能，如打字、游泳、跑步、舞蹈、驾驶汽车、行走等动作技能。在这些动作技能中，身体运动是以动作与动作间连接十分紧密的周期性动作为主，持续时间较长，没有显见的动作起点和止点。由于以上动作的特点使连续性动作技能需要良好的体能储备，因此如何提高动作的经济性是提升连续性动作技能水平的核心问题。

非连续性动作技能一般是指完成具有明确动作起点和止点的，且多以目标导向为主的爆发动作的技能，如射箭、举重、投掷、按电钮、紧急刹车等。该类型动作完成时间相对短暂（5 s左右），提供人体进行感觉输入、动作程序组织和执行的时间十分有限，因此此类动作技能需要人体具备较强的神经肌肉控制能力和身体协调性。提高身体姿态控制能力和动作完成质量是提升非连续动作技能的核心问题。

系列性动作技能是指能够完成由多个具有明确发力顺序特征的动作模块所构成的、持续时间较长且不会随意停止的动作的技能。系列性动作技能可看作是由若干个非连续性技术动作按照动作重要性排序连接在一起，而且动作的完成需要完全遵循神经肌肉控制发力的先后顺序的动作技能。因此，提高组成系列性动作的单个动作模块的完成质量，是决定其动作技能水平提升的有效途径。系列性动作不仅包含连续性动作的重复性特点，而且还具有非连续性动作开始和结束位置较为明确的特点。相关研究发现，连续性动作的控制规律并不适用于非连续性动作，反之亦然。如果从人体工程学和人类学的角度进行分析，连续性和非连续性动作技能之间的内在差异性会更加明显。连续性、系列性和非连续性动作技能的连续发展整体如图2-2所示。

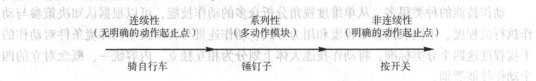

图2-2　连续性、系列性和非连续性动作技能的连续发展整体

（三）封闭性与开放性动作技能

依据对动作操作背景环境的稳定性和外部刺激程度的可预见性，将动作技能分为封闭性动作技能与开放性动作技能。封闭性动作技能是指可以不参照动作操作所依存的外部背景环境和刺激条件变化而执行动作的技能。例如跳高运动，就属于非连续性封闭动作技能，因为运动员每一次完成跳高动作时，外界环境相对保持不变；而马拉松跑步就是连续性封闭动作技能。封闭性动作技能一般都具有相当固定的动作模式。由于其对外部环境的依赖程度较低，因此在多数情况下，运动员仅依靠内部信息反馈控制就能完成高质量的动作。

开放性动作技能是指个体需要依据动作操作的背景环境变化而执行动作的技能。开放性动作的成功与否，取决于个体根据不断变化的背景环境做出合理动作的适应能力。例如连续带球过人是连续性开放动作技能，汽车驾驶员的紧急刹车是非连续性开放动作技能。开放性动作技能要求人们具有处理外界信息突变的能力与对事件发生的预测能力。开放性和封闭性动作技能的连续发展整体如图2-3所示。

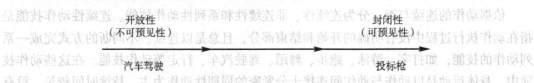

图2-3　开放性和封闭性动作技能的连续发展整体

（四）低策略性和高策略性动作技能

根据执行动作时认知决策因素在操作过程中的重要性可将动作技能划分成低策略性和高策略性动作技能。低策略性动作技能是指把动作质量作为动作操作成功的决定性要素，并非强调认知决策对动作执行成功起重要作用的动作技能，如跑步、游泳、铁饼等运动项目，其都是以单一重复的周期性动作为主要特征的动作技能。因为以上动作并不需要任何认知决策参与就可以顺畅、高效地完成，所以执行该种动作要求动作执行者应在动作操作中更多关注于"如何做"，即动作达成的最佳"方式"，一方面节省重复动作带来的能量损耗，另一方面高质量的动作输出带来最佳的动作结果。

与低策略性动作技能相对应的是高策略性动作技能，高策略性动作的执行过程需要复杂的认知与决策。如足球、橄榄球和拳击等运动项目都属于高策略性动作技能，这些技能动作的高质量输出体现在动作执行者能够结合特定情景合理判断该"做什么"，即应该做

"什么动作"才能满足任务的需求。动作产生、组织与执行时所需的认知策略多少是一个连续体,在动作操作过程中不存在绝对的策略性或非策略性动作,但是认知策略参与动作执行的多少又在一定程度上决定了动作的操控特性。高策略性动作技能主要是选择"做什么",即动作执行的内容,而低策略性动作技能则关注应该"怎么做",即动作完成的方式。低策略性和高策略性动作技能的连续发展整体如图2-4所示。

图2-4 低策略性和高策略性动作技能的连续发展整体

从系统观点来看,人体是实现动作执行和输出的物质条件,人体感知觉和运动系统是实现动作输出的外在载体,而动作是技能表现的具体方式,通过动作执行的过程(质量)和动作表现(结果)来体现。人体动作的组织与执行的基本过程是指个体在运动过程中,感官对外部背景环境中所输入的感知觉信息进行接收、储存,并由人脑对信息进行进一步的加工、处理、分析,并根据外部刺激而快速动员、协调整合人体运动系统,进而响应刺激、达成动作任务。动作的执行是一种动作经验(程序性记忆)而非认知经验(陈述性记忆),同时又有别于认知决策。

四、人类动作技能学习与发展的基本特征

动作技能总是在个体完成某种具体操作或动作中所表现出来的特定行为方式。具体的操作或动作是可以观察的外显活动,因此个体在完成具体操作或动作执行过程中所表现出来的动作速度、精确性、力量和连贯性均可以测量。心理学家总是将那些能够将速度、精确性和连贯性有机结合、协调统一的动作或操作称为熟练的操作或动作。动作熟练掌握的标志是指个体在不同运动情境下合理、灵活、娴熟地运用动作技术,完成动作任务。从动作技能的形成过程而言,其具有以下主要特征。

(一)动作控制自动化

在动作技能形成的初期,人的内部语言起着重要的调节作用。个体完成每一个动作,都要受到意识的调节与控制。意识的控制作用稍有减弱,动作就会停顿或出现错误,而在这种情况下,错误动作的出现会进一步增加练习者的紧张感,从而为神经肌肉的精准控制带来额外的负担。随着动作练习次数的增加,意识对动作的控制逐渐减弱,由若干动作环节所组成的动作技能会逐渐内化成为一个无须有意注意的自动化动作系统。个体在完成熟练掌握的动作时,只关注怎样使动作服从于当前任务的需要,而无须额外分配注意力聚焦个别动作环节的控制与完成情况。由于整个动作记忆能力的提升,人脑加工动作信息的容量扩大,神经肌肉系统的控制得以优化,从而缓解了动作执行时的紧张感,使动作控制更加趋向自动化。

(二)信息加工精细化

个体的任何动作都受情境中的线索的指导,而线索可以是视觉、听觉、触觉和本体感觉等感官所能感知的外部信息的集合,不同的线索对于个体辨认情景和指引行动发挥着不同的作用。从线索对动作组织与控制的指导作用而言,线索大致可分为三类:第一类是

基本线索，即个体完成应答式反应所必须注意到的线索；第二类是有助于个体进行调节反应而注意到的线索；第三类是背景环境中与动作控制毫无关联的线索。以棒球游击手的动作为例，球棒的摆动、球的初始速度，是其应答反应所参照的基本线索。球的旋转和场内条件对初学者虽没有帮助，而对优秀的运动员则有助于其预测球的弹跳方向、高度，与此同时球场上裁判员的位置、人群的喧闹则与当下运动员的动作反应毫无关联，属于无关线索。在动作技能形成初期，学习者只能对基本线索产生反应，他不能觉察到自己动作的全部情况，难以发现自己的动作错误。随着练习的增多，学习者能觉察到自己动作的细微差别，能运用细微的线索，使动作日趋完善。当动作技能相当熟练时，个体能根据微弱的线索进行动作调节，这时动作熟练者头脑里已储存了与特有的一系列线索有关的信息，当某一线索出现之后，就能进行一系列的反应。优秀运动员对微弱的线索有敏锐的感知觉，例如，优秀乒乓球运动员可以通过对方移动时所产生的风声，地面震动的触觉和对方呼吸的声音来判断对方移动的位置。

（三）动觉反馈逐渐强化

在动作技能形成的过程中，反馈对动作的学习和完善起着重要的调节作用。根据反馈的传导路径和作用方式，反馈可分成外反馈与内反馈两种。外反馈是指视觉、听觉等提供的反馈，它们是来源于背景环境中的外部信息源，例如旁观者的指点、某种机械的信号等。内反馈指由肌肉或关节提供的动觉反馈，它是人体通过本体感觉系统感知动作的自然结果。例如在用锤子钉钉子时，一手握住钉子，另一手抓住锤子，握锤子的手必须准确控制落锤的轻重、方向、力度和角度，确保每一次锤击都能准确无误地作用到钉子本身，同时不因动作失控或用力过大而砸到抓握钉子的另一只手而造成误伤，而握钉子的哪一只手也应该牢牢固定钉子，这样两只手相互协同配合的根本依据就是人体自身的本体感觉，而这种本体感觉所提供的动觉反馈就是内反馈。在动作技能形成的不同阶段，起调节作用的方式也在变化。

在动作技能形成的初期，内反馈与外反馈都很重要，但来自外界的视觉反馈起着更重要的作用，人们根据所看到、听到或闻到的结果，对反应进行调整和校正，并使动作朝向所要达到的目标而组织、展开。随着动作技能的形成，依靠外部信息输入的视觉反馈的控制作用逐渐会被以本体感觉输入的动觉控制所逐渐取代，动觉反馈在动作技能的调节中便起着越来越重要的作用。例如，某人刚学键盘打字，在不能完全记忆每一个按键具体方位的情况下，他的打字动作必然需要视觉的参与才得以进行，由于他必须不断在打印文本和键盘控制之间反复切换才能完成文字的准确输入，所以这个过程既费力也耗时。通过日积月累的反复练习，他打字的动作技能日臻熟练，此时他就能够摆脱视觉的控制而熟练地完成键盘打字输入，这便是所谓的盲打。由此可见，反馈方式的变化，是动作技能形成的又一重要标志。

（四）动作记忆程序化

一系列局部动作联合成为一个完整的动作系统，即一种协调化的运动程序的记忆图式。技能是由一系列动作所构成的，对若干动作的串联便形成了完整的动作技能。高度协调的动作具体表现在两个方面。第一，连续动作的统一协调，这是动作在执行时间上的协调。例如，跑步或行走时，两脚通过向前迈步、落地支撑和后摆等一连串连续动作之间的相互协调配合，组织并完成行走或跑步的动作控制，这就是人体双侧肢体在连续时间上的协调统一。第二，双侧肢体的同时性统一协调，其实就是指人体双侧肢体动作在空间上的协调统一。例如，行走时，迈步脚总是与对侧上肢的前摆形成空间上和谐、统一的整体运动。许多人类动作，既需要时间维度上的连续性统一协调，又需要空间维度上的同时性统一协调，从而构成一个协调动作控制的程序化动作图式，而形成动作程序化记忆图式则是熟练完成动作的重要条件。

（五）运动干扰随机化

掌握同一动作的个体，面对不同运动情境时的临场操作水平和实际动作表现往往各有差异，为应对复杂多变的运动环境和动作任务而导致的同一动作表现上的差异，正是检验动作熟练程度的最佳方式。如优秀的飞行员能在恶劣的气候条件下维持协调、准确的飞行操控；顶尖的篮球运动员能在防守队员的贴身紧逼，甚至在对方的防守侵犯下完成投篮得分。紧急情形的突然出现可能会使动作不熟练者手足无措，却能使动作熟练者超常发挥，彰显自我。

五、人类动作技能学习与控制的理论模型

按照动作技能学习与发展的不同阶段，可大致分为初始动作技能和熟练动作技能两类。初始动作技能是指通过一定练习或模仿形成的，仍带有明显意识控制特点的技能；熟练动作技能则是指经过反复练习，动作的产生、组织和控制过程均达到自动化水平的技能。熟练动作技能的形成主要通过增强本体感觉和强化反复练习得以实现。

（一）动作技能学习与控制的自组织动态模型（PCA模型）

动作技能学习是通过一系列反复练习或实践经验而形成一种相对持久、稳定的动作活动方式。动作技能的学习与控制就是对运动中信息不断利用和加工的过程，涉及知觉加工与模式识别、注意、记忆和决策等大量的认知活动，其发生与发展遵循人类信息加工的基本规律。运用自组织理论模型对人类动作进行进一步解析，发现人类动作技能的学习与控制基本遵循着 P（感觉）→C（知觉）→A（行动）的行为模式，即感觉信息输入为人体识别外部环境信息提供条件，经过大脑对输入信息的感知与识别，形成了对环境和内外刺激的综合判断。再通过对信息的进一步筛选、整合形成行动决策。最后在结合任务要求、环境感知和身体能力等内外条件的基础之上，通过运动神经单元对目标肌群的控制实现动作输出，达成行动的目的。如图 2-5 所示。

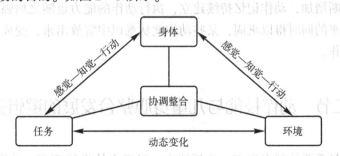

图 2-5　动作技能学习与控制的自组织动态模型

（二）动作能力发展的限制理论模型

动作技能学习与控制是一个复杂的动态变化过程，不仅受制于内外环境条件、感知觉

统合和神经肌肉控制能力的制约，同样还会受到人类生存环境的多样性、动作任务需求的复杂性以及个体生长发育的差异性等诸多因素的动态影响。如果想要流畅、准确、熟练且高效地完成动作，我们就必须结合自身条件与能力水平，根据动作任务的内在要求、实施条件和目标导向，在复杂多变的物理及社会环境中实现动作输出的最优化结果。而环境、任务和人体这三个要素之间的协调整合水平的高低直接决定了动作技能学习与控制能力的强弱，如图2-6所示。如果个体能够在日常生活、特定任务、竞技运动和休闲活动等不同场景对动作的组织与执行做出相适应的变化和调整，则说明该个体的动作技能水平较高，适应不同环境的动作执行能力较强。如日常生活方面的写字、行走、开车，体育运动方面的篮球、体操、游泳，生产劳动方面的伐木、钻孔、操控机床等活动方式，都属于动作技能。

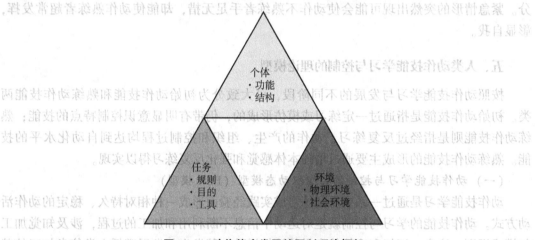

图2-6 动作能力发展的限制理论框架
（引自Newell）

人的行动是由一系列动作所组成的，哪怕是最为简单的行走，也是在视觉、本体感反馈和人体躯干的稳定控制下，四肢协调的共同运动，骑自行车则是脚、腿和手臂的动作和整个躯干以及视觉、触觉等的联合活动。在动作技能形成的初始阶段，由于动作执行者的神经控制能力较弱、动作记忆还不够深刻，此阶段的动作多表现出失调、耗能和笨拙。随着练习次数的不断增加，动作记忆持续建立，执行动作的能力也随之增强，从而执行动作的方式在熟练起来的同时得以巩固，某些动作就从意识中解放出来，变成了无意识状态下的高效自动化动作。

第二节 动作技能与儿童身心整合发展的逻辑关系

动作是人类最重要的基本生存、生活能力。对于个体发展而言，动作具有促进生长、健硕体魄和保障生活的多重价值；对于群体发展而言，动作具有促进发展、分工协作的多种作用。在很长一段时间中，研究者囿于方法和技术的局限，限制了人类对动作与个体发展关系这一问题的认知水平。一般认为以上两者具有单向和平行的发展取向，甚至还有部分观点认为动作发展与心理过程存在相互抑制,即人们所认为的"四肢发达、头脑简单"。随着医学影像技术、脑科学、神经生理学等学科的快速发展,如今的动作科学发展迅猛,科学研究方法与手段不断推陈出新,大量研究实证说明动作本身不仅是儿童发展的重要组成部分,而且对儿童的认知、社会情绪、动作发展和学业能力等方面也具有重要影响。

一、动作技能对儿童身心发展的整合作用

(一)动作技能对儿童身体生长的作用

儿童的发展是一个整合性发展过程,儿童借由动作技能在与环境、人或物的互动过程中,实现了自我在社会情绪、身体发展、认知能力和动作能力四个维度上的协调发展。与此同时,动作技能的学习、形成与输出又与感知觉输入、身体发育水平、认知决策能力和社会交往能力密切关联,以上四个方面都在其特定的领域中,制约和影响着儿童动作技能的形成与发展。所以动作技能是儿童实现身心和谐、统一、全面发展的有效途径与手段,而这种整合性发展也将会给儿童未来的身心发展带来积极的促进作用,如图2-7所示。

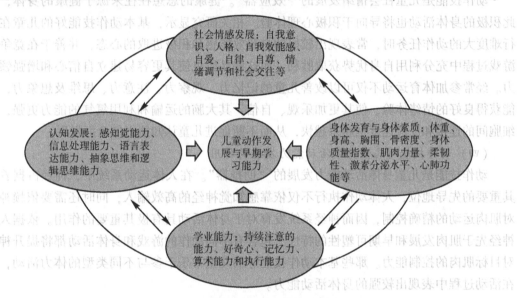

图2-7 动作技能与儿童身心发展的相互关联

动作技能是儿童身体生长发育的"催化器"。儿童有规律的身体活动将会十分有利于体重管理、骨骼生长、激素生成和肌肉肥大,而这些有利条件都将会促进儿童身体健康、持续的生长与发育,为未来的身体素质奠定坚实的基础。儿童、青少年正处在个体生长发育的关键时期,其身体素质发展窗口期多出现在儿童及青少年时期,因此积极、健康的身体活动是促进其体质健康发展的关键手段,但是动作技能在一定程度上又决定了儿童、青少年参与积极性体力活动的核心要素。据相关研究证明,动作技能掌握较好的儿童及青少年,其参与体力活动的积极性要高于动作技能掌握较差的儿童,同时动作技能较差的儿童群体中肥胖比例也更高,由此说明,动作技能水平是影响儿童身体素质的一个重要因素。所以,我们应该通过积极性体力活动和动作游戏等方式,促进儿童不同类型动作技能的形成与发展。同时将基础体能训练与动作技能训练有机结合起来,进一步提高儿童、青少年

的身体活动能力和肌肉力量，促进骨骼的生长发育和新陈代谢，使得儿童、青少年能够全面把握各个身心发展的窗口期机遇，实现全面、协调、均衡的发展。

（二）动作技能对儿童认知能力发展的作用

动作技能是儿童认知发展的"稳压器"。运动经历将会给予儿童独立思考和面对困难的机会，从而发展儿童的创造性思维能力，而多样化的运动经历也会促进儿童在不同环境背景中，运用不同动作解决问题的能力。例如动作技能好的儿童，常在课堂主动提问，在团队游戏中表现积极、反应灵敏、互动频繁，突显出较好的思维能力。

研究结果证明，智力与体力是可以同步发展的。经常参加体育运动不仅能增强儿童的身体素质，还能促进大脑发展，增加大脑皮层的厚度。经常参加体育运动的儿童集中注意的能力更强，充沛体能和精力能为儿童保持高效的学习效率提供良好的物质基础，同时也为智力发展创造良好的发展空间。

（三）动作技能对儿童社会情绪发展的作用

动作技能是儿童社会情绪发展的"效应器"。健康的思想往往来源于健康的身体，因此积极的身体活动也将导向于积极心理体验。相关研究显示，基本动作技能好的儿童在执行难度大的动作任务时，常表现出较好的自我效能感和积极进取的心态，并善于在竞争性游戏过程中充分利用自身优势获取胜利，而这些品质也使其更容易建立自信心和增强领导力。经常参加体育运动不仅可以改善儿童的记忆力、观察力、注意力、思维及想象力，还能获得良好的情绪体验，使其更加乐观、自信，其大脑的运输和利用氧气的能力更强，脑细胞间的连接和反应速度也越来越快，从而不断促进儿童认知能力的全面发展。

（四）动作技能对儿童身体活动能力发展的作用

动作技能是儿童身体活动能力发展的"助推器"。在人体运动系统中，神经占据着极其重要的先导地位，人体动作执行不仅依靠感知觉神经的高效输入，同时还需要依赖神经对肌肉运动的精确控制，因而神经系统发育对于身体活动具有极其重要的作用。依据人体神经先于肌肉发展和早期可塑性的特性，包含有不同动作的游戏和身体活动都将提升神经对目标肌肉的控制能力。那些基本动作技能好的儿童常乐于参与不同类型的体力活动，并在活动过程中表现出较强的身体活动能力。

二、动作记忆形成对儿童动作技能学习的影响与作用

肌肉记忆是程序性记忆的一种形式，人体通过多次重复的动作在大脑记忆和运动神经中枢形成特定记忆，如今肌肉记忆已经与运动学习同义使用。随着人体重复某一特定动作的次数逐渐增加，人脑也会为该动作任务创建长期的肌肉记忆，并最终使得人体可以在无意识状态下自如、精确地执行该项任务。因此，肌肉形成动作记忆后可以大幅节省执行动作所需的注意力资源，并可以最优化地提升人体执行动作的准确性和实效性。肌肉记忆的例子可以在儿童许多日常活动中找到，当这些动作通过儿童多次重复而变得熟练且自动化后，儿童常在执行这些动作时表现得如鱼得水，例如骑自行车、跳舞或绘画，等等。

（一）肌肉形成记忆的内在生理机制

我们需要明确的是，肌肉是在神经支配下收缩或舒张的，失去神经支配的肌肉，将完全失去执行动作的能力，即"瘫痪"。因此，记忆在脑，肌肉本身没有记忆。

1. 神经冲动程序化

肌肉接受来自中枢神经系统的层级化控制，当神经冲动阈值达到引起动作电位的限度，肌肉纤维就会做出反应，基本的运动单位在受到刺激而产生肌肉收缩时，应该是由 5~10 Hz 频率所引发的缓慢而持久的低阈值动作单位。随着收缩力量的增强，这些运动单位将其放电频率提高到相对低的最大值（25 Hz），新募集的新运动单位都以较高的频率开始活动，有时能达到较高的最大值（65 Hz）。人体通过反复练习掌握动作后，由于动作熟练程度提高，速度加快，运动单位的募集顺序与上述形式有所不同，这时需要高阈值放电刺激的运动单元能够最先被快速爆发的放电所激活，从而形成较为熟练的动作，因此快速运动时的神经—肌肉的联络形式不同，而这种不同也逐渐程序化。

2. 肌肉收缩程序化

人体在执行某一动作过程中，肌肉反复收缩、放松，其横桥的数目、附着黏结力是不一样的。研究资料表明，横桥的数目增多，肌肉收缩的力量就大，二者成正比关系。一个动作的掌握是不断反复练习的结果，是肌肉收缩程序的动力定型，其生理基础就是横桥数目、附着黏结力、同工酶的相对稳定，并形成了一定的模式被固定下来。如武术中"拳不离手"，就是在特定条件下肌肉收缩与放松的特定程序化模式。

3. 本体感觉程序化

肌肉激活和动作执行始于神经指令的输出，熟练动作基本上由肌肉本身各种感受器接受，诸如关节位置、肌肉长度和张力等活动情况信息，并马上按照已形成的"惯性"程序启动脊髓中间神经元或直接到 A 或 Y 移动神经元，由它们产生一定的冲动，引起一系列肌肉运动以完成已掌握的动作。在进行一定时间的基础训练后，其本体感受器便产生一系列特定冲动，由肌肉神经、肌肉构成一套完整的小系统，代替大脑和小脑的部分作用，进行程序化的"惯性"活动。

（二）促进儿童形成正确动作记忆的有效途径

俗话说："台上一分钟，台下十年功。"我们总是惊羡于舞蹈演员动作完美的展现，殊不知在每一次的表演前，演员需要在脑海中无数次重现舞蹈的情景，不断重复着同一动作，唯有这样才能保证表演的万无一失，这就是肌肉记忆的训练。

通过全面且高强度的系统训练，不仅能够提高肌肉记忆并执行动作的能力，也能减缓肌肉遗忘的速度。肌肉记忆的形成过程缓慢且十分有益，但肌肉记忆的形成时间因人而异，普遍遵循健身公式：30/48，即做足 30 分钟的动作强化训练，并在接下来 48 小时反复重复前期学习的技术动作。这个比例是人脑通过肌肉储存动作信息最理想的学习间隔，如果遵循这个公式进行有时间间隔的技术动作练习，将极大促进儿童更好、更快地掌握较为复杂的技术动作。不少家长热衷于把孩子送进各种各样的特长班，但发现很多孩子不是虎头蛇尾，就是半途而废，总不能善始善终。比如，今天想学画画，可没学几天就提不起兴趣，明天想学弹琴，但钢琴买回家后不久便成了摆设，好像最终什么都没能学会。无论画画也好，钢琴、跳舞也罢，任何一种技能都需要长时间的反复练习和磨砺，才能形成肌肉记忆，最终学有所成，因此，孩子学东西不在于多，而在于持之以恒。在学习过程中，我们一定要保持平和的心态，不能有太强的功利心，也不能过于散漫，"三天打鱼，两天晒网"万不可取。重复单一的动作练习往往枯燥乏味，但又是动作理解和掌握的必要环节，因此需要老师、家长的共同支持和参与，帮助孩子持之以恒地练习特定技术动作。但若是我们批评太多、鼓励不够，必将使孩子的自信心受挫，此时孩子心里已经将"放弃"的选项摆上日程。

(三) 改善儿童动作记忆的五大技巧

1. 熟能生巧

儿童做得越多，其大脑就越能指导肌肉完成特定动作任务。例如电脑打字，在技能学习初期都是不熟练的"一指神功"，但随着时间的推移，儿童逐渐记住了键盘布局，并且能够盯着电脑屏幕同时开始"盲打"，因此重复练习不仅能够增强动作记忆也会使其更加持久。

2. 分解练习是掌握复杂动作的"金钥匙"

不要试图以最快速度完成动作学习，建立肌肉记忆需要缓慢的重复练习，有时候"欲速则不达"。例如我们可以把复杂的技术动作按照动作环节进行分解，让儿童逐步熟悉各个分解技术环节，待熟练之后，再将完整动作进行连贯运用，直到他们能够流畅、准确地执行此类复杂动作，最后可以不断变换节奏，增强动作记忆。

3. "做对"比"做好"更重要

肌肉记住错误动作的方式与其记住正确动作的方式完全相同，所以在动作技能学习初期，正确掌握动作要领变得尤为重要，一旦形成错误的动作习惯就很难纠正。如果一旦儿童一次又一次地重复错误的动作，那么其会将这一错误动作建立起肌肉记忆，这使得他们日后更难觉察出动作的错误并予以修正。

4. 大脑是肌肉记忆的存储"硬盘"

肌肉记忆并不存储于肌肉中，其与人的其他记忆一样，都存储于人脑相应区域。肌肉记忆是人脑为肌肉存储的记忆，而不是存储在肌肉中的记忆。重复练习是帮助儿童在大脑中创建新的动作记忆神经通路的最佳方式，一旦肌肉记忆得以建立，此时人脑将不再需要更多的注意力和努力就能够流畅完成技术动作，所以确保必要的动作练习时间是形成肌肉记忆的关键所在。

5. 足够耐心是成功的开始

建立肌肉记忆是一个渐进式发展、形成的过程。许多具有运动天赋的儿童从小就开始学习游泳、篮球等运动项目，自那时起就一直在发展他们的肌肉记忆。相关科学研究表明：依据技术动作的复杂程度而言，长时且稳定的肌肉记忆需要1 000至30 000次重复的动作练习才能形成稳定的肌肉记忆，因此特定的动作练习是提升儿童专注力和决策能力的有效途径。因此，对于教师和家长而言，足够的耐心是帮助儿童通过反复动作练习，建立正确肌肉记忆，提升专注力的有效策略。

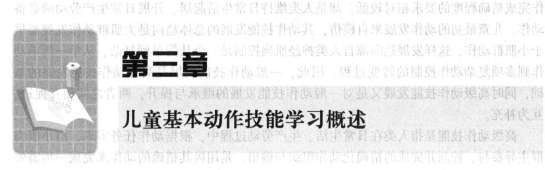

第三章

儿童基本动作技能学习概述

动作技能是个体为了实现一定目的而有效调动神经肌肉系统完成的动作组织与输出，而个体动作完成质量的高低则取决于脑、神经、骨骼、关节和肌肉等各系统之间的协同程度与机能水平，因此儿童基本动作技能的形成与发展也将受制于以上各系统的发育程度与发展水平。大部分动作技能在儿童早期习得，尽管遗传、伤病和物理环境会在一定程度上影响动作技能的形成与发展，但大多数涉及日常生活、生产劳动的动作技能在儿童早期的身体活动中就已经逐渐习得并形成。同时动作技能也会随着儿童身体生长发育、认知发展和生活阅历的不断提升而持续发展、改善和修正。

第一节 人类动作技能的类别与特征

在人类漫长的进化发展过程中，为了生存、生活和发展的需要，人类不断适应环境和气候变化所带来的挑战，通过对生产劳动和身体活动实践经验的总结与学习，逐渐形成了许多实用的动作技能。其中有满足生活、生产需要的动作技能，例如行走、跳跃和投掷等；还有为了应对复杂环境和完成特定任务而形成的动作技能，如飞行驾驶、射击和高尔夫球挥杆等。这些动作技能对人类的生活生产、身体健康和社会发展都具有十分重要的价值与作用。因此动作技能不仅是从事专门行业的、对动作技能要求较高的人士（例如职业运动员、飞机驾驶员和手工艺者）赖以生存的"看家绝活"，也是普通大众每天在日常生活劳作中（例如穿衣、行走、骑行）必然要完成的"技术动作"。于是人类为了在全生命周期中能够更好地适应环境挑战、满足任务要求和促进身体健康，就必须经过长期系统、合理有效的动作练习，才能使动作技能达到最佳水平。

一、一般与高级动作技能分类的基本思路

从影响动作技能形成与发展的制约因素和内在机制来看，人类动作技能的形成与发展具有许多共同规律。通常情况下，将人类的动作技能按照动作控制和执行输出的复杂程度分成以下两大类：一般动作技能和高级动作技能。

一般动作技能是指人类在日常生活中为了满足生存、生活与发展需要而组织并执行动作的技能，包括抬头、翻身、坐起、平衡、爬行和行走等常见的动作技能。这一类动作技能的共同特点是：依靠大肌群参与完成身体姿态控制和身体位移的相关动作。虽然此类动

作完成精确程度的要求相对较低，却是人类维持日常生活起居、开展日常生产劳动的必备动作。儿童最初的动作发展来自模仿，其动作技能发展的总体趋向是大肌群动作发展要早于小肌群动作，这样发展趋向源自人类神经肌肉控制是一个从简单到复杂、从单一简单动作到多项复杂动作控制的转变过程。因此，一般动作技能发展是高级动作技能发展的基础，同时高级动作技能发展又是对一般动作技能发展的继承与提升，两者之间相互促进、互为补充。

高级动作技能是指人类在日常生活、生产劳动过程中，根据动作任务需求，由小肌肉群主导参与、控制并完成的精确化动作组织与输出，是用极其精确的动作来完成一项需要高度协调和精准操控的任务，包括操作小物体、传递物体和完成各种手眼协调任务的能力。例如儿童用拇指和食指拾起小物件、剪切、涂色、写字和串起珠子。高级动作往往需要人体上下半身的协同用力，因此高级动作技能不仅包括小肌群动作技能发展，还包括身体姿态控制和身体位移能力的综合发展。

二、动作技能习得的基本特征

（一）动作技能是后天习得的

简单的或下意识的肌肉反应不属于动作技能，如人的眨眼反射或摇头动作；那些后天习得的，并能持久地保持下来的动作活动方式才属于动作技能，如篮球投篮或写毛笔字等动作，它是以感知系统与运动系统间的密切协调为必要条件的动作活动方式，因此，它又被称为知觉运动技能。

（二）动作技能在人类生命周期中具有发展时序性

人类动作技能发展遵循着从简单到复杂的循序渐进的发展过程。随着儿童身体生长发育、认知能力不断增强以及神经肌肉控制水平的不断提升，其动作技能的学习与发展也逐渐具备更好的身体条件与基础。同时儿童在日常生活场景中的不断学习与实践，提升其行走、爬楼、跑步等位移动作。当儿童成长至中期阶段时，伴随着儿童动作的控制能力不断增强，基本已具备了在篮球、足球等运动项目场景中，运用跑步、跳跃等位移动作来完成动作任务的能力。从人类动作发展和适应环境挑战的渐进发展历程来看，儿童动作技能的学习与发展遵循着从简单到复杂、从以满足生活基本需求为主向着以追求动作表现为主转变的发展原则。

如图3-1所示，人类动作发展是从新生儿的寻食、抓握等本能反射动作开始，逐渐向具有动作意识指向的动作过渡。前一阶段的动作技能是后一阶段动作技能发展的基础，而后一阶段的动作技能又是对前一阶段动作技能的继承与发展，这种递进式发展过程具有明显的层级化结构。由于动作技能受到人类不同生长阶段的身体条件、认知能力以及物理环境、运动经历等综合因素的影响与制约，因此人类动作技能的发展不能实现跨越式发展，从而使得个体的每一阶段的动作技能的发展都呈现出个体间的差异性。伴随着意外伤病等突发事件的影响，人类动作技能发展还会出现退化与补偿现象。总体来说，儿童、青少年时期的动作技能的学习与发展，是人类动作技能发展全周期中承上启下的重要阶段，一方面反映了前一阶段的动作技能学习与发展的状态，另一方面又为儿童进入青少年阶段的专项动作技能学习与发展奠定了基础。于是儿童时期的基本动作技能的学习与掌握，在个体动作技能发展的进程中起到了举足轻重的作用。

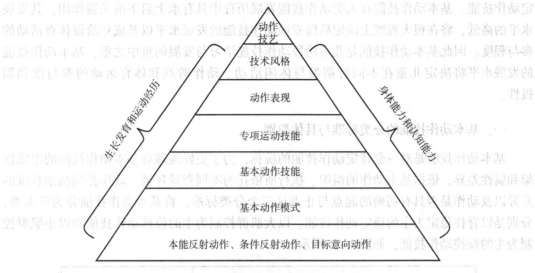

图 3-1 人类动作技能发展金字塔模型
(依据刘展修改)

（三）动作技能在时空结构上具有不变性

从外部结构来看，动作技能应是由若干动作按一定顺序组织起来的动作体系。任何一种动作都具有时间上的先后顺序和一定的空间结构，其时间顺序性是不变的。例如，以肩上投掷这一动作为例，从持球向侧后方伸展转体，随后身体向前弯曲，直至最后投球手臂从上向下用力投掷的动作顺序是不变的。由于动作的完成具有时间上的先后顺序性，因此动作的空间结构也具有相对稳定性。当然，为了适应场景变化或发挥身体优势，技能在动作的组织与执行上也会做出相应的微调，从而产生了许多种变式，例如足球的运球动作，其动作的幅度有大小变化，方位有前后上下变换，节奏也有快慢切换。

（四）动作技能运用是具体任务驱动的

个体对动作技能的运用是主动的，当外部刺激所引发的动作任务需求出现时，将会出现与动作任务需求相对应的某种动作技能。例如，在排球的接发球环节中，采取何种动作接球，是依据对手的发球动作、来球的力量、旋转和速度所决定的。

（五）动作熟练程度越高，动作技能越能呈现出自动化、节省化

动作技能的习得过程是一个从低层次感知系统和运动系统的协调关系向高层次的协调关系发展的过程，通过反复练习最终达到高度自动化。熟练程度越高的动作技能，越能轻松、敏捷、高效地完成动作任务。例如，在排球运动的跳跃发球动作中，随着熟练程度的提高，跳发动作技能的完善，完成动作所需要的能量消耗降低，发球成功率就会提高，同时注意参与动作控制的程度也会降低。

第二节 基本动作技能的定义、分类与发展特点

基本动作技能是指需要头、躯干和四肢的相互协调运动来实现动作任务目标的一套特

定动作技能。基本动作技能在人类动作技能发展历程中具有承上启下的关键作用，其发展水平的高低，将在很大程度上决定后续专项动作技能的发展水平以及成年阶段体育活动的参与程度。因此基本动作技能是儿童阶段动作技能学习与发展的重中之重，基本动作技能的发展水平将决定儿童在不同时期参与休闲活动、动作游戏和体育运动的参与度和积极性。

一、基本动作技能的分类标准与具体类别

基本动作技能是对一套特定动作技能的统称，为了更好地理解基本动作技能的组成框架和属性差异，依据基本动作的组织、执行所依托的不同背景环境、动作控制精细程度的差异以及动作是否具有明确的起点与止点这三个分类标准，将基本动作技能分为三大类，分别是以脊柱稳定为主的稳定动作技能、以大肌群控制为主的位移动作技能和以小肌群控制为主的操控动作技能，如图3-2所示。

基本动作技能	动作技术	基本运动
稳定动作技能	灵敏、平衡、导向于身体平衡、动作协调的动作：单脚站立、转体	滑步
		球类运动
		高尔夫挥杆
		排球跳发
		防守型站姿
	节奏、身体姿态、导向于姿态控制与节奏变换的动作：平衡木行走	舞蹈
		网球发球
		花样滑冰
		跳板跳水
		艺术体操
位移动作技能	追求动作速率的身体移动：行走、跑步、单脚跳、垫步跳、着陆、纵跳、跳远、直腿跨跳、变向	跳远
		跳高
		冲刺跑
		跨栏
		排球扣球
	追求动作质量的身体移动：侧并步跳、爬行、前并步跳、前滚翻、后滚翻、侧滚翻	冲浪
		健美操
		篮球变向运球
		速度滑冰
		自由泳
操控动作技能	以抓取目标为导向的操控动作：抓接、行进间运球、脚运球	守门员扑救
		胸前传球
		足球盘带
		橄榄球接球得分
	以释放目标为导向的操控动作：肩下投掷、肩上投掷、原地踢球、凌空抽射、双手持棒击球	棒球投球
		投篮
		堆积木
		投飞镖
		罚点球

图3-2 基本动作技能分类图

（一）稳定动作技能

稳定动作技能是指在控制身体脊柱稳定的前提下，维持身体重心在静止或在运动过程中的稳定与均衡。由于稳定动作技能是基于所有身体姿态控制动作的基础，因此其又是基本动作技能中的一项基础性重要动作技能，在许多动作组织与执行过程中发挥着极其重要的作用。

假如我们在运动过程中摔倒，那么我们的大脑就会给控制身体平衡的肌群发出防止身体侧倾的动作信号，同时纠正身体在动作执行过程中所出现的不稳状态。良好的身体平衡能力取决于背腹部肌肉力量的大小和身体重心在双腿支撑下维持稳定的能力。身体的稳定和平衡感，主要依赖于为人体提供方向定位和速度感知的前庭机能稳定性，该感知觉能力的强弱直接关乎个体在完成不同动作任务时的姿态控制和平衡稳定水平。

根据人体在动作执行过程中静态与动态平衡控制的内在机制不同，可将稳定动作技能大致分为两个亚类：

（1）以灵敏、平衡和导向于身体平衡、动作协调的动作技能，包括原地转体、单脚站立、防守站姿等技术动作；

（2）以节奏和身体姿态控制为主的导向于体态控制和节奏变化的动作技能，包括平衡木行走等技术动作。

（二）位移动作技能

位移动作技能是指人体在空间中实现身体定位，从一点向另一点进行移动的动作技能，包括跑步、步行、跳跃等。位移动作技能不仅是个体日常生活、生产中所必须涉及的动作技能，还是个体在不同年龄阶段的日常生活中所必须保持并发展的动作技能，例如小学生每天从家中徒步行进到学校、跨越水沟及地面障碍以及携带重物上下楼梯等位移动作。另外在羽毛球、网球、篮球和足球等球类运动中，身体位移是运动员接近操控对象（球体）、实施动作操控的必要前提。在球类对抗项目中，一方移动能力的强弱将直接决定了该方控球能力的强弱和控球时间的长短，因此位移技能是个体在生活或运动场景中实现优异动作表现的关键因素。

根据人体位移动作技能任务需求和导向目的的不同，可将位移动作技能大致分为两个亚类：

（1）追求动作速率的身体移动，包括行走、跑步、单脚跳和变向等技术动作。

（2）追求动作质量的身体移动，包括爬行、向前并步跳和前滚翻等技术动作。

（三）操控动作技能

操控动作技能是指通过小肌群参与，执行精确动作控制的动作技能，包括抛接、行进间运球、脚运球等。操控动作技能的最大特点是：人体在执行此类动作任务时，动作的准确性和精细化是动作任务完成质量的关键。因此操控动作技能对神经肌肉控制能力的要求非常高，特别是在人体移动的动态过程中，影响完成精细化操控动作的变量将会变得多而复杂，所以精细化操控动作技能颇具挑战性，能够直观地通过动作技能的比拼分出胜负。根据相关研究表明，男童在体力活动中更倾向参加以精细化动作技能为主的游戏，而女童则更倾向参与以粗大位移动作技能为主的游戏。儿童在游戏类型参与选择倾向上的性别差异，也进一步说明了儿童在不同体力活动负荷、互动方式、动作类型上的性别分化。

根据精细化操控动作技能的控制方式和用力程度不同，可将操控动作技能大致分为两个亚类：

（1）以抓取目标为导向的操控动作，包括接球、行进间运球等技术动作；

（2）以释放目标为导向的操控动作，如肩上投掷、肩下投掷和凌空踢球等技术动作。

儿童阶段是个体学习、掌握和发展动作技能的黄金阶段。一方面，儿童身体生长、发育速度快，好奇探险意识强，正处于好学、爱动阶段，此时通过科学、合理的动作技能教学规划，能够使儿童在可塑性强、干预效果好的动作技能学习阶段，通过合理的动作技能学习，尽可能多地掌握不同类别、不同动作控制方式的基本动作技能；另一方面，随着儿童的基本动作技能水平日臻完善与成熟，其参与日常体力活动、游戏和专项运动的积极性不断提高，进而促进其身体素质的不断发展。

二、影响儿童基本动作技能学习的主要因素

儿童动作技能学习与发展的目标是：通过动作的反复强化练习，提高儿童动作组织与执行的成功率和精确度，进而在减少维持运动所需能量消耗的前提下，不断提升儿童在不同环境情景中完成动作任务的能力。儿童的动作技能发展遵循的是一个渐进式的发展过程，按照纽厄尔的动作发展限制理论框架分析，儿童动作技能发展也受到身体发育水平、环境条件制约和动作任务需求这三个方面的约束与制衡。因此我们在设计儿童基本动作技能教学方案时，应把握儿童身心发展客观规律，尽可能规避动作技能发展的消极因素的不利影响，利用动作技能发展的积极因素的有利作用，帮助儿童尽快掌握基本动作环节，不断提高动作的熟练程度和完成质量。

（一）遗传因素

任何一类基本动作技能都是人体在神经肌肉系统的主控下，根据动作任务的具体需求，协调身体各部位共同完成动作组织与输出。因此动作技能学习与发展的物质载体是人体自身，而身体各部位的生长、发育水平则直接影响动作的组织与执行。儿童身体生长、发育往往受到诸多因素的影响与制约，其中先天遗传不足将会极大地限制儿童动作技能发展空间，例如，单侧下肢发育不全或遗传缺损，将十分不利于儿童学习并掌握足球的脚运球技术动作。

（二）家庭经济状况

世界卫生组织的相关研究表明，家庭经济状况与儿童肥胖及动作技能水平具有相关性。根据在全球范围内进行不同家庭经济状况与儿童生长发育及身体素质之间的相关性比较，得出英国、美国和澳大利亚等西方发达国家的高收入家庭的孩子较老挝等低收入家庭的孩子，前者的身体生长、发育更加旺盛。例如英国3岁儿童就要比老挝同龄儿童的身高超出一半左右。但就不同地区高收入与低收入家庭的儿童体力活动水平比较而言，西方发达国家高收入家庭的孩子更愿意将大量时间花费在电子游戏和观看动画上，从而导致肥胖率居高不下。此外，高收入家庭的孩子多为肥胖体质，相较老挝等国的低收入家庭体重正常的儿童，其跑动能力明显不足。由此可见，家庭的经济状况对儿童动作技能的形成与发展具有较大的影响。

（三）地域文化限制

不同地理环境孕育了不同的文化基因和人文精神。由于我国幅员辽阔、民族众多、地形地貌千差万别，不同的地理环境对居住地人群的身体活动形成不同程度的影响。例如居住在山区的儿童，由于复杂地形的阻隔，导致其为保障日常生活所必须的体力活动的生理负荷和动作难度要求就相对较高，因此山区的地域文化更加注重儿童身体活动能力和身体素质，因为只有身体活动能力强的儿童，才能更好地应对复杂地理环境对身体活动的挑战。而与此同时，生活在大都市的儿童则必须面对成年后就业和职业发展的巨大竞争压力，所以他们更愿意从步行等这些看似"耗费时间"的日常身体活动中解放出来，将节省

出来的时间投入学习中,力求提升其未来的竞争实力与优势,这种"重文抑体"的文化取向就是地域文化影响个体身体活动的真实写照。随着儿童身体活动水平的降低,其基本动作技能的提升与改善更是无从谈起。再者,一些宗教信仰、保守的民风民俗以及守旧的地区文化也在一定程度上限制了儿童的身体活动水平与动作技能的发展。

(四) 环境因素

物理环境是所有人类身体活动的背景载体,人类动作技能的形成与发展,就是在日常生活和生产劳动过程中,为适应环境而产生的一种必然结果。一方面地形复杂的环境必然会对人的身体活动形成一定的限制,同时也会对身体活动能力和动作技能水平提出具体且明确的要求;另一方面人类唯有适应特定环境施加于人的身体活动的挑战,才可能实现生活和生产的既定目标,不断推动人类社会向前发展。人类就是在这样与环境的互动过程中不断学习,形成自身独有的动作技能的,并且在不同环境情景中,不断提升动作的熟练程度和运用技巧,最终不断完善、修正、提高自我的动作技能水平。因此在儿童基本动作技能教学过程中,我们应该充分考虑不同的环境创设对于儿童基本动作技能发展的影响,为儿童基本动作技能学习创设不同的学习环境,不断提高动作的完成质量和熟练程度。

(五) 学校体育教学水平与条件

基本动作技能是一种需要后天反复练习才能固化形成的一种特定动作技能,它不等同于人类为了维持生存、生活需要而形成的本能动作,如眨眼、咀嚼等。儿童基本动作技能的形成与发展一方面受制于动作技能形成的客观规律,另一方面处于学龄阶段的儿童,正处在基本动作技能学习与发展的最佳时期,学校的校园环境创设、体育器材运用、体育教学水平以及体育课堂教学组织等科学化实施水平也是影响儿童基本动作技能形成与发展的核心要素。从家庭、社会和学校的角色定位与责任分工考虑,学校在促进儿童基本动作技能发展方面具有得天独厚的物质和人力资源,所以,学校所拥有的体育师资力量、体育教学设施和体育教学理念等条件的好坏,将会直接决定所在学校的儿童基本动作技能的形成过程和发展速率。

三、儿童基本动作技能学习的差异化特征

儿童基本动作技能的形成与发展受到来自遗传、环境以及教学水平等诸多因素的影响,因而不同年龄、不同性别儿童的基本动作技能发展水平呈现出差异化特征。这种发展差异化主要体现在三个方面:首先,受不同的家庭经济状况等内外因素的影响,儿童身体生长、发育呈现出不同的发展水平,因此其基本动作技能形成的初始条件存在差异;其次,不同年龄阶段儿童的认知水平和神经肌肉控制能力存在差异,所以基本动作技能掌握程度存在差异;最后,由于儿童的性别角色定位和社会分工的不同,导致其对不同类型基本动作技能的偏好和兴趣存在差异。

(一) 个体间基本动作技能学习的差异性

儿童基本动作技能的形成与发展是一个不断变化的动态过程,在这个过程中,动作技能水平是内外诸多因素综合影响的结果,因此同一年龄同性、异性儿童之间与不同年龄同性、异性儿童之间的基本动作熟练程度存在着差异。

(二) 个体掌握不同类型基本动作技能的差异性

由于稳定动作技能、位移动作技能和操控动作技能的动作执行环境、神经肌肉控制模式和动作任务要求存在不同，因此全面、均衡地掌握不同类型的基本动作技能是对儿童身心综合能力的巨大考验。相关研究表明，个体在对不同类型基本动作技能的掌握程度上，呈现出差异化特征，即：某一儿童的位移类动作技能表现较好，但其稳定类动作技能表现却不够理想；而另外一位儿童的操控类动作技能熟练程度高、动作表现好，但其位移类动作技能水平却不够突出。以上情况说明，个体对不同类型基本动作技能的全面掌握程度，反映了个体的动作技能整体水平和综合能力。就像是一个由十块木板箍成的水桶一般，一个人动作技能综合水平的高低往往是由木桶中最短的那块木板所决定的，因此如果想要全面、均衡地发展个体动作技能，就不能有明显的动作技能短板。

(三) 个体对同一基本动作控制能力表现的差异性

由于用力方式、身体姿态和运动经历的不同，导致个体神经肌肉发展存在差异性。这种差异体现在身体腹链与背链肌肉力量与控制的非衡，同一肌群内侧与外侧力量与控制的非衡以及身体深层稳定肌群与浅表肌群力量与控制的非衡，以上这些神经肌肉发展的不均衡就会导致儿童在完成某一基本动作时出现动作控制好坏的差异性。具体来说，某一儿童在完成动作的过程中，其腿部的动作控制常表现出较强的能力，而与此同时躯干的控制能力却较弱。因为每一个体的神经肌肉控制能力各有差异，所以其在完成不同类型动作的过程中，动作控制能力多表现出差异化特征。

四、儿童早期运动能力发展的关键敏感期

儿童生长发育的过程就是一场奇妙的旅行，在遗传、营养水平、经济状况和外部刺激等多因素的联合作用下，儿童的成长历程既有看得见的"挑战"，又时时充满着看不见的"惊喜"。经过人类神经学专家和儿童动作发展研究者多年不懈的探索和努力，发现在人类动作技能终生发展的整个"版图"中，有许多涉及儿童生长发育的重要"拼图"总是随着儿童大脑和身体的发育水平而伺机出现，一旦错过，将无法弥补。而错过发展敏感期的儿童其自身发展水平将受到一定的限制，这也意味着其失去了最大化开发身体潜能的"最佳机遇期"。

(一) 儿童生长发育关键敏感期的含义

关键敏感期通常是指在一个有机体的生命周期中，其神经系统受环境的影响刺激比其生命中的其他时期更为敏感的特定时间阶段。关键敏感期的开始与结束都十分迅速，不会伴随任何容易觉察的现象和行为而出现。由于某些原因，儿童在早期生长发育的某个敏感期中并没有得到适宜的刺激而习得某种动作技能，那么在以后的生活中，需要发展与该敏感期高度关联的动作技能也将变得更加困难。

相信大家通过电影和书籍已经了解过"狼孩"的故事了。在恶劣的自然环境中"狼妈妈"以"物竞天择、适者生存"的自然法则喂养着幼小的婴儿。当狼孩长大后，有幸回归人类社会时，其既不能与人类自然交流，也不能像人类一样正常地直立行走。除生活环境和食物来源等不利于"狼孩"生长的因素之外，究其本质来说"狼孩"还是人类，只是一个在生长发育时期完全脱离了人类生活环境的"人"。种种巧合使"狼孩"错过了一个儿童应有的各个生长发育的关键敏感时期，最终变成了一个心智与行为上似"狼"，

而基因和身体结构类似"人"的"另类"。"狼孩"的故事让我们得到一个启示：把握儿童特定的关键敏感期，促进其全面发展十分重要，一旦错过，就无法重来。

在发展心理学和发展生物学两大研究领域中，都存在儿童生长发育"关键敏感期"这一概念。在此时期，儿童若未能获得适宜刺激和发展机遇，将在认知能力、学术能力、管控能力和动作发展等方面表现出相应的滞后性和差异性。如果儿童一旦错过相应的生长发育敏感期，不管其日后花费多大精力、耗费多少时间，都无法弥补错失敏感发展期的"损失"。因此，为了能够促进儿童全面、优化的生长发育，我们应该全方位把握儿童生长发育过程中每一个敏感期，科学认识和精准掌控儿童发展敏感期这一"拼图"所出现的时间节点和变化特点，最终实现儿童优化发展。

（二）儿童生长发育关键敏感期形成与发展的物质基础

1. 儿童早期神经突触连接数量增加和神经网络结构变化，是儿童身心发展关键敏感期的神经生理学基础

俗话说"三岁看大，七岁看老"，人的未来发展往往由人脑的早期发育水平所决定。从人脑神经元突触的连接数量随着年龄增长而增强的发展趋势来看，婴幼儿时期的大脑正处在一个高速发展的阶段，随着神经细胞的增殖与分化，神经细胞之间的突触连接愈发密集，如图3-3所示。一方面，密集的神经细胞连接为婴儿感知外部环境进行感觉输入和信息加工提供了条件；另一方面，神经系统先于身体其他系统生长发育，这也正是人类进化发展的必然产物。

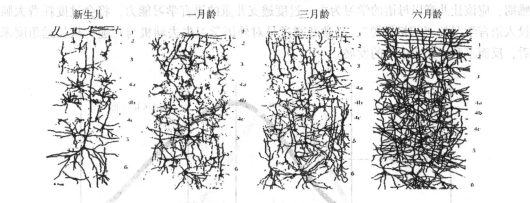

图3-3 婴幼儿视觉中枢神经细胞连接程度与结构变化

儿童生长发育关键敏感期常常出现在人体器官发育时期，特别是在胚胎期及婴幼儿时期，此时期正是各种感知觉器官与大脑建立深度联系的关键阶段。正常情况下，机体内各器官与相应脑区的神经细胞建立起紧密的对应联系，以保证各器官正常运作和信息传输。若在此时期未能与对应的神经细胞建立神经联系通路，该器官则可能永远丧失其自身功能，所造成的影响也是无法逆转的。因此，站在个体生命周期发展的整体维度来看，抓住儿童生长发育最关键的敏感时期，将会让儿童"享有"未来发展的"先机"和"潜能"。

2. 细胞活动水平和儿童感知觉体验两个要素的重合作用直接影响着关键敏感期的形成与发展

胚胎阶段的早期脑发育水平直接决定着儿童生长发育关键敏感期的形成。随着人脑不断发育和功能的完善，在儿童和青少年阶段与人脑功能发展密切相关的身体能力会得到较快的提高，但进入成年后这一发展速度将会明显减缓。总体来说，有两个因素直接影响着关键敏感期的形成与发展：一个是分子生物学层面的细胞活动，另一个是人体的感知觉体验经历。唯有以上两个影响要素的重合，才能适时地促进关键敏感期的形成。从细胞水平上看，关键敏感期的形成与发展在于抑制回路的成熟，更准确地说，是脑源性神经影响因子（BDNF）和发育转录因子（OTX2）促进了主要抑制性神经元的成熟。

（三）不同年龄阶段儿童生长发育关键敏感期的形成特点

新生儿在嗅觉发展关键敏感时期，会识别和区分母亲和其他人的气味，因为新生儿的视觉能力尚未发育完善，此时新生儿的生存本能促使其嗅觉能力得到快速发展。由于新生儿能够利用来自环境或人体的气味这一信息要素，快速辨认与其紧密关联的人，这就成为新生儿生命体维持存活和发展的关键感知觉能力，所以在这一阶段中，新生儿所拥有的灵敏嗅觉不仅体现了感知觉的输入能力，而且还反映了其较强的生存能力。

相关研究证明，当母亲在新生儿的嗅觉记忆中留下印记时，新生儿会向她寻求营养、安全和舒适的帮助，而新生儿在此阶段能够通过快速发展的感知觉能力与父母建立起十分紧密的联结。"印记"是儿童关键敏感期促进感知觉能力快速发展的积极因素，感知觉能力的快速发展，将有助于个体在婴儿期乃至成人阶段，都能与父母形成良好的亲子联系。

如图3-4所示，婴幼儿的语言敏感期一般为0~6周岁，之后逐渐消退。儿童在该阶段语言学习能力表现十分抢眼，常会模仿大人的说话语调与方式。在儿童语言发展关键敏感期，应该让儿童以母语的学习为主，过度透支儿童的语言学习能力，将会过度耗费大脑投入语言学习的"记忆资源"，导致儿童过早对外语学习失去动机与兴趣，从长远角度来看，反而不利于儿童未来的发展。

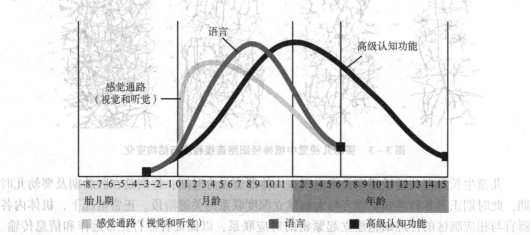

图3-4 不同年龄阶段人脑感知觉、语言及高级认知功能发展变化
（引自 Bardin，2012）

通常情况下，3.5~5周岁的儿童正处于精细化操控技能发展的关键敏感时期，此时儿童尤其会对"写字、画画"感兴趣，虽然他们并不一定知道自己"写作、画作"的真实意义，却都对写字、画画等需要手部精细化操控的活动显示出了极高的兴趣与积极性。由于这一阶段儿童的小肌肉群精细化控制技能还不够强，因此我们应该根据儿童精细化操控

技能的实际发展情况，结合其兴趣爱好，合理设置动作技能学习内容，通过科学的动作设计，帮助儿童熟练掌握精细化操控动作技能。

如图3-5所示，0~6周岁的儿童早期是人类动作发展的关键敏感期。在这一阶段中，首先是婴幼儿的感知觉能力得到快速发展，此时的婴幼儿最为突出的表现就是好奇、爱动，喜欢用自己的触觉、味觉等感知觉去体验新鲜事物，并享受着由身体活动所带来的快乐。其次随着大脑杏仁核的发育完善，婴幼儿逐渐能够在与人的交流互动中，学习到许多新的知识。比如，从父母的语言和身体动作中学到两者之间的关联与意义，并且能够分析隐藏在特定场景中的环境信息，进而理解他人的情绪体验。随着幼儿大脑海马体的不断发育完善，其神经肌肉控制能力、空间认知和短时记忆能力不断增强，此时空旷的环境空间会更加容易激发幼儿开展身体活动。同时，规律性体力运动不仅能够增强幼儿运动神经元之间的突触联系，加快神经细胞轴突的髓鞘化，而且还可以加快幼儿大脑发育的可塑性以及平衡觉、本体觉等身体平衡能力的发展。因此，儿童早期从事规律的体力活动总是好处多多，不仅能促进动作技能的学习与发展，而且在应对外部多变的刺激时，表现出良好的适应性和敏锐度。

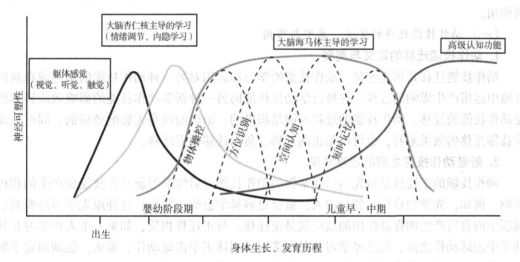

图3-5 不同年龄阶段大脑功能发展变化趋势

（四）关键敏感期的形成对儿童生长发育的价值与意义

正如前文所提到的一样，关键敏感期的形成多与人体早期各器官的发育进程相联系，其发展过程具有单向顺序性特征，一旦错过与神经细胞建立联系的关键期，将终生无法得以修补，各器官本应具备的潜能也将无法得以充分挖掘与激发，从而对儿童的身体发育和动作发展造成不可逆的消极影响，无论在日常生活还是在工作环境中，儿童身体的发展潜能将会受到一定的局限。虽然关键敏感期至今仍没有特定的现象能够利于我们捕捉其外部表征与发展动向，但也不必过于担心，只要我们在儿童生长发育初期给予其充足的营养，精心的照料，提供足够的身体活动机会，帮助儿童丰富感知觉体验以及促进内脏器官正常发育，最终会为儿童生长发育关键敏感期的形成奠定基础。

总之，关键敏感期是儿童成长过程中一个极为重要的快速发展时期。在相应的关键敏感期，儿童生长发育所涉及的感知觉、动作技能和学习能力都能够得到长足的发展和提升。因此,我们应首先确定各个关键敏感期的时间跨度;其次理解并充分利用儿童在各个关键期的发展特点,使儿童的身心能够获得最优化的发展,为促进其学习、熟练掌握基本动作打下良好的基础。

五、基本动作技能与专项动作技能的关联与迁移

人类在长期的生产劳动过程中,为适应在不同环境条件下满足不同动作任务的需要,保持较高工作效率的目标要求,而结合人的身体结构与技能水平形成一整套的动作。根据生活、生产和运动等人类活动所依托的环境属性和任务要求的不同,不同的动作在完成方式、控制难度和学习形成的过程中也各有差异。但是人类学习动作技能的目的就是保持及迁移,以及能够更好地将其运用在日常的生活实践中。在人类的动作技能发展过程中,一种动作技能的获得是通过学习,而遗忘往往又是动作技能学习的对立面,通常意味着动作记忆的丧失。动作技能的学习、遗忘与保持涉及了庞大的心理学知识体系和复杂的认知过程,本文不在此赘述。本节将把探讨重点放在儿童基本动作技能迁移对后续动作技能形成、发展的重要作用与意义上,以便更清晰地梳理出儿童基本动作技能的形成脉络以及后续作用。

（一）动作技能迁移的定义、类型与作用

1. 动作技能迁移的定义与类型

动作技能迁移是指先前某一动作技能的学习和运用对另一种动作技能的学习或在新的环境中运用产生影响的过程,这种已学动作技能向另一种新学动作技能的影响效应转移就是动作技能的迁移。动作技能的迁移可能是积极的、消极的或是无影响效应的。同时从动作技能迁移的效果来看,也可以是正向迁移、负向迁移和零迁移。

2. 新老动作技能之间的迁移效果

动作技能的正迁移是指先前已经掌握的动作技能对后续学习新动作技能所产生的积极影响。例如,先学会自行车骑行的人,就会更容易学会骑三轮车,这种原先学习经验对后续新学内容所产生的促进作用的效应就是正迁移。与正迁移相反,如果一个人在学习乒乓球正手击球动作之前,就已经学习并基本掌握了网球正手击球动作,那么,强调固定手腕的网球正手击球动作将对强调放松手腕的乒乓球正手击球动作产生消极影响,这种先前动作技能学习经验对后续新动作技能学习产生阻碍作用的称为负迁移。当前已有的动作技能经验对后续新学动作技能未产生任何作用的称为零迁移,例如骑自行车的动作学习经验对学习网球技术动作不会产生任何迁移效应。因此不能盲目地认为任何动作技能的操作经验都会对新学动作技能产生影响。

3. 动作技能迁移对动作技能教学的作用

影响动作技能迁移的因素较多,包括动作技能之间的相似程度、动作的练习量和动作技能学习组合等。由于已有的动作技能和新学动作技能的动作控制、环境条件和动作环节要素存在一定的相似性,因此该两种动作技能之间容易产生积极的影响作用,反之亦然。在实际的动作技能训练中,正迁移与负迁移常常同时发生,很难截然分开,所以,我们在指导儿童学习基本动作技能的过程中,应该充分考虑儿童身心发展特点和身体活动能力,优化基本动作技能学习组合模式,促进动作技能学习的正向迁移,抑制或防止动作技能之间的负向迁移。

（二）基本动作技能对后续动作技能发展和终生体力活动的影响

1. 基本动作技能对后续动作技能发展的影响

动作技能的学习主要是建立在迁移的基础之上，而迁移又是人类动作技能学习的自我适应、组织和调适的重要机制，因此，儿童早期所习得的某些知识和技能的学习与操作，能对后续动作技能的形成与发展产生积极的影响。例如在儿童日常身体活动中，学习到精细操控动作技能、粗大位移动作技能，将会显性影响到其进入青少年或成人阶段时专项动作技能的水平。所以如何能更加有效地促进儿童已有的动作技能对新学动作技能的迁移，将是我们开展儿童基本动作技能教学的一个重要命题。

2. 基本动作技能发展对个体终生体力活动的影响

如图3-6所示，该理论模型全面系统地展示了人类全生命周期中，基本动作技能发展对身体素质的促进、体育素养的形成以及体力活动的影响与作用。图中黑色箭头表示个体动作技能发展的时间纵向进程；虚线框表示不同年龄阶段的动作技能发展水平及动作方式；白色双向箭头则表示动作技能与身体素质之间的关系。

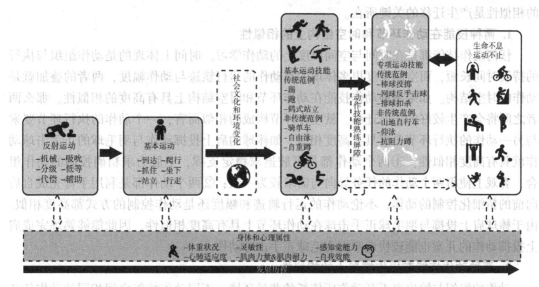

图3-6 基本动作技能发展对终生体力活动影响的理论模型
（引自 Ryan M. hulteen，Philip J. Morgan 等，2018）

在基本动作技能发展对个体终生体力活动影响的理论模型的反思中，发现人类动作技能的形成与发展是一个层级化的渐进过程，具有十分明显的阶段化发展进程。人类动作发展的进程就好似爬山一样，从新生儿的本能反射动作发展开始，这个拾级而上爬山的进程就此开启。首先在婴幼儿阶段，学习了翻、坐、爬、站和走等基本动作，基本形成了初始的动作模式，初步具备了在空间中位移的能力；其次在幼儿阶段，由于个体身体活动能力的增强，其活动范围逐渐扩大，此时神经肌肉对身体各个部位的控制能力逐渐变强，幼儿可根据动作任务的需要做出一套由稳定动作技能、位移动作技能和操控动作技能所共同组成的基本动作技能。而基本动作技能的形成对于儿童的动作技能发展具有十分重要的意义，一方面基本动作技能的形成具有承前启后的基础作用，另一方面基本动作技能也是儿童动作技能发展历程中从基本动作技能迈向专项运动技能的重要组成部分。因此基本动作技能水平的好坏，在一定程度上决定了未来专项动作技能的发展潜力。随后在青少年阶段，伴随着青春期快速的生长发育，青少年比以往任何时期都变得更加强壮有力、反应敏捷，此时其面对更多的是专项运动情景下的动作任务，因此专项动作技能的实质就是在运动场景中运用基本动作技能的综合能力，即个体在专项运动场景下，根据动作任务的需要，在快速识别和准确判断的基础上，合理、熟练地运用技术动作，以达成目标动作的组织与输出。最后进入成年阶段，随着身体发育日臻成熟，专项动作技能熟练自如，在反复多次的比赛对抗和训练实践中，个体逐渐形成了具有鲜明个性的技术风格，从此个体的动作技能发展将进入一生当中的巅峰阶段。

（三）基本动作技能与专项动作技能正向迁移的理论基础

先有的动作经验对后续动作技能的学习产生积极的迁移效应，为动作技能之间的正向迁移，其不仅是动作技能传承转接的自学习、自组织的适应过程，达到了事半功倍的学习效果，而且还是一切高效动作技能教学的追求目标。如何看待基本动作技能学习经验向专项动作技能学习产生迁移这一现象，归根结底，这两种动作技能的学习任务以及情境之间的相似性是产生迁移的关键所在。

1. 两种技能在动作环节和时空结构上的相似性

任何动作技能都是在时间与空间维度上的动作学习。时间上体现的是动作组织与执行的持续时间长短，而空间维度更多体现的是动作的运行轨迹与动作幅度，两者的叠加就是动作的时空结构。如果两种动作技能在动作环节和时空结构上具有高度的相似性，那么两者之间将会产生较好的正向迁移。就动作环节构成的相似而言，一个动作的执行环节要素与另一动作的执行环节要素具有高度相似，如棒球的肩上投掷动作与羽毛球的正手击球动作就具有高度相似性：①两个动作都是下肢追求稳定支撑，上肢力求精确控制的动作组合，客观上使得两个动作的任务导向与需求较为一致；②两个动作都是利用手臂完成自后向前的精细化控制的动作，不论动作的运行轨迹和幅度还是动作控制的方式都高度相似。由于棒球肩上投掷与羽毛球正手击球在动作环节上具有高度相似性，因此能够熟练完成肩上投掷动作的儿童也能较快地掌握羽毛球正手击球动作。

2. 两种动作技能在操作情景上的相似性

动作的组织与输出离不开动作所依托的背景环境，不同动作技能之间相同的动作任务要求、发展趋势和环境影响将促进动作技能之间的正向迁移。例如，棒球的肩上投掷和羽毛球的正手击球，这两种动作执行的终极目标同样是不断增强对手回接球的难度，因此投手要考虑出手高度、角度和速度，从而增加球体的飞行轨迹和速度变化，最终降低击球手的击中概率，而羽毛球运动员也同样要考虑持拍击球的高度、角度、速度和方向，意欲增加对手的回球难度，以上两个技能的动作任务目标是高度相似的。

基于两种动作技能的环境情境的相似性假设，两种动作技能同为同场对抗项目，并且都要受到光线、温度、对手站位和噪声等隐藏在环境情境中的因素影响，同时还要充分考虑对手的实力、体能分配和竞争态势等因素后进行预判，随后审时度势地执行技术动作，赢得优势。因此，练习情境相似的动作技能比练习情境不相似的动作技能会产生更好的迁移效果。

3. 两种动作技能学习过程中信息加工程序的相似性

正向迁移的发展是由于两种动作技能所需的信息加工程序具有相似性，其外部刺激识别、动作响应选择和动作程序组织上具有相似性。例如，棒球和羽毛球场地面积是固定的，而为了使投出去的球和击打出去的球在速度上、轨迹上和方向上产生多样的变化，运动员就必须根据动作任务的需求不断调节出手的高度、角度和力度，从而产生不同变化，使得对手难以适应。但不论完成动作的力度、出手角度和高度如何变化，技术动作的执行程序始终是相同的。

（四）基本动作技能与专项动作技能的递进关系

从动作技能发展的角度来看，基本动作技能既是前一阶段动作技能学习与发展的阶段结果，也是后续动作技能学习与发展的基础。因此辩证、科学地看待基本动作技能在儿童动作技能发展中所起到的承上启下的作用与意义，对我们科学、系统、合理开展儿童基本动作技能教学尤为重要，它不仅为我们开展儿童早期身体活动提供了教学设计思路，同时还为后续专项动作技能的发展提供了有益指导。

如图3-7所示，儿童早期的基本动作技能水平将在很大程度上影响着专项动作技能的后续发展。例如：儿童的跑动技能水平，将决定了其是否可以参与足球、篮球和网球等对运动员跑动技能要求极高的运动项目；而儿童的肩上投掷技能水平又决定了其是否能够参与排球、羽毛球和棒球这一类对肩上投掷动作技能要求较高的运动项目；不言而喻，游泳技能水平将直接决定个体是否能够参与水上运动项目。因此，基本动作技能是专项动作技能的基础，而专项动作技能又是基本动作技能的高级表现形式，两者之间存在着单向的递进关系。

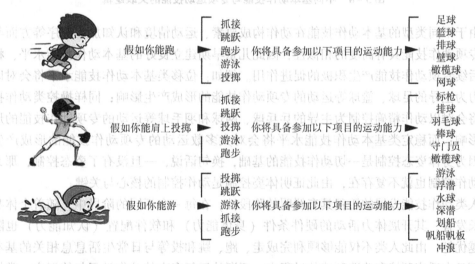

图3-7 基本动作技能与专项动作技能的关联性

如图3-8所示，依据动作控制方式不同、参与运动的肌群数量不同以及动作操控的准确程度不同，可以将基本动作技能分成三个亚类，分别是稳定、位移和操控动作技能。在不同的运动情景、动作任务需求和技战术要求的导向下，不同类别的基本动作技能发挥着不同的作用与功能。但在专项运动情景中，常出现两种或两种以上基本动作技能组合运用的现象。例如：篮球的横向行进间运球，此时运动员下肢做侧并步动作，同时上肢做行进间手运球的技术动作；同样还有排球的腾起扣球动作，此时排球运动员双脚蹬地做纵跳动作，在保持身体重心稳定的前提下，做类似于"肩上投掷"的扣球动作。以上在运动情境下基本动作技能复合运用的例子不胜枚举，而这样的例子也在不断地给予我们启示：幼儿时期下蹲、抛接和抓握等一些不经意的动作，其实就是未来后续动作技能发展的基础，儿童也是在这一次又一次的反复的动作学习和操练中，慢慢地将他们在日常动作学习中所形成的用力感觉和动作记忆固定下来，逐渐形成了无须"注意"就可以熟练完成的"自动化"的技术动作。

基本动作技能分类		
位移类	操控类	稳定类
基本运动 ·跑步 ·直腿跨跳 ·跳远 ·单脚跳	发力推进 ·投掷 ·踢球 ·击打 ·运球	脊柱稳定 ·体屈 ·伸展 ·体转 ·变向
协同运动 ·垫步跳 ·侧滑步 ·并步跳	抓接动作 ·抓握 ·脚部停球	静态&动态 ·单脚平衡 ·手倒立 ·起跑 ·急停急转

专项运动技能

田 径	羽毛球	体 操
曲棍球	橄榄球	足 球
棒 球	网 球	排 球

图3-8 不同基本动作技能与专项运动技能的关联逻辑

由于不同类型的基本动作技能在动作构成要素、运动情境和认知加工程序等方面与特定的专项动作技能具有高度的相似性，因此儿童早期建立良好的基本动作技能水平，将对未来后续专项动作技能产生积极的促进作用。例如：位移类基本动作技能水平将会对以移动能力为主导的足球、篮球等运动的专项动作技能的形成产生影响；同样操控类动作技能水平将会对以动作精确控制为主导的乒乓球、网球和羽毛球等运动的专项动作技能的形成产生影响；而稳定类基本动作技能水平将会对大多数运动的专项动作技能的形成产生影响，因为身体姿态控制是一切动作技能的基础，换句话说，一旦没有了姿态控制，那么所有的动作控制也就不复存在，由此证明体姿控制是动作控制的核心与关键。

人类动作技能发展的历程具有鲜明的阶段性，在每一个不同的阶段中，随着个体身体的生长发育，其开展体力活动的硬件条件（身体能力）和软件配置（认知能力）也随之越来越优越，由此人类不仅能够顺利完成走、跑、跳和投等与日常生活息息相关的基本动作，而且在适应环境和改造环境的过程中，逐渐从反复多次的动作学习与练习中，掌握了一套复杂的技术动作，从而使得人类在日常生活、生产劳动和体育运动等复杂的运动情境中，根据动作任务的具体需求，完成复杂的动作操控。依据系统、整合的观点来看，一些不同的动作技能具有许多共同特点、影响要素和变化规律，我们在开展动作技能教学过程中，应充分把握和利用这些规律，从而促进动作技能教学朝着高效化、科学化、系统化方向发展。

第四章

儿童基本动作技能主题与解析框架的内容体系

科学、系统的儿童基本动作技能教学，通常是建立在两个教学理念基础之上：一是遵循个体身心发展的基本规律，其教学应该依据儿童身心发展的不同水平而进行；二是应根据不同年龄阶段儿童的动作技能水平开设基本动作技能教学。为了能够进一步提升儿童基本动作技能教学效率，在开展基本动作技能的教学组织与内容创设中，广大的体育教师不仅需要尊重儿童个体身心发展的差异性，还应该依据不同年龄儿童动作技能的差异性，组织教学内容。同时在这一过程中，我们还应充分考虑到基本动作技能学习对儿童的认知发展、社会情绪和动作能力等方面的影响与作用，在充分考虑以上因素影响的前提下，科学组织，系统指导，帮助儿童主动学习、全面掌握不同类型的基本动作技能，最终提高动作技能，增强身体素质。

第一节 技能动作概念解析框架的理论基础与内容构成

高效、成功的基本动作技能教学，在一定程度上取决于实施者开展动作技能教学所具备的理论知识、实践水平与分析能力。因此，教学实施者（教师）十分需要一套全面、细致、清晰的用以观测、描述儿童动作技能学习进展的理论分析框架与方法，从而可以最大限度地科学评价儿童基本动作技能的习得情况。于是构建一整套适应于不同年龄、不同身心能力水平的儿童基本动作技能教学的理论分析框架和方法，将在很大程度上提升儿童基本动作技能的学习效率，进一步明确教师开展技能教学反馈的内容与方式。

动作语言是指个体在人际互动或执行特定任务时，神经肌肉系统控制不同的身体部位，协调做出代表某种特定含义的动作符号，具体表现为使用手、腿等身体各部位共同完成的动作。在儿童基本动作技能学习情境下，动作语言通常也被称为动作概念分析框架，其由两个部分构成：动作模式与动作概念。动作模式一般是指儿童根据动作任务需求，协调身体各部位组织，完成动作输出的主要动作方式，它既是儿童学习并掌握不同动作技能的核心内容（动作单元），也是其完成特定动作任务所对应的固有动作。在一定程度上，儿童运用不同类型动作技能完成特定动作任务，体现的是儿童的动作技能水平，归根结底也就是个体完成动作任务时所能运用的动作组合和身体能力。从人类动作技能发展的客观规律来看，儿童早期的体力活动多以基本动作技能完成体力活动或团体游戏，因此在儿童的早期阶段，我们应该多聚焦于儿童的稳定、位移和操控类基本动作技能的学习与发展。

动作概念通常是指个体对动作的组织与达成的理解能力以及对影响这一过程的内外表象的察觉程度。动作概念一般包含四个部分，分别从不同的角度来解释人体在组织、执行动作过程中的动作表现。本文中对于动作概念的解释，是建立在鲁道夫·拉班（1879—1958）及其他学者的前期研究成果基础之上的，并根据儿童基本动作技能的教学特点进行了修改与完善，便于更好地适应儿童动作技能教学与评价的实际需要。

一、动作概念解析框架的组成构件与含义

从影响儿童动作技能学习与发展的角度考虑，动作概念只是分析儿童动作技能学习与发展的参考变量，它主要从动作学习的角度解释主要技能动作的控制过程，因此动作概念更像是一个对动作技能进行细致分析的"理论工具"。通过这个工具我们可以进一步对儿童动作技能的构成要素进行全面解析，进而不断提升技能动作的完成质量。依据个体完成动作输出时，身体各部位的参与程度、背景环境条件、用力程度以及人和事物间联系程度的不同，可将动作概念划分成四个组成部分。

（一）身体认知

身体认知是指个体对身体各部位在空间位置上的自我觉察与理解。身体认知是依赖肌肉和关节的运动和用力感觉中所获得的感觉输入信息而形成的，因此，身体认知多受制于本体感觉能力水平的影响，体现了人体运动时动作完成的具体内容，解决了运动时我们应该"做什么"这一问题。例如，当一名篮球运动员在跳起投篮的过程中，被防守队员干扰，但该进攻队员仍能够保持并调整身体重心，顺利完成投篮动作并得分，由此我们可以说，该名篮球进攻队员拥有良好的身体认知，因为其良好的身体认知，确保了其在被干扰后仍能够最大限度地调整身体平衡，从而保证了投篮动作的质量，使得投中得分成为可能。

（二）空间认知

空间认知是指个体识别空间中自我定位的能力，它体现了个体在给定空间中辨别（或识别）与自我有关的对象的基本认识。空间认知还涉及空间位置发生变化时，各对象之间的相互关系，体现了完成动作时人体移动的方向与定位，解决了完成动作任务时人体应该"往哪移"的问题。例如，作为团队协作运动的篮球项目，每一次成功的进攻都离不开全队五名队员之间的高效协作，而空间认知能力又是五名队员之间开展高效协作的关键所在。因为空间认知能力的高低将直接影响进攻或防守一方队员之间的共同协作的默契程度和成功概率，所以任一方五名队员的空间认知能力越高，与之相对应一方的任务完成难度就越大，反之亦然。

（三）运动认知

运动认知是指个体对运动对象实际运动速度的感知，在本文中特指个体为了更好地完成动作任务而主动采取的速度节奏变换的活动方式，其体现了个体为实现最优化的动作组织与输出而灵活执行的动作控制方式，解决了人体在运动中应该"怎样动"的问题。例如，网球比赛中为了能够使对方不适应比赛节奏而出现动作或判断上的失误，进攻一方主动地改变回球的节奏、方向和速度，以便自己在这种主动变化中获得更大的主动权和优

势。这种为了赢得竞争优势而采取的主动调整正是对"变中求胜"的战术思考,对"怎样动"这一问题的精准把握则是竞争双方夺取主动权的关键所在。

（四）运动关联认知

运动关联认知是指个体在运动过程中,对动作执行主体与执行对象客体之间的关系属性的觉察能力,这种关联具体表现在个体间和人与事物之间两个方面。个体之间的关联体现了同场运动中的不同个体之间的相互关联程度；人与物之间的关联体现了个体与操控对象之间的关联程度。而以上两个方面的关联直观体现了在团队中个体之间的协作程度和操控物体的熟练程度,其解决了个体在参与集体运动时应如何认识"个体之间和人与物之间"相互联系的问题。通过对以上问题的反思,可以帮助个体更好地认识集体运动的互动条件与环境背景,从而进一步提高动作学习的效率和完成的质量。

二、动作概念解析框架对儿童基本动作技能教学的价值与作用

儿童基本动作技能的学习与发展受到多个因素的影响与制约,其中核心动作是儿童基本动作技能教学实施的具体内容,因此,其教学内容的科学设计与组织实施直接关系到儿童基本动作技能的掌握程度和发展进程。从事物的发展、联系和辩证的观点审视儿童基本动作技能的学习与发展过程可知,身体是儿童学习基本动作技能的"工具",儿童通过不同身体部位进行探索外部环境或执行特定动作任务的过程,就是培养并形成自身特有的"动作语言"的萌芽。

随着儿童动作意识水平的提升,通过其自身体力活动学习,掌握基本动作技能的能力也随之增强。儿童的身体认知、空间认知、运动方式与关系识别四个方面能力的提升,不仅能够帮助其更好地适应环境变化和任务挑战,还能在教师指导儿童学习动作技能的过程中,给教师提供一个可行的分析框架。例如,行进间运球就可以根据动作概念的四个方面进行组合式的分解进阶教学。

（一）要求儿童使用不同手臂运球的方式,以培养其身体认知

指导儿童分别运用惯用手（右手或左手）和非惯用手（右手或左手）完成原地或行进间运球练习,一旦单侧手臂运球动作熟练之后,可以开展双手交替运球练习。

（二）要求儿童以不同身体重心高度运球,以培养其空间认知

指导儿童分别以低、中和高三种不同体态的身体重心完成运球练习,帮助其体验不同身体重心高度运球的用力感觉。待动作熟练后,加入对抗练习,帮助儿童建立良好的空间感知能力。

（三）要求儿童分别以不同速度进行运球,以培养其运动知觉

指导儿童分别以慢速、中速和快速进行行进间运球,帮助其体验不同速度下的运球动作控制与用力感觉。待动作熟练之后,可以开展不同速度切换的运球练习。

（四）要求儿童分别沿着圆圈、直线或曲线运球,以培养人与球、人与环境之间的运动关联认知能力

指导儿童沿着不同行进路线运球,待动作熟练后,可以在不同行进线路之间不断切换练习,以提高儿童在不同任务要求中,识别人与物体之间的关联程度,并提升其在不同环境条件中的运球能力。

依据组成动作概念的四个维度而创设的运球动作技能练习，分别从不同方面促进了儿童动作技能的学习与发展。每一方面的提升都代表着儿童动作技能特定能力的改善与提高，同时不同维度的动作能力提升，又能促进儿童特定动作技能整体能力的发展。

第二节 儿童基本动作技能教学的技能动作主题设计

通常情况下，儿童动作技能的学习与发展总是遵循着从简单到复杂、从单一动作到复合动作、从生疏到熟练的发展历程。随着儿童的生长发育，其身体能力不断增强，具体表现为儿童可以完成生存、生活所必备的动作，例如走、跑、跳、投等。但这种为了适应环境和生活需要所完成的动作，与为了完成特定任务要求而进行的特定技术动作是有本质差异的。个体为了生存发展而通过长期进化形成的走、跑、跳等动作是人类的先天动作技能，其本质目的是存活与发展。而个体在长期生产劳动实践中，为了适应环境变化，满足特定任务需要，通过后天反复练习而固化形成的技术动作则是人类的后天动作技能，其本质目的是响应外部刺激，完成特定任务。

一、基本动作技能在不同运动项目中的运用分析

随着儿童身体活动能力的不断提高，其参与体力活动的时间越来越长，掌握的动作技能也越来越多。虽然不同类型体力活动或游戏在规则、环境、人际互动和运动器材上存在着差异，但是对参与其中的儿童技术动作的内在要求却是趋向一致的。例如：参与棒球运动的儿童就必定要学习肩上投掷、抛接、双手持棒击球和跑垒等必备的棒球专项技术动作；参加篮球运动的儿童，在某种程度上，也必须掌握抛接、跑动、行进间运球、跳跃和着陆等篮球专项技术动作。显而易见，虽然以上两种不同类型的运动项目的外在环境和内在规则存在显著差异，然而令人惊奇的是，两种运动所必须掌握的抛接、跑动等专项技术动作却存在重叠，且具有较好的通用性。因此，可以说以上技术动作的构成要素和运行轨迹是基本一致的，只是技术动作所运用的背景环境、适用规则和任务需求等发生了较大变化。假如儿童能够熟练掌握跑动和抛接两个通用性较强的技术动作，那将势必提高这些儿童参与不同类型体育运动的积极性。而这种适用于不同运动项目技术动作的聚类与趋同现象，则表明了虽然不同项群运动项目的比赛规则、比赛环境和任务要求存在差异，但其专项技术动作却具有一定的聚类相似性。因此，在儿童基本动作技能教学过程中，为了能够达到事半功倍、触类旁通的学习效果，我们应该将教学重点放在不同运动项目高度聚类的技术动作上。唯有这样，才能进一步提高儿童在不同运动项目中综合、高效运用技术动作的能力与水平。

如表4-1所示，相同技术动作在不同运动项目中呈现出一定的交叉重叠现象，说明虽然不同运动项目的游戏规则、背景环境、任务要求和技术规范存在差异，但是其对同类技术动作的需求是基本一致的。只是在儿童参与不同运动项目时，应根据项目的特定环境和规则要求，对同类技术动作进行相应的修正和转化，以适应不同环境条件和任务要求对同类技术动作的内在规定性。

表4–1 不同技术动作在运动项目中的运用情况

技术动作	运动项目										
	健身操	篮球	舞蹈	高尔夫	曲棍球	武术	攀岩	足球	网球	田径	排球
身体移动	◆	◆	◆	◆	◆	◆	◆	◆	◆	◆	◆
追逐、闪躲											
跳跃、着陆	◆	◆	◆			◆	◆	◆		◆	◆
平衡	◆	◆	◆	◆	◆	◆	◆	◆	◆	◆	◆
重心转移	◆	◆	◆	◆	◆	◆	◆	◆	◆	◆	◆
翻滚			◆			◆					
踢球								◆			
凌空踢球								◆			
投掷		◆						◆	◆	◆	◆
抓接								◆			
凌空截击								◆	◆		◆
行进间运球		◆			◆			◆			
持拍击球									◆		
持杆击球				◆							

备注："◆"代表了不同技术动作在运动项目中的应用情况。

二、不同运动项目的基本动作技能与身体素质的需求分析

由于不同运动项目的场地设置、评判标准、运行规则和任务导向存在明显差异，所以对参与其中的儿童的身体能力和动作技能水平也提出了相应要求。从联系、发展的角度审视动作技能与运动项目之间的关联性，我们可以发现同属项群的运动项目对动作技能和身体素质的基本需求是基本相似的。

如图4–1所示，虽然不同运动项目对基本动作技能和基本身体素质的需求各有不同，但同属项群运动项目对身体素质和动作技能的内在需求却基本一致。例如：稳定动作技能在几乎所有运动项目中都发挥着重要的基础作用，因为身体姿态的稳定是一切动作组织与完成的基础，良好的身体稳定性为动作的高质量完成奠定了基础。为了适应开放多变的运动环境和激烈对抗的竞争模式，几乎所有的球类项目都将跑步、跳跃等位移动作技能作为其运动能力发展的核心。而以上这些位移动作技能却不是射击、射箭等一些追求动作精确和以稳定为主的运动项目的核心技能。总体来说，运动环境越是开放、多变的（如足球、篮球等），其对动作技能的多样性要求越高，反之亦然；动作控制越是讲究精细、稳定的（如射击、高尔夫），其对精细化操控和稳定动作技能的要求越高，反之亦然；同时为了适应高强度竞争的需要，在隔网和同场对抗的球类项目中，对于灵敏和协调两项素质的要求是很高的。

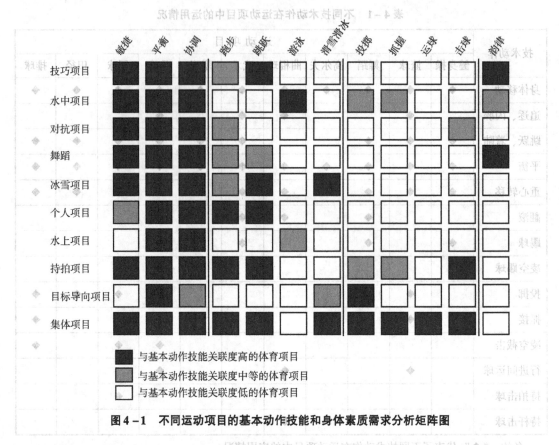

图4-1 不同运动项目的基本动作技能和身体素质需求分析矩阵图

为了能够提高儿童基本动作技能的综合运用，我们应该尽可能多地为儿童增设不同的练习内容，创设不同的练习环境。例如：在篮球、足球、体育游戏或舞蹈等不同的背景环境中练习位移动作技能，以提高儿童在不同环境中动作的适应转换、灵活运用的能力。作为儿童基本动作技能教学主体的教师，应该密切关注不同体力活动对动作技能需求的差异性，把握不同运动项目对动作技能需求相似性这一特点，以创设多变的环境为前提，为儿童提供尽可能多的练习机会，帮助其不断提高技术动作的熟练程度、完成质量和运用能力。通过技术动作的提高不断促进其参与体力活动的积极性，并最终提升儿童的动作能力，增强其身体素质。

三、动作概念车轮框架图的构成简介

由于运动环境、任务要求、评判标准和游戏规则的不同，不同类型的运动项目衍生出不同类型的技术动作，以满足不同类型运动项目对于技术动作的要求和限定。而技术动作则是个体根据运动项目特定的任务需求，通过感知觉输入和神经肌肉系统的整合运作，协调身体各部完成特定工作任务的动作方式。因此人体是完成技术动作的"载体"，而技术动作是个体完成工作任务的"手段"与"工具"。

在现实世界中，影响技术动作的因素较多，为了帮助我们更好地分析在不同环境背景和任务需求条件下，人体运动的效率高低和技术动作的质量优劣，我们可以从人体运动的表现形式、空间定位、方向流线和用力方式等四个方面进行分析。因此，动作模式是儿童

完成同属项群的运动项目技术动作的操作手段与固有方式，而动作概念则是分析技术动作的逻辑方法与具体思路。

如图4-2所示，对于动作模式与动作概念的关系和区别，可以通过车轮框架图中的五个圆图进行全景展示。其中内圈的两个圆圈代表体力活动所涉及的动作技能类别与基本动作模式，而外圈的三个圆圈则代表着分析具体动作质量的四类参考变量。从内往外看，其最内的圆圈分别代表的是稳定、位移和操控三类基本动作技能。从内往外的第二层圆圈则代表的是每种基本动作技能类别中所含的基本动作模式，例如：行走、跑步基本动作模式属于位移动作技能，平衡和翻滚基本动作模式属于稳定动作技能，而投掷和原地踢球基本动作模式属于操控动作技能。

车轮框架图最外侧的圆圈代表的是分析具体动作质量的四类参考变量，其分别是身体认识、空间认知（人体运动的方向）、动作认知（人体运动的方式）和动作联结认知（人体运动与周围的关系）。从外向内的第二个圆圈则代表了分属四个动作参考变量类别的若

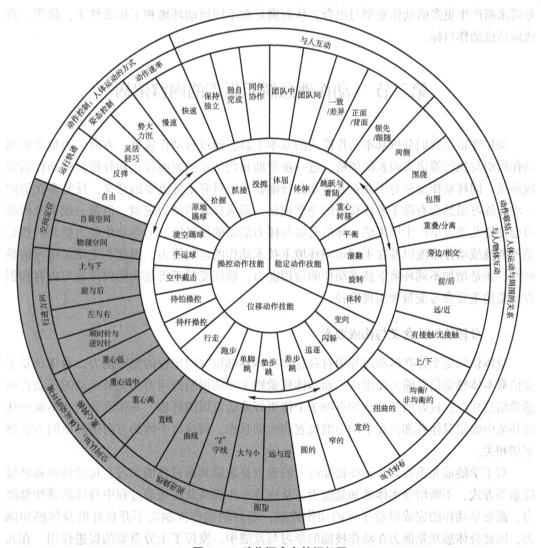

图4-2 动作概念车轮框架图

干子类。例如：通过对空间认知的进一步分解，又可以分为行进方向与空间定位等四个子类；动作速率与运行轨迹分属动作认知的这一动作变量类别；构成动作联结的子类包括了人与物的互动、人与人的互动。位于车轮框架图中间的圆圈则是对身体认知、空间认知、动作认知和动作联结认知四类动作变量的下位分类，由于其更加具体，所以对儿童基本动作技能评价的参考意义也更大。

系统、整体地看待人体动作概念车轮框架图，其最内侧的两层圆圈代表着个体参与体力活动过程中所涉及的基本动作技能。由于人体结构和功能的限定，人体在应对动态变化的环境和外部刺激下，总是以相对固化、稳定的动作方式来完成工作任务。一方面体现了人体结构与功能在一定程度上决定了动作的执行方式；另一方面人体在动作执行过程中，对动作速度、身体认知和动作关联三个变量上的调节，又使得技术动作具有一定的灵活与变通。总而言之，基本动作模式和动作控制方式是保持相对稳定和不变的，而动作速度、用力大小、重心高低和联结方式等动作变量的组合，将使相对固定的基本动作模式根据任务需求而产生更多的动作变型与组合，从而满足在不同运动环境和工作条件下，优质、高效地达成动作目标。

第三节 动作概念解析框架的内容架构

动作变量是我们分析基本动作模式的基本工具，通过对动作速度、方向、力量等影响动作组织与执行等诸多因素的解析，进一步帮助我们从不同侧面评价和分析具体动作的完成质量。同样动作变量对于儿童基本动作技能教学也具有十分重要的意义，反复多次的同一动作练习虽然会有助于形成良好的动作记忆，形成良好的动力定型，但是一成不变的练习会使得儿童过早产生厌倦感，降低其参与体力活动的积极性。另外动作能力提升的核心是不断挑战动作难度以及在不同运动环境下技术动作的运用能力，因此不论增加练习的趣味性，还是增加不同环境下技术动作的运用能力，动作变量都将是我们设计练习内容和创设环境的重要参考变量和实现途径。

一、身体认知的含义与构成要素

身体认知是个体在运动过程中自我感知身体各部位空间定位的觉察能力。身体认知主要依靠本体感觉信息输入而形成，而本体感觉则主要依据肌肉用力和关节运动时所获得的感觉信息建立。良好的身体认知有助于个体更好地适应周围环境，并帮助他们在不断变化的环境中确定身体各部位在空间中的位置和运动状态，而这与个体的方向感和空间方位感密切相关。

对于学龄前儿童而言，动作技能练习的重点是鼓励其通过技能学习、运动体验和环境探索等方式，不断增强本体感知觉能力，从而进一步提高其在运动过程中身体的感知觉能力。高质量动作的完成得益于好的动作控制，而好的动作控制离不开良好的身体感知能力，因此身体感知觉能力在动作技能的学习与发展中，发挥了十分重要的促进作用。在儿童学龄阶段开展身体认知练习主要有两个目的。其一，在教师的指导下，学龄儿童能够在日常基本动作练习和完成特定的体力活动中，不断学习、积累并掌握基本的生物力学原理，这将帮助儿童更好地参与不同类型的体力活动。并且随着身体感知觉能力的不断提高，其运用身体在有限空间中完成动作任务的能力也会随之增强。其二，随着儿童身体活动能力的增强，其愿意在各类体力活动中，尝试运用不同的身体部位或新的运动方式完成动作任务，而在这一过程中，儿童的身体感知觉能力将会得到新的发展。例如：儿童在参与跨越障碍物的动作游戏时，总是愿意尝试用不同的方式跨越障碍物，时而用脚从障碍物上部跨越，时而蜷缩身体从障碍物的底部穿过，这些迹象都表明了儿童尝试运用不同身体部位完成动作的时候，正是其身体感知觉能力发展的关键阶段。

（一）身体部位识别

身体认知练习的一个重要目的就是通过身体各部位或四肢运动帮助儿童认识身体位移及肢体运动。身体认知练习所涉及的儿童身体部位包括头部、颈部、双肩、胸部、身体两侧、手腕、双臂、肘部、双手、手指、背部、腹部、髋部、膝部、双脚、脚后跟和脚趾。

识别身体并学会利用身体高效地完成动作任务，对儿童每一个阶段的身心和动作发展都极为重要。在儿童早期，我们应该帮助学步儿童认识自己的身体部位并记住各部位的名称，同时通过肢体运动，教会儿童识别身体各部位的准确定位。在儿童中期的体力活动中，我们应该通过摇头、耸肩或踏步打节拍的特定动作练习，帮助儿童从特定的体力活动练习中认识自己身体及身体各部位的关系。对于7至9周岁的儿童而言，他们应该着重学习稳定动作技能，并利用单脚站立平衡、仰卧两头起和俯卧两头起等平衡动作的变换练习，学会在不同身体姿态控制下的身体平衡，由此加强在非稳定状态下的身体感知能力。对于10至12周岁的儿童而言，通过前期动作练习的积累，已经充分具备了运用身体各部位合理完成基本动作技能的能力。随着儿童动作技能日臻成熟，其能够在协调运用身体各部位的基础上，做出许多高质量的动作变型，由此表明，该年龄段儿童的身体感知觉能力发展已经进入了一个更加完善、成熟的阶段。

（二）动作模式

所有的动作技能至少都涉及一种动作模式，由于外部环境条件的限制，这些固定的动作方式一般都在稳态或动态中完成。例如，双脚稳定支撑状态下肩上投掷过程中的转体前屈动作；又如，跳远空中腾跃阶段的向前挺身、屈体着陆的动作。以上的两个例子进一步说明了，随着运动背景环境和任务完成要求的不同，动作的控制方式也会随之发生改变，但所有的基本动作模式都是在稳定或非稳定两种状态下完成的。

根据相关研究表明，动作模式的相关练习对于儿童动作技能的熟练运用起到了至关重要的作用。在日常体力活动中，儿童总是倾向于运用全身各部位参与身体活动。但在这个动作的组织与执行过程中，由于忽略了参与运动的局部身体部位的精细控制与协同调整，从而降低了动作完成的质量与效率，同时也制约了动作技能的发展。以上现象也进一步印证了由于儿童早期神经肌肉系统发育不够完善，其执行动作时更加倾向于整合全身各部位共同完成动作，所以此阶段的动作多表现出僵化、不协调和控制不够精准等特点。我们以肩下投掷这一动作技能为例，在这一阶段中，我们应该着重教会儿童在完成肩下投掷动作时，怎样控制手臂自下向上的前后摆动，以及在进行肩上投掷动作时应如何转动躯干参与运动。通过以上特定的动作练习，帮助儿童形成良好的肌肉用力感觉，以此提升身体不同部位精确控制动作的能力。

（三）身体姿态模仿

儿童身体姿态模拟练习是发展儿童身体认知能力的重要手段，具有灵活多变、简便易行、融合性强等特点，同时也是一种有效整合稳定、位移和操控动作技能的动作练习方式。由于儿童正处于感知觉能力快速发展阶段，他们对于色彩鲜艳的图画、不同形状的物体以及各种动作的模仿都表现出极其浓厚的兴趣和学习冲动。在此阶段中，教师可以通过语言、图片或物体比拟参照的引导方式，循序渐进地指导儿童学会运用身体各部位做出与参照物相似的身体姿态，借此项活动来提高儿童的身体感知和动作控制能力。

随着儿童模拟物体形成身体姿态的能力越来越强，一方面，我们可以通过提高动作难度、限定空间范围、缩短完成时间以及多人协同配合等多种方式，来不断增加动作完成的难度，使得儿童在身体姿态模仿练习中，不断提高其自我学习、自我组织和自我感知的能力与水平；另一方面，我们还可以在身体姿态模仿练习中，教会儿童在改变动作顺序、调整动作幅度和速率这些动作变量的前提下，学会如何更加合理、有效地运用动作技能完成工作任务。例如：从高处跳落着陆时，应顺势屈膝团身，缓冲惯性，避免意外受伤；在参与篮球防守练习时，应尽可能扩大自己的防守面积，增加拦截的成功率等。

（四）身体各部位的相互关系及协同运作

儿童感知觉能力的强弱直接决定了动作技能水平的高低，因此为了提高儿童动作技能水平，就必须让他们理解身体各部位在运动时所起的作用以及它们相互间的关系。在充分考虑不同年龄阶段儿童生长发育水平和动作技能差异的基础上，学龄前儿童应该循序开展分解、完整、顺序和逆序等动作练习，帮助其尽早地掌握基本动作要领和用力感觉，逐渐形成正确的动作概念和动力定型，为熟练掌握不同类型动作奠定良好的基础。对于学龄儿童而言，随着身体与动作技能逐渐提高，在动作练习过程中应更加注重动作完成的质量，即动作的准确性，因此在日常动作练习中，我们应该改变动作练习的起始顺序和动作标准，通过加大动作完成难度的方式，进一步提升其根据环境变化调整、控制动作的综合能力。例如：练习跳绳时，我们可以采用由后向前、由前向后或双人跳绳的练习方式，增加练习的新颖性与刺激性，促进动作技能的有效形成、改善与提升。

二、空间认知的含义与构成要素

空间认知通常是指个体对承载身体运动的空间结构、范围以及物体方位的觉察能力，其主要涉及运动方向、动作轨迹、重心变换和动作幅度四个方面。空间认知对于儿童动作技能的学习与发展具有十分重要的作用。具有良好空间感知能力的儿童，能够在复杂多变的环境中，更有效率地完成工作任务，同时在多种工作任务环境中，良好的空间感知觉能力也更加能够显出其动作的合理性和有效性。

（一）空间定位

人类生存、生活的空间及其中可以直接或间接影响人类生活和发展的各种自然因素称为环境。依据属性不同可以将环境分为自然环境和建成环境；依据功能、作用不同可以分为生活环境、运动环境和学习环境；依据性状和条件的不同可以分为水环境和陆地环境。环境空间不仅是人类的生活场所，更是人体运动的载体，因此环境中的因素都会对个体的生存、生活和运动产生正向或负向的影响。所以为了更好地认识环境因素对于个体运动所产生的影响，我们不仅要帮助儿童认识空间中的"身体"，还需要理解身体之外的"空间"。从人体运动场域的角度出发，空间中的"身体"通常是指以个体身体为中心所占据的空间范围以及通过体力活动个体身体所能触达的空间范围。身体之外的"空间"是指除个体身体所占据的空间之外的其余环境空间，其中还包括了环境中其他个体所占据的空间。

为了便于儿童能够直观理解环境空间的概念，我们可以通过动作游戏——玩气泡的方式来帮助儿童更好地理解环境中的"个体"与"个体"之外的环境之间的关系。首先，我们在地面上放置一个呼啦圈，通过语言引导，帮助儿童将呼啦圈想象成为一个"气泡"。然后，儿童站立于呼啦圈里面，这样不仅可以通过向呼啦圈的边缘伸手的方式，来感受"气泡"内部自己所占据的横向空间范围，而且还可以向上或向下通过伸展手、脚的方式，来感受"气泡"内部自己所占据的纵向空间范围。最后儿童可以通过对"气泡"内部横向和纵向范围的感知，估算出环境中其他儿童所占有的空间大小。

从循序发展的角度来看，儿童空间感知觉能力的萌芽应始于自我空间和外部空间的区别认识，由此我们在设计促进空间感知能力提升的动作游戏时，可以通过视觉引导与反馈的方式，帮助儿童更好地认识自我空间和外部空间的区别与关联。

（二）行进方向

当儿童能够较好地区分、理解自我空间与外部空间的概念之后，他就能够在肢体移动和身体位移的过程中，更好地把握肢体动作的移动指向和身体重心的行进方向。以个体身体重心为基准，方向共分为前后、左右、上下六个维度。良好的方向感能够反映出个体肢体动作和位移动作的敏捷能力。对于儿童基本动作技能教学而言，良好的方向感能够帮助儿童在快速跑动过程中，及时地避让突如其来的障碍或闪躲拦截队员的封堵，因此良好的方向感，能够使儿童在快速运动过程中，保证自身安全，避免意外伤害。

"变向"是一种在儿童体力活动和游戏对抗过程中，能有效摆脱防守拦截的动作技能，并且改变身体行进方向和动作运动方向，也是提高动作完成难度的一种加难练习方法。例如：向前垫步跳就要比向后垫步跳更容易控制，而前并步的先验动作经验将有利于儿童更好地掌握侧并步动作的技术要领，于是变向不仅可以增加动作练习趣味和完成难度，同时还可以均衡发展身体两侧的运动能力。

（三）行进路线

个体为了在体育运动或游戏中达成战术目的、赢得竞争优势，往往会选择最优化的行进路线。路线的选择不仅能够提升动作完成质量，而且还能影响动作效率。人体运动的行进线和抛投物体的飞行路线大致有直线、曲线、对角线、"Z"字形和波浪形等路线。由于运动背景环境的不同，人体可以在不同材质的地面上进行运动（如足球场、篮球场和田径场），当然也会在高度不等的平面上进行运动（如平衡木和蹦床），甚至还包括抛投物体时所产生的空中飞行路线（如肩上投掷和肩下投掷）。为了能更好地促进儿童位移动作技能的学习与发展，我们在指导儿童开展位移动作技能学习和游戏活动时，应该充分利用行进路线，作为促进儿童位移动作技能学习的重要动作变量。通过设计不同的行进路线，来提高动作练习的趣味性和挑战度，增加动作的新异刺激，不断增强儿童在不同路线位移过程中控制身体重心和执行动作的综合能力。通常情况下，儿童位移动作技能学习的行进路线设计应遵循由易到难、从简到繁的原则。例如，在开展"Z"字形行进路线位移动作练习之前，应反复进行直线路线的练习。只有按照循序渐进的学习原则进行教学，才能使儿童能够逐次掌握不同行进路线上的位移动作，避免由于练习难度过大，导致儿童产生心理挫败感，由此降低了动作练习的积极性与参与度。

随着儿童身体素质和动作技能的提升，他们已逐渐掌握了根据目标物的具体定位和动作要求准确地抛投物体的动作。在学龄前和小学低段的儿童抛投动作技能教学中，体育教师应充分利用背景环境和目标靶向来诱导儿童做出不同飞行轨迹的抛投动作。例如，要求儿童用网球击中悬挂在空中的气球或将网球投过悬挂于空中的圆圈等。对于小学中高段的儿童而言，应该组织练习以抛投动作为主的体力活动和集体游戏，通过创设动态的练习环境和多变的练习内容，帮助儿童在游戏情境中不断强化、巩固已学到的抛投动作技能，以此提高其在不同运动环境下抛投动作的控制与运用能力。

(四) 重心转换

身体重心转换是人体运动时一个重要的动作变量，其直接影响了动作的完成质量、效率与结果。通常情况下，较之个体自身和动作执行对象而言，人体运动的身体重心控制方式有三种，分别是高重心、中重心和低重心。高重心通常是指运动个体在肩部以上身体空间执行并完成的技术动作；中重心是指膝部以上、肩部以下的身体空间执行并完成的技术动作；低重心则是指膝部以下的身体空间执行并完成的技术动作。当儿童学习行进间运球这一动作技能时，通过逐级提高运球时的身体重心，可以帮助儿童体会不同身体重心控制下，运球的肌肉用力和平衡感觉。而身体重心高低变换的动作练习，是发展儿童空间认知的一种有效方法。学龄前儿童可以通过从低矮物体上反复跳落的动作练习，体会全身在双脚着陆时的顺势缓冲动作，并借屈髋、屈膝的缓冲动作来感受不同重心高度的动作控制和用力感觉。7至9周岁儿童则应该通过身体重心变换的练习方式，提升在不同体位下的投掷、抓接、跳跃、平衡和翻滚等动作的控制与运用能力。随着动作能力的提升，10至12周岁儿童则应在动作游戏和运动项目的特定情境下，反复练习在身体重心变换下的拦截、阻挡等含有战术意味的技术动作，以此提升其在动态变化的实战环境中的技术动作完成质量和战术素养。

(五) 动作幅度

动作幅度是体现个体动作的完成质量、空间占据和操控能力的一个重要指标。幅度一般包含着两层含义：一是个体动作的幅度大小，不仅会影响动作完成的质量，还会影响动作的速率和轨迹；二是个体通过动作输出所能触达的空间范围。学龄前儿童由于动作能力较弱，其动作幅度控制也相对较差，但他们通过动作探索周围环境的意愿却十分强烈。相反，小学低段儿童则更愿意通过控制身体重心和肢体动作的方式来探寻身体之外的空间范围。随着学龄儿童动作能力逐渐增强，其能够在球类游戏中表现出良好的重心控制和持球动作，从而在游戏中掌握主导权，占据中心地位。

三、运动认知的含义与构成要素

运动认知是指物体的运动特性在人脑中的直接反映。速度认知是运动认知的一种，通常是指人体估计物体的运动速度的能力。运动在人的身体活动过程中具有重要意义，与时间认知也存在一定联系。运动员对自己在运动过程中，身体和位移在时间上的反映，直接体现了其对身体如何运动的觉察能力。同样这也是该运动员从事特定运动项目的重要心理特征，这不仅是运动员准确估计自我的运动速度、合理正确分配体能所必须具备的心理素质，同时也是提升动作完成质量的能力保障。

运动认知主要是通过动作速度、用力方式和运动轨迹三个特征值来体现人体在运动时内在的、具有目的性的运动控制，它在一定程度上反映了个体运动的运动效能和动作质量。简言之，我们可以从运动效能的视角将高度协调的动作控制看作是高质量动作组织、输出及完成的重要表征。

对于大多数的体育教师而言，运动认知在儿童基本动作技能教学的实际运用与内容设计中，是具有相当难度的。依据循序渐进的教学原则，我们应该通过速度的快与慢、用力的大与小以及是否反弹等多种形式的渐进式教学，让儿童在动作游戏中逐渐建立起相对应的运动感知觉。随着儿童运动感知觉能力的增强，我们可以在为其专门创设的特定运动环境中，有针对性地发展儿童在快与慢、加速与减速以及不同速度变换等不同速率下的动作控制能力，以便更好地促进其运动感认知能力的发展。人体所有的动作都离不开速度、力量与运动轨迹，如果我们想促使儿童在运动过程中借高质量的协调动作达成目标任务的话，那么我们需要帮助儿童理解运动认知在人体动作控制过程中的意义与作用，并通过系统科学的反复练习，帮助其建立与动作任务相匹配的良好速度感与用力感。

（一）动作速度

动作速度是指人体运动过程中动作组织与执行的速度，动作速度大致可以分为快速、中速与慢速三种。一个持续用力的动作往往是长时且慢速的，相反，一个快速爆发动作则是短暂且快速的。适宜的动作速度和良好的运动时机是协调、高效与高质的动作表现。例如，在篮球比赛的一次进攻中，一名篮球运动员接球后原地运球观察，随后伺机向防守薄弱的区域快速运球并完成中距离跳投得分；在华尔兹和街舞等不同舞蹈类型中，由于协调控制和完成难度各不相同，其对执行者的动作速度要求也各有差异。综上所述，我们应该通过合理、科学的游戏和体力活动来帮助儿童建立良好的动作速度感和肌肉用力感，同时培养其与不同动作任务需求相适应的动作速度控制能力。

在儿童基本动作技能教学过程中，学龄前儿童应该多加练习以发展身体移动能力为主的动作，同时强化对身体移动过程中急停制动能力的训练。在位移动作练习中，体育教师应注重动作执行信号的运用与使用方式，通过适当的动作信号，帮助儿童更多聚焦于动作执行的启动与停止，以期建立良好的运动速度感。与此同时，为了帮助儿童适应运动中不同的动作速度变换，体育教师也应该充分运用节奏快慢不同的音乐或鼓点等信号，帮助儿童建立运动过程中的动作节奏控制。

随着儿童动作速度控制和身体制动能力的提高，儿童在体力活动或游戏中对于教师的动作信号和节奏提示的依赖逐渐降低。在小学高段儿童的基本动作技能教学中，体育教师应该结合儿童的运动知觉能力，创设特定的练习内容与环境，不断提高儿童在运动中对动作速度控制的难度，一并提升儿童在身体活动中以适宜的速度和时机完成动作的能力。例如，在儿童学习网球正手击球的多球练习阶段，通过降低动作完成难度的方式，由体育教师将球抛投至相对固定的区域中，以此来帮助儿童尽早形成正确的技术动作和用力习惯。随着儿童动作技能和运动感知觉能力的提升，其在随后的比赛中能够对不同落点、轨迹多变的网球进行合理的反应与处理。

（二）用力方式

用力方式是指个体在运动过程中某一动作所产生的力量大小与运动功率。相对于物体重量而言，描述动作力量大小的数值就是施加于该物体的力量大小。根据动作任务需求及运动环境的不同，人体施加于物体的力量大小不一。在实际运动环境中，运动员往往通过精确控制某一具体动作的用力大小来达成动作目标。而这一现象在同属动作模式的不同项目中较为凸显，如同属上手投掷动作模式的羽毛球头顶扣杀和排球腾空扣球动作，虽然两个技术动作同属一个基本动作模式，但是运动员把握动作用力的精细程度，则是从一个侧面反映其运动能力高低的一个重要的评价指标。同样，我们也可以从跨越式跳高与跨栏的技术动作来区分两者在用力方式上存在的差异。在运动实践中，以上这种在不同工作任务需求条件下，同类技术动作用力方式差异的事例不胜枚举。然而，虽然针对在不同的工作任务中，相同的技术动作存在用力方式差异化的特点，但根据任务目标所形成的适宜肌肉发力和动作速度的取向是高度一致的，其本质就是不断追求技术动作的高效与协调。

从学龄前儿童的身心特点和动作能力来看，其已具备了一定的投掷和推拉较轻物体的能力。但由于物体尺寸的大小、自身力量的强弱以及技能水平的不足，在一定程度上限制了儿童执行更加复杂的全身协同用力的体力活动，例如跳起的同时完成上手投掷动作。随着能力的提升，小学低段的儿童能够根据自身力量、技能水平和物体性状，组织、产生与之相匹配的肌肉发力，从而高效、优质地完成工作任务。又如：此年龄阶段的儿童能够根据不同距离，组织、完成不同用力控制的投掷，以保证动作的准确性。同样，还可以根据物体的高度，采取更加合理的动作来完成起跳或跳落动作。对于小学高段的儿童而言，体育教师则需要根据儿童的实际动作能力，创设更有挑战性的练习内容与环境，以便促进儿童自主地能够根据工作任务的不同，采取不同的用力方式，从而提高其在实际运动环境中的运动能力和技术水平。例如：要求儿童在规定时间、规定距离的条件下，完成特定高度的投篮动作。

（三）运动轨迹

运动轨迹是指身体的某一部分从动作起始到结束所经过的路线组成的动作空间特征。相较于单一或复合技术动作而言，其所要达成的目标是尽可能以连续、协调和连贯的方式完成技术动作，从而达到不断提升动作的质量和效率。按照动作执行过程是否连续和是否操控物体两个条件进行分类，人体的动作轨迹可以分为连贯性与非连贯性两种。连贯性动作轨迹是指人体运动过程中不操控物体，且动作轨迹呈现出连贯、不停顿的运行特点。人体连贯的运动轨迹方式主要有直线与曲线两种。人体连贯的直线运动轨迹是身体特定的一点，在一段时间的运动过程中，运动方向始终保持不变。不过由于身体结构的复杂性，当身体在完成一个直线轨迹的运动时，通常会需要一些旋转或弧形动作作为辅助。如篮球运动员起跳争球时身体是直线运动，但之前身体下肢需要屈膝作为辅助动作。曲线运动的方向是不断变化的。转动是曲线运动的一种形式，是人体中心围绕某个固定的转轴或中心点旋转，如单、双杠运动中运动员在杠上的旋转。另外，抛物线运动也是曲线运动，典型的项目有跳高和跳远。反言之，非连贯运动轨迹是指个体在完成快速操控动作时，由于受到触控物体的动作要求和特定动作执行方式的影响，运动轨迹呈现出触及并释放物体的非连贯的运行轨迹。起跳是连贯动作，一旦起跳，人体将无法改变运动的轨迹，直至落下着陆，相较而言，投掷和踢球这两个动作就属于非连贯技术动作。由于需要准确地操控物体，因此在动作执行过程中，会出现短暂的物体触控环节。而这一动作控制上的差异，决定了连贯与非连贯两类动作在神经肌肉控制、运行轨迹和用力大小上的不同。

通常情况下，连贯性动作具有连续性、组块动作构成、单一动作周期等动作特点；相反，非连贯性动作则是分解动作技能。为了能够适应不同工作任务和背景环境对人体运动的挑战，儿童应该充分学习不同运动轨迹的动作练习。通过反复练习，培养儿童形成与动作需求相适应的动作控制与肌肉用力感觉，从而形成更加协调、高效的技术动作。

四、运动关联认知的含义与构成要素

人体运动是在背景环境的支持与作用下，同环境中其他个体或物体发生行为关联的一种交互过程。而运动关联认知就是识别人体运动过程中，与环境中其他个体和物体的属性关系的察觉能力。在人体的运动中，至少会与背景环境中的个体以及物体发生直接或间接的关联，而对不同关系联结性质和程度的识别，又将直接影响人体运动的过程（质量）与结果（效率）。

人体运动时，与个体或物体产生联系主要涉及个体与环境中其他个体或物体之间的空间定位，以及由这种空间定位而引发的动作关联。例如：运动员肩并肩向前跑、同伴间相互配合翻越障碍物以及两人协同跳绳等运动方式都是对以上个体之间、个体与物体之间运动关联的最好说明。另外，个体因为运动关联必然会产生个体之间角色定位与分工协作。例如：个体在运动中是引领示范，还是跟随练习；抑或在足球比赛中，进攻方为了破门得分这一共同目标而开展的高度协调的传球配合。

显而易见，因为空间定位而产生的个体之间的运动关联，对于儿童而言是容易理解的，因为个体由空间定位而发生的运动关联是具体且特定的，例如，跨越跳箱或两人协同跳绳等。相反，因为个体角色定位与分工协作而产生的运动关联，对于儿童而言理解难度相对较大，主要是因为集体运动更多涉及人际的协作与配合，因此对于动作执行者的认知识别与动作执行能力要求会更高，所以儿童在参与集体游戏时，会表现出与同伴的配合默契程度不够。

（一）空间定位

运动时个体因为空间定位，常会与环境中的其他个体或物体形成一定的关联，而这种空间定位与布局，使儿童理解上与下、前与后、里与外、靠近与远离、面上与面下、平行、围绕与穿越等不同的空间定位概念,并借此认识环境中个体之间的运动关联。儿童对环境中个体之间的空间定位与运动关联的认知,直接决定了动作的完成质量与效率。儿童认识环境中个体与物体之间的运动关联的难度,则体现在儿童是否可以完整、准确地理解周围物体对人体运动影响程度的识别。例如:在平衡木上进行走、跑或跳;围绕障碍物玩捉人游戏;围绕呼啦圈不断跳进或跳出;将球从障碍物上方或圆圈中投过。以上这些动作都体现了运动时个体与物体之间的关联程度,关联程度越高,证明物体"具身化"程度越高,个体对物体的功能、性状的识别程度越高,则个体操控物体的能力也就越强。

(二)个体在集体运动中的角色定位与分工协作

儿童参与集体运动时不可避免地要与其他个体发生运动关联,由于角色定位、分工协作和任务需求的不同,个体在运动互动中会产生不同的联结与运动表现,这些都决定了个体将以不同的介入方式融入集体。通常情况下,集体运动的游戏规则和组织方式的不同,在一定程度上决定了由个体组成的集体协作方式的不同,而个体之间的协作程度与方式,则直接决定了个体之间的协作默契程度和分工合作形式。集体运动协作关系共分为平行、协作及竞争三种类型。当然不同类型的集体运动赋予了个体不同的角色定位与协作方式,我们应该尽可能地多鼓励儿童在不同集体运动环境中学习、识别和理解个体之间或个体与物体之间的相互关联,并借此不断提高儿童对运动过程中所产生的互动联系,最终达到提高儿童对特定运动的深层次理解和技术运用的能力。

五、动作概念解析框架对儿童基本动作技能学习的价值与作用

不同年龄阶段的儿童处在不同生长发育阶段,一方面,不同年龄阶段儿童的身体活动能力和技能水平具有纵向发展的差异性,另一方面,不同类型的基本动作技能在同龄儿童的横向对比中也存在着差异。而这样的差异性,就使得体育教师在基本动作技能教学中,必须注重练习内容和教学方法的有机结合,并保障不同生物年龄和不同技能水平的儿童都在练习中获得最大化的发展。因此我们应该科学地遵循儿童身心和动作发展的客观规律,制定与不同年龄和技能水平儿童相匹配的渐进式教学计划。在儿童早期阶段,我们还应该创设适宜的运动环境和场景,鼓励儿童积极参加各种体力活动,并通过体力活动或游戏帮助其建立基本动作技能的初始动作概念,提升其运用动作技能的基本能力;当儿童进入小学低段时,我们应该加大练习量,进行反复巩固练习,提升儿童不同类型基本动作技能的熟练程度,并通过动作游戏和专门练习,持续提高儿童动作技能的运用能力;当儿童进入小学高段时,我们应该创设不同的练习环境和动作任务,通过不断提升基本动作技能的练习难度,来挑战儿童对重复练习的适应与倦怠,从而持续提升儿童在不同运动环境中,运用基本动作技能完成不同工作任务的综合能力。

如何确保小学阶段不同年龄和不同技能水平的儿童,都能够在基本动作技能形成与发展的关键时期得到充分锻炼的发展机会,是体育教师亟待解决的现实教学难题,同时也是小学阶段开展体育教学的行动指南与目标导向。而上文所提及的身体认知、空间认知、运动知觉和运动关联认知四个动作概念所构成的动作概念解析框架,就能对体育教师开展儿童基本动作技能教学进行有效的指导与规划,它不仅为体育教师分析不同动作技能主题提

供了具体评测与教学内容，而且还为创设适宜、科学的运动环境和教学内容提供了解决方案。鉴于以上情况，体育教师应该在基本动作技能教学过程中，充分发挥动作概念解析框架在儿童动作技能教学中的工具作用和应用价值，通过合理设置进阶式教学内容和创设动态变化运动环境的两个途径，不断增加儿童动作技能练习的新异刺激，全面提升其不同背景环境中的运动适应能力以及不同类型动作技能的综合运用能力。

第四节 动作概念解析框架在儿童基本动作技能教学中的实践应用

教学目标是关于教学将使学生发生何种变化的明确表述，本文是指在儿童基本动作技能教学活动中所期待得到的动作技能的学习结果。在儿童基本动作技能教学过程中，教学目标起着十分重要的作用，所以体育教师的教学活动必须以教学目标为导向，且始终围绕并以最终实现教学目标而进行。按照教学层次和功能作用的不同，教学目标可以分为三个层次：一是课程目标，是指课程本身要实现的具体目标和意图；二是课堂教学目标，是指具体教学活动预期所要达到的结果；三是教育成才目标，是指遵循人的教育发展客观规律，在满足社会对于人才需求的前提下，所组织的整个教学过程的终极目标。

由于儿童基本动作技能教学具有组织形式多样、教学内容丰富、教学方法多样等特点，因此为了能够更好地指导体育教师开展科学、合理、适宜的儿童动作技能教学，本文将结合身体认知、空间认知、运动认知和运动关联认知四个方面的动作概念，依据不同年龄和技能水平儿童的实际情况，为体育教师系统设置动作技能教学内容、科学创设运动背景环境以及设定适宜的课堂教学目标提供理论思路与实践工具。

一、科学、均衡、全面地制定儿童基本动作技能的教学总体目标

儿童基本动作技能课堂教学目标是指教学活动预期所要达到的结果，是教育目的、教学目标和课程目标的具体化，也是体育教师完成儿童基本动作技能教学任务所要达到的要求和标准。课堂教学目标比课程目标更具体，是课程目标在具体的教学过程中的体现。在儿童基本动作技能的课堂教学中，体育教师需要根据课程目标和具体的教学内容，在充分发挥动作概念分析框架这一指导工具的基础之上，科学地设定教学目标，并以此选择相匹配的教学内容和确定教学效果。依据儿童位移、稳定和操控三类基本动作技能所要达到的熟练自如、高效高质的标准，制定出与之相适应的教学目标，使动作技能教学双边活动的教导主体（教师）和学习主体（儿童）进一步明确双方在每个动作技能发展阶段的教学重点和努力方向，从而实现儿童在不同类别基本动作技能全面、均衡、持续的发展。

二、动作概念分析理念在儿童位移类基本动作技能教学中的规划设计

位移动作技能主题是不同年龄阶段儿童开展体力活动的首要技能主题，根据动作主要环节、用力方式和动作控制的不同，可以大致分为移动类动作技能主题和跳跃类动作技能

主题。为了便于体育教师进一步明确教学目的和教学具体内容，不断提高动作技能的教学质量和动作练习的趣味性，通过对儿童位移动作技能全面、均衡发展的学习目标的梳理与设定，系统、准确地制定儿童位移动作技能教学的指导标准和行动指南，不断提高儿童位移动作技能的教学水准和综合能力。

如表4-2所示，充分运用身体认知、空间认知、运动认知和运动关联认知四个动作概念来解析、明确儿童基本动作技能的教学内容是十分必要的，一方面为体育教师的教学指导提供了清晰的思路，另一方面为儿童基本动作技能教学增加了更多的动作变量维度，使得教学内容变得更加丰富、有趣。

表4-2　基于动作概念分析理念的儿童位移类动作技能教学目标设定

技能主题	身体认知	空间认知	运动认知	运动关联认知
移动类技能主题	• 能够主动、合理、高效地运用身体各部位完成身体移动，并能结合不同的运动环境和工作任务，自如地在不同的移动动作技能之间切换。	• 能够合理地调整动作以适应空间布局，并能在不同方向上自如地完成身体位移。	• 具备完成不同速度位移动作的能力，且动作连贯、流程、高效。	• 能够结合场地设置，在器材的旁边、周围、上下和中央完成各种身体位移动作； • 能够与同伴开展不同身体方位的位移动作互动，并在互动游戏中形成引领、协作、镜面和竞争的运动关联。
跳跃类技能主题	• 能够主动、合理、高效地运用身体各部位完成各类跳跃动作。 • 在控制上半身体态的基础上，完成不同的跳跃动作。	• 能够完成不同身体重心高度、远度和方向的跳跃动作。	• 能够充分地发力跃起，也能较好地缓冲落地； • 能够在不同的移动和跳跃动作之间自如地切换。	• 能够运用跳跃动作超越不同高度的障碍物； • 能够与同伴开展不同身体方位的跳跃动作互动，并在互动游戏中发挥引领、协作、镜面和竞争的个体角色担当； • 能够运用不同的跳跃动作完成闪躲。

三、动作概念分析理念在儿童稳定类基本动作技能教学中的规划设计

稳定动作技能主题是不同年龄儿童开展体力活动的核心技能主题。根据身体稳定动作控制模式和动作任务的不同，可以大致分为静态稳定动作技能主题和动态稳定动作技能主题。为了便于体育教师进一步明确教学目的和教学具体内容，不断提高稳定动作技能主题的教学质量和动作练习的趣味性，通过对儿童稳定动作技能全面、均衡发展的学习目标的梳理与设定，系统、准确地制定儿童稳定动作技能的指导标准和行动指南，不断提高儿童稳定动作技能的教学水准和综合能力。

如表4-3所示，充分运用身体认知、空间认知、运动认知和运动关联认知四个动作概念维度，进一步解析、明确儿童基本动作技能的教学内容和标准，显得十分必要，一方面为体育教师的教学指导提供了方向指引，另一方面为儿童基本动作技能教学增添了更多的练习变化，使得教学内容变得更加丰富、有趣，教学指导也变得更有针对性。

表4-3 基于动作概念分析理念的儿童稳定类动作技能教学目标设定

技能主题	身体认知	空间认知	运动认知	运动关联
静态稳定动作技能主题：直立与倒立	• 能够主动、合理、高效地运用身体各部位完成静态稳定动作； • 能够完成体屈、转体和直立等不同身体姿态的稳定支撑动作； • 能够通过四肢的定位调整身体的重心平衡。	• 能够完成不同重心高度的静态平衡动作； • 能够在维持静态平衡的基础上，完成不同距离的身体屈伸或转体动作。	• 合理、自如地运用重力等物理惯量维持身体静态平衡。	• 能够运用器材或在器材的侧面、上下等不同方位上完成身体静态平衡动作； • 能够在同伴的前后、左右等方位上，完成静态平衡动作，并在此过程中形成镜面反馈或竞争比拼的关系。
动态稳定动作技能主题：翻滚和变向	• 能够主动、合理、高效地运用身体各部位完成熟练自如的动态稳定动作； • 能够在执行动态稳定支撑的过程中，完成身体屈伸和转体的动作； • 能够通过改变身体姿态来完成不同的动态支撑动作。	• 能够完成不同重心高度和方向上的动态稳定位移动作。	• 能够运用不同的速度和力量完成身体重心变向； • 能够在不同的动态稳定动作之间自如地切换。	• 能够结合低矮物体完成上下、左右等不同方位的动态稳定动作； • 能够运用不同的动态稳定位移动作靠近或远离自己的运动伙伴，并在这一过程中发挥引领、协作或跟随的个体作用。

四、动作概念分析理念在儿童操控类基本动作技能教学中的规划设计

操控动作技能主题是不同年龄儿童开展体力活动的重要技能主题。根据操控动作精细化程度和动作任务需求的不同，可以大致分为投射物体动作技能主题、抓接物体动作技能主题和持物操控动作技能主题。为了便于体育教师进一步明确教学目的和教学具体内容，不断提高操控类动作技能主题的教学质量和动作练习的趣味性，通过对儿童操控动作技能全面、均衡发展的学习目标的梳理与设定，准确地制定儿童操控动作技能的指导标准和行动指南，不断提高儿童稳定动作技能的教学水准和综合能力。如表4-4所示。

表4-4 基于动作概念分析理念的儿童操控类动作技能教学目标设定

技能主题	身体认知	空间认知	运动认知	运动关联
投射物体动作技能主题：投掷、踢球、凌空截击和双手持棒击球	• 能够熟练自如地运用身体各部位，以协调、有序的动作方式完成体旋、体屈、体伸和转体的动作。	• 能够根据目标远近，在不同身体重心高度上，朝不同方向完成投掷动作，并且物体飞行轨迹可以呈现出弧线、直线或垂直等不同的轨迹。	• 能够合理运用重心移动而产生的惯性冲量和适当用力将物体投中目标物或投送给同伴。	• 能将物体从不同方位投中目标物； • 能够将物体投给位于自己前方和侧面的同伴。

续表

技能主题	身体认知	空间认知	运动认知	运动关联
抓接物体动作技能主题：接球和停球	• 能够熟练自如地运用身体各部位，以协调、有序的动作方式完成体旋、躯干屈伸和转体的动作。	• 能够以不同的身体重心高度接住从不同距离抛投过来的具有直线、曲线和垂直飞行轨迹的物体。	• 以适当的速度靠近并抓接物体； • 抓接物体的同时，能够用缓冲动作抵消惯性。	• 能够接住从器械上下和中间飞过来的物体； • 能够在从器械上跳落或在器械上位移的同时，接住抛投过来的物体； • 能够接住位于自己侧面和正面的同伴抛投过来的物体。
持物操控动作技能主题	• 能够熟练自如地运用身体各部位，以协调、有序的动作方式完成体旋、躯干屈伸和转体的动作。	• 在单手或双手持物移动的过程中，能够根据动作任务需要，灵活地沿着直线、曲线或"Z"字形进行变向。	• 能够在不同速度的移动过程中，运用适当的力量控制物体。	• 能够在与个体或器械并行或环绕的移动过程中，保持对物体的控制； • 能够在操控物体的同时，承担集体游戏中引领、跟随、配合和协同的个体角色任务。

充分运用身体认知、空间认知、运动认知和运动关联认知四个动作概念来解析、明确儿童操控类基本动作技能的教学内容是十分必要的，一方面为体育教师的具体教学指导厘清思路，另一方面通过增加练习的动作变量，不断丰富儿童基本动作技能的教学内容和方法手段，使得儿童能够在整个教学过程中实现"玩中学""学中玩"的教学目的，最终促进不同年龄和技能水平的儿童在基本动作技能的学习与发展方面得到全面、均衡的提升。

第五章
儿童动作能力形成与动作技能学习的阶段划分、表现特征与教学启示

动作是个体赖以生存、生活和发展的必要工具，是个体根据现实需求完成工作任务的重要手段，其在一定程度上也反映出个体生长发育水平、内在心理活动过程和身体素质状况。随着个体的身体结构、性状和功能的不断完善、成熟，生长至成年阶段的人体结构将更加趋于稳定。为了能维持日常活动，完成特定工作任务，人都离不开动作技能的学习、控制与发展。保障人体运动系统正常运转的"软件"部分，主要由人脑和神经系统所构成，其功能是负责人体运动时各子系统之间的感知输入、组织协调、反应输出和统筹规划，人体运动系统的"软件"部分可以说是人体完成一切动作技能学习与控制的核心；而保障人体运动和动作组织与达成的人体运动系统的"硬件"部分，则主要是由206块骨骼、360个关节和640块肌肉以及4类筋膜所构成，这也是人体运动的物质基础和实施条件。动作是人体运动不可分割的最小单位，而人体运动的顺利完成则完全依赖于维持人体运动系统的"硬件"和"软件"的分工协调运作。当个体面对动态变化的外部环境和挑战能力极限的工作任务时，唯有不断提高人体"软件"的运行速度和"硬件"的协同水平，才能更好地应对外部环境和工作任务对于人体的挑战。因此人体"软件"构成是个体动作组织和调控的控制器，负责发出控制动作的执行指令，而人体"硬件"构成则是个体动作达成的效应器，负责具体动作的组织与执行。

由于动作在人类生存、生活和生产中发挥了极其重要的作用，于是在大量的生产和生活实践中，人类根据工作任务需要、外部环境特性、未来预期发展和自身能力水平，通过亲身体验、经验积累，总结归纳出一整套符合行为习惯的固定动作组合，即是动作技能。人体的生长发育具有鲜明的阶段化纵向发展特征，因为身体是个体动作组织、执行和达成的物质基础和条件，其受制于不同阶段的身心发育水平和发展状况，儿童的动作技能发展也呈现出时间维度上的阶段发展特点。总体而言，动作技能的发展过程是从笨拙、生疏向敏捷、熟练，从耗能、质差向节能、质优方向的渐进式发展。本章力求从不同时期儿童身心发展特点出发，系统阐述不同时期儿童动作技能发展的阶段划分、身体能力变化和动作行为特点，以便指导广大体育教师更高效、有序地组织与开展儿童日常体力活动和基本动作技能的教学。

第一节 不同时期儿童感知觉的发展特点

人类"感"与"知"的哲学辩证关系，体现了个体作为行动主体与环境的存在关系，

这种存在即为行动主体的"感",而对存在对象关系的认知即为行动主体的"知"。当个体与环境之间达成了存在关系时,"感"是行动主体对环境存在的关系表达,存在的环境对个体的作用以及个体对环境的反应都由"感"来体现。因此"感"是个体适应存在环境变化的条件,正是个体具备了感的能力才能在动态变化的环境中存在着相互影响的关系。"知"是在"感"的基础上,个体本位对自身与事物存在联结关系的觉察与认知,对存在的关系识别取决于行动主体对事物中显现关系联结的某一具体信息的认识,而这种存在主体与关联对象的信息达成就是"知"的状态。由于"知"是个体本身与具体条件呈现出的逻辑关系,"知"的关系达成体现了个体本身的变化具有一定的方向性,所有生物均在"感"的基础上对存在条件相应的接受行为就是生物"知"的形式。

感知能力是个体赖以生存、生活和运动的基本能力。具体来说,"感"是感觉,代表了个体对事物外部表征的识别能力,体现了个体对事物的感性认识;"知"是知觉,代表了个体对事物特征、规律及存在关系的觉察能力,体现了个体对事物的理性认识。个体感知的意义范围很广,主要意思是客观实物通过感觉器官在人脑中的直接反映。人体运动感知能力则是个体在运动过程中,通过双眼、前庭和本体感受等感觉器官获取事物的某些性状,并在此基础之上,由人脑对不同器官所获取的感觉信息进行分析、整合而形成的对事物性状、存在关系和运动状态的一种综合分析和认知能力。感知能力是人先天的一种能力,但运动感知能力却是个体在特定的背景环境和刺激条件下,通过后天大量、艰苦的练习而逐渐获得的。个体的运动感知能力会随着练习次数的不断积累而有所提升,但是运动感知能力并非一直提升,将会随着个体身体能力、空间环境和刺激类型的变化而发生改变。因此,我们应遵循儿童不同动作技能发展阶段的感知觉能力的发展特点,为儿童基本动作技能教学的内容设置、教学组织和方法运用提供科学的依据和思路。

一、不同时期儿童视觉感知能力的发展特点

视觉感知能力是指人眼接收和分析视像的处理能力,并由此组成知觉,且以此为基础辨认客观实物的外貌和所处空间(距离)以及该实物在外形和空间上的改变。人脑将双眼侦测到的物象信息,通过视觉神经中枢的整合分析,归纳出视觉感觉输入感知信息的四种主要类型,其涵盖了物象的空间、色彩、形状及动态的物理信息。这些感觉信息是个体根据工作任务需要,将会采取何种动作反应的依据和条件,借助视觉感官对环境中实物性状的识别,可以使个体辨认外在实物以及对实物做出及时且适当的反应。

如表5-1所示,从儿童视觉感知能力发展的特点来看,其视觉感知能力的发展遵循着注意力由弱变强、注意目标由以单个为主向多个目标跟踪注意转变以及注意时间由较短逐渐延长的原则。不同认知能力和性格各异的儿童,其视觉感知能力和注意力取向存在一定的差异。通常情况下,除视觉障碍的儿童之外,不同儿童的视觉感知能力提升基本遵循刺激—适应、再刺激—再适应的发展原则。在此过程中,儿童视觉感知能力的提升,一方面得益于视觉器官的发育成熟,另一方面则取决于生活环境、体力活动对儿童视觉感知能力发展的刺激和促进。这种进步具体显现在儿童高度集中的注意力时间延长,对环境、事物性状及变化的觉察能力的增强以及手眼协调能力的提升等方面。

表 5-1 儿童视觉感知能力发展的特点

学前阶段（2~5周岁）	小学低段（6~9周岁）	小学高段（10~12周岁）
模仿—整合	整合—熟练	熟练—应用
• 很难聚焦并抓握住移动的物体； • 容易侦测到与墙体或地面形成颜色反差的鲜艳物体。	• 能够跟踪水平移动的物体； • 中速移动物体能够导致更多的动作失误； • 在忽略信息重要性的前提下，倾向于注意、识别有限的关联信息； • 在练习过程中需要一定的提示来帮助其关注关联信息。	• 能够更加准确地完成物体聚焦跟踪和拦截动作； • 能够拦截不同速度的移动物体； • 倾向于关注出现的全部关联信息； • 需要提示帮助才能注意到关联信息； • 能够忽略掉无关信息

为了更好地把握不同时期儿童视觉感知能力的发展特点，我们应充分利用儿童兴趣广泛、对色彩鲜艳和特定形状敏感的注意力特点，有针对性地设计和开展特定动作的体力活动。在充分利用视觉输入的前馈作用下，运用在体力活动中增设形状多样、色彩鲜艳的目标物聚焦方式，帮助儿童在体力活动中更好地集中注意力，增加儿童动作技能练习的频率，增强练习的趣味性，以此不断提高其眼手、眼脚协调用力的能力与水平。

二、不同时期儿童本体感知觉的发展特点

肌肉、肌腱和关节囊中分布有各种各样的本体感受器（肌梭、高尔基腱器和关节压力感应器），它们能分别感受肌肉被牵拉的程度以及肌肉收缩和关节伸展的程度。这种本体感受器受到刺激所产生的躯体运动觉，被称为本体感知觉。本体感知觉通常通过三个级别进行管理，分别是：一级，肌梭、韧带及关节的位置感觉、运动感觉、负重感觉；二级，前庭的平衡感觉和小脑的运动协调感觉；三级，综合运动感知觉。不同级别的本体感知觉将分别满足不同环境刺激和任务需要，由于本体感知觉器官的结构和功能不同，使各种本体感知觉器官的工作机制和神经传导速度存在差异。具体表现在神经感觉的传输速率上，由关节和肌梭组成的一级本体感知觉的神经感觉传输速度为 20~30 ms；由小脑和前庭器官所组成的二级本体感知觉的神经感觉传输速度为 50 ms；而由中枢和视觉所构成的三级本体感知觉的神经感觉传输速度则为 100 ms。这种功能和结构上的差异，使各本体感知觉器官分别在人体运动过程中发挥着不可替代的作用。

如表 5-2 所示，本体感知觉是个体维持运动姿态的重要内部参照信息，决定了个体感知外部环境和动作决策执行的能力与水平，遵循人体感知觉输入（外力协助）→本体感知觉输入（无外力协助）→建立标准运动模式→多次或超量标准重复运动→大脑皮质建立运动功能区→运动功能再获得的人体运动功能固有规律。我们可以获知：没有本体感知觉输入，就没有人体运动。以发展观点审视本体感知觉能力的发展，我们可以清晰地看出本体感知觉发展与个体身体认知和空间认知水平密切相关。从儿童不同动作技能发展阶段的本体感知觉能力变化特点来看，其呈现出从上到下、从中央向四周逐级发展的循序过程。

表 5-2 儿童本体感知觉的发展特点

学前阶段（2~5周岁）	小学低段（6~9周岁）	小学高段（10~12周岁）
模仿—整合	整合—熟练	熟练—应用
• 学习认识不同的身体部位； • 能够以身体为基点区分上下、前后、远近和两侧不同的身体方位。	• 能够识别主要的身体部位； • 发展身体左或右单侧的本体感知觉能力； • 建立初步方向感； • 能够参考空间中其他物体的位置进行上下、远近等准确定位。	• 能够识别全身各个部位； • 能够从方向上区分身体两侧，表明身体两侧的本体感知觉能力得到较好发展； • 能够识别环境中左右两个侧边的物体，并且形成对左右两个相反方向物体的感知能力。

在儿童基本动作技能实践教学过程中，我们应该遵循儿童本体感知觉发展的客观规律，根据不同年龄儿童身心发展的特点，创设与之相适应的运动环境和教学内容，促进儿童在不同的环境布局和条件刺激下有效开展走、跑、跳、投和攀爬等不同的身体活动方式，进而帮助儿童积累更多的"感觉经验"，促进儿童基本动作技能快速、持续发展。

第二节 儿童基本、专项动作技能形成的阶段特点与行为表现

根据儿童生长发育状况和动作能力发展水平的不同，人类动作能力与技能习得呈现出渐进式的发展过程，其大致可分为本能反射动作、初始动作模式、基本动作技能和专项动作技能四个阶段。虽然个体由于生长发育、环境影响和身体教育观念的不同，其动作能力发展和动作技能形成各有差异，但是个体从本能反射动作向专项动作发展的趋向和路径是基本一致的，如图 5-1 所示。俗话说"基础不牢、地动山摇"，儿童早期身体活动和动作技能学习将在很大程度上决定其成年后的动作技能发展水平，因此儿童早期的身体活动和动作技能学习显得至关重要。从人类动作技能发展的历程来看，其基本遵循着从简单到复杂、从稳定到动态、从单关节孤立动作到多关节联合动作以及从简单刺激响应到复杂刺激响应的渐进式发展过程。为了实现儿童动作技能均衡、全面的发展，我们应该准确把握儿童动作技能形成不同阶段的生长发育、认知和社会情绪发展的基本特点，科学设置不同年龄阶段儿童需要学习和掌握的具体动作技能，因材施教，循序渐进，以便促进儿童随着年龄的增长科学合理地掌握与之发展水平相称的动作技能。

婴儿出生之后为了适应环境、生存生活，能够本能地对内外环境刺激做出条件反射，这种无须通过训练、先天具有的动作反射就是婴儿的本能反射动作。婴儿本能反射动作是人类进化发展过程中种系进化遗传的结果，其能够使得没有独立活动能力的婴儿，通过这些简单的肢体动作与父母等照料者建立起亲密的依赖关系和情感联系，这种看似简单的反射动作不仅可以反映出婴儿摄食、恐惧等方面的内在需求，而且能为客观评价婴儿的生长

发育和神经发展提供客观依据，因此反射动作不仅是人类动作能力发展和技能形成的伟大开端，还是人类长期进化发展的必然结果。

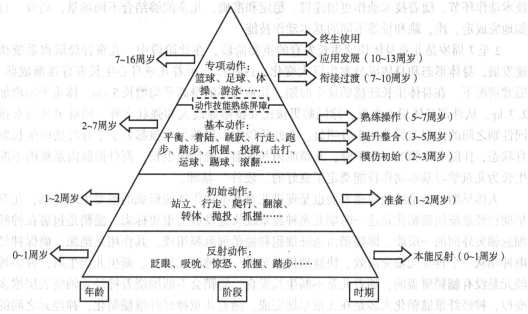

图 5-1　人类动作技能渐进式发展的金字塔模型
（依据 Gallahue 修改）

随着婴儿支配身体活动能力的日益增强，其将从最初的无意识控制的本能反射动作逐渐向有意识控制的功能性初始动作转变。这看似婴儿的一小步将是个体动作技能发展的一大步，从这个阶段开始幼儿将赋予动作更多的意义与内涵，同时身体活动能力的提升和动作操控能力的增强都使其活动范围不断扩大，从而使得幼儿在一次次好奇的环境探索中逐渐掌握了初始的动作模式，形成了动作操作与探索世界之间的有意"链接"。婴儿的本能反射和初始动作发展阶段大多是在婴幼儿时期形成并完善的，其是基本动作技能发展的坚实基础，而基本动作技能则是对前期动作技能的继承与发展。基本动作技能是人类动作技能发展历程中重要的组成部分，代表着该时期儿童的动作技能日臻完善、动作能力逐渐增强的发展趋向，使得儿童参与体力活动的积极性更高，身体素质也能够朝着更好的方向持续发展。专项动作技能是人类动作技能发展阶段的最高阶段，在这一时期个体能够将前期学习并掌握的各种动作技能，合理地运用到各种复杂多变的现实情景中，并能够将需求与任务有机结合起来，更加合理地运用动作技能达成目标。专项动作技能阶段预示着人类动作技能进入一个全面的发展阶段，在这一阶段中个体将在更加复杂的运动情景中，面对更大的挑战，而个体将通过动作技能的强化学习，实现在未来很长一段时间内专项动作技能的发展与保持。

一、儿童基本动作技能形成的阶段划分与发展特点

儿童基本动作技能形成的主要特征是：能够高质、高效地完成稳定、位移和操控三类动作技能，并在特定的运动场景下，呈现出较为优异的动作表现。在基本动作技能形成的

初始阶段，儿童往往不具备完成单脚平衡站立、快速启动、制动和变向等基本技术动作。随着技能的反复练习和能力的不断增强，儿童将在基本动作技能学习的后期更熟练地掌握技术动作环节。随着技术动作更加连贯、稳定和准确，儿童能够结合不同场景，高效、自如地完成走、跑、跳和投等不同的基本动作技能。

2至7周岁是儿童身体快速生长发育的重要阶段，在此阶段中，儿童神经肌肉系统快速发展，身体形态和身体成分发生巨大变化，这些都预示着儿童身心生长发育逐渐成熟。通常情况下，在身体生长旺盛的这个时期，儿童每年的身高平均增长5 cm，体重平均增加2.3 kg。从外部身体形态来看，除同龄男孩比女孩略显高大和强壮之外，同龄男孩与女孩同性别之间的体型差异并不十分明显。在此阶段中，男孩与女孩都处于十分旺盛的生长发育状态，伴随着体脂的不断下降，儿童肌肉和骨骼系统快速生长，而骨骼肌肉系统的不断生长为儿童学习基本动作技能奠定了良好的"硬件"基础。

人体早期神经系统的快速发展也是促进儿童基本动作技能形成的重要生理基础，儿童早期神经系统的髓鞘化是这一时期儿童神经系统快速发展的重要标志。髓鞘是包裹在神经细胞轴突外面的一层膜，即髓鞘由施旺细胞和髓鞘细胞膜组成，其作用是绝缘，确保神经电冲动从一个神经元轴突高效、快速地传递至另一个神经元轴突。新生儿出生时，许多神经元是没有髓鞘覆盖的，随着儿童不断生长发育，髓鞘会不断围绕着神经元轴突表层增多变厚，神经纤维髓鞘化大多是在儿童早期完成。随着儿童神经纤维髓鞘化，神经元之间的电位信号传导效率会越来越高，这也揭示了儿童在神经髓鞘化之后可以完成更加复杂的动作技能与控制的内在原因。

通常情况下，2至7周岁儿童能够完成难度更大、任务更复杂的技术动作，同时也能够掌握并控制更加精细的肢体动作。从某种程度上而言，这种动作技能的形成与动作能力的提升都与其生长发育成熟状况息息相关，因为人体是人完成一切动作的基础与条件。而如何能尽早、尽快促进儿童基本动作技能形成和动作能力的提升呢？其关键就在于我们应如何充分利用外在物理环境因素，为儿童创设一个适宜于运动的空间布局。通过寓教于乐的体力活动，帮助儿童在身体活动过程中养成运动习惯，促进其身体运动能力的优化发展。虽然我们不能加快儿童的生长发育进程，将其"催熟"，但是我们可以结合不同年龄阶段儿童的身体条件和兴趣爱好，设计出一些新颖有趣的体育运动器材，创设出利于其主动参与的体育运动环境，为儿童更好地参与体力活动营造一个适宜的物理活动空间，这也将会更好地促进儿童神经肌肉系统的生长与发育。所以儿童身体生长发育和动作技能的学习与形成之间是一种良性互动的关系，两者之间相互影响、相互作用。

(一) 儿童基本动作技能模仿初识阶段的动作表现特点与教学注意事项

受制于动作技能形成规律和动作记忆遗忘等因素的影响，儿童稳定、位移和操控三类基本动作技能的发展形成一般都要经历模仿初识、提升整合和熟练操作三个技能动作学习阶段，而基本动作技能的形成和发展过程也是一个从简单到复杂、从生疏到熟练、从有意注意参与到无意注意参与的渐进式发展过程。

1. 模仿初识阶段的动作表现特点

模仿初识阶段是指儿童在学习基本动作技能初期通过动作模仿的学习方式，所实际再现出来的特定动作方式或行为模式。该阶段动作学习的基本特点：

（1）从动作品质来看，动作的稳定性、准确性、灵活性较差；

（2）从动作结构来看，各个动作要素之间的协调性较差，互相干扰，常有多余动作产生；

（3）从动作控制来看，主要靠视觉控制，动觉控制水平较低，不能主动发现错误与纠正错误；

（4）从动作效能来看，完成一个动作往往比标准速度要慢，儿童经常感到疲劳、紧张。

2. 模仿初识阶段的教学注意事项

在儿童基本动作技能的发展初期，教师的讲解、示范以及自我反复练习等一系列的刺激，将通过感觉系统传到大脑皮质中的运动和感知觉等神经中枢，使其兴奋，即在这些神经中枢间形成初步的暂时性神经联系。由于这样的神经联系还不够稳定和完善，显现出运动神经对肌肉的支配不够精确，有关神经中枢间的协调关系不够密切，导致其身体活动表现为动作僵硬、不准确、不协调，出现多余动作且费力。

儿童在基本动作技能的模仿初识阶段，通过对基本动作技能的观察和分解练习，逐渐形成了最初的感性认识和体验。2至3周岁的儿童，虽然能够根据环境和任务要求，学习并掌握走、跑、跳等基本位移动作模式，但其动作生硬、笨拙，控制能力弱。该阶段的儿童正处在基本动作技能的学习的模仿初识阶段，其动作技能的学习与发展完全依赖于身体的生长发育水平与成熟状况。虽然儿童可以通过反复练习学习，形成平衡、投掷、抓接、跳跃和踢球等动作的初步动作记忆，但是这种动作记忆还不够牢固，容易受到外部的干扰，因而在这个阶段中儿童的技术动作多表现出笨拙费力、肌肉紧张且不协调的用力控制方式。加之儿童的身体外部形态呈现出头部较大、躯干与四肢短而无力的特征，这样的身体形态和结构使儿童在运动过程中，很难完成平衡等控制要求较高或变向等动作幅度较大的技术动作，同时也不利于完成身体屈伸、体转、急停等动作技能，因为完成以上技术动作的前提条件是保持身体平衡与稳定。

（二）儿童基本动作技能提升整合阶段的动作表现特点与教学注意事项

提升整合阶段即是把模仿阶段习得的动作固定下来，并使各动作成分相互结合，成为定型的、一体化的整体动作。

1. 提升整合阶段的动作表现特点

（1）从动作品质来看，动作可以表现出一定的稳定性、精确性和灵活性，但当外界条件发生变化时，动作的这些特点都有所降低。

（2）从动作结构来看，整体动作的各个组成环节都趋向分化、精确，整体动作趋于协调、连贯，各动作环节间的相互干扰减少，多余动作也有所减少。

（3）从动作控制来看，视觉控制不起主导作用，逐渐让位于动觉控制。肌肉运动感觉变得较清晰、准确，并成为动作执行的主要调节器。

（4）从动作效能来看，疲劳感、紧张感降低，心理能量的不必要消耗减少，但没有完全消除。

2. 提升整合阶段的教学注意事项

基本动作技能的提升整合阶段特指3至5周岁的儿童基本动作技能发展的特定时期。随着学习的深入，大脑皮质暂时神经联系趋于稳定和完善，运动神经中枢对不同肌群的支配更加精确，参与动作控制的相关神经中枢间的协调关系得以改善。此阶段身体活动修正了许多错误及多余的动作，能够更准确、连贯、顺利地完成技术动作，有些动作甚至可以在无须注意力参与的状态下完成，技能动作日臻完善。同时也初步建立了技术动作动力定型，但尚不巩固，一旦有新异刺激（如动作干扰等），就可能受到破坏，重新出现错误及多余的动作。在此过程中，教师应发挥指导作用，注意纠正错误动作，让儿童观察并体会动作细节，促进分化抑制的发展，使动作更加精准。

儿童通过反复练习，大脑皮质相关神经中枢间的暂时神经联系得到进一步巩固和完善，形成较为稳定的技术动作动力定型，使得动作的完成更加精确、协调和省力。

（三）儿童基本动作技能熟练操作阶段的动作表现特点与教学注意事项

熟练操作阶段是指所形成的动作方式对各种变化的条件具有高度的适应性，动作的执行达到高度的完善化和自动化。

1. 熟练操作阶段的动作表现特点

（1）从动作品质来看，动作具有高度的灵活性、稳定性和准确性，在各种变化的条件下都能顺利完成动作。

（2）从动作结构来看，各个动作之间的干扰消失，衔接连贯、流畅，高度协调，多余动作消失。

（3）从动作控制来看，动觉控制增强，不需要视觉的专门控制和有意识的活动，视觉注意范围扩大，能准确地觉察到外界环境的变化并随着变化进行动作调整。

（4）从动作效能来看，心理消耗和体力消耗降至最低，随之肌肉紧张感和身体疲劳感逐渐降低，动作也变得更加轻快。

2. 熟练操作阶段的教学注意事项

5至7周岁是儿童掌握大多数基本动作技能的快速发展时期。随着儿童身体不断生长发育，其身高、体重和肌肉力量发展迅速，使其掌握大多数基本技术动作变成了可能。儿童经过系统技术动作训练，不同类型基本动作技能的动作记忆和肌肉控制不断得以巩固和完善，大脑皮质已形成了稳定的动力定型。因此，当儿童进行体育游戏等身体活动时，他们可以在注意力不参与的情况下，自如、顺畅地完成特定的技术动作。

二、儿童专项动作技能形成的阶段划分与发展特点

随着儿童基本动作技能日臻成熟，其动作技能的学习和发展也将进入下一个发展阶段，即专项动作技能发展阶段。根据儿童生长发育、技能水平和动作能力来看，通常儿童在7周岁左右时，开始进入专项动作技能发展阶段。随着儿童动作技能学习的不断深入，专项动作技能的学习将会延续到青春期及以后。在这一阶段中，儿童将会在特定的运动场景中，熟练、自如地运用平衡、位移和操控三类动作技能来完成任务、达成目标。在专项动作技能发展时期，儿童一共要经历三个阶段，分别是衔接过渡阶段、应用发展阶段和终生保持阶段。这一阶段中，儿童动作技能水平的提升和动作能力的增强，主要取决于儿童参与特定动作练习的频率以及在练习中完成动作的质量。

7至12周岁的儿童在生长发育方面的主要特征是：身高、体重平缓增长，感知觉能力及运动系统不断增强。虽然在此阶段儿童的生长发育和内分泌系统都在悄然发生着变化，但和随之而来的青春期身体发育相比较而言，这是微小且难以觉察的。对于青春发育期之

前的这段儿童后期生长发育阶段而言，与其说是青春发育的"前期基础"，还不如说是青春发育的"向前延伸"。通常情况下，女孩的青春发育期发端于10周岁左右，而男孩开始于12周岁左右。在儿童后期生长发育阶段中，他们能够提高学习效率并快速掌握各种专项动作技能；与此同时，他们也能够自如地面对各种体力活动中的复杂场景变化，并通过合理地运用各种动作技能，最终完成任务，实现目标。

随着身高和体重的增长放缓，在儿童后期客观地形成了一个动作技能学习窗口期。此阶段肢体缓慢的生长消除了儿童控制较长肢体的"违和感"，为提升身体各部位的控制能力提供了难得的机遇。儿童在动作练习时能够更好地协调身体各部位参与身体运动，完成动作任务，形成"身心合一"的运动感觉。因此，儿童后期身体生长发育放缓的生长规律，客观上促进了儿童动作技能的学习与发展。一般而言，在这一阶段男孩与女孩四肢生长速度要快于躯干，但男孩的四肢和身高生长更加旺盛，而女孩的骨盆宽度和大腿维度则会生长更快。

从儿童后期直至青春发育前期，男孩、女孩的体型和体重方面都会存在一定的性别差异。虽然在此阶段中，男孩和女孩的身体生长存在着性别差异，但是这并不影响两者能够通过协作的方式，共同参与到不同的体力活动中去。儿童在经历了这段生长发育相对稳定、缓慢的时期后，将迅速进入生长发育较快的青春期发展。在该阶段中，青少年将经历身体形态、机能水平、内在激素和心理素质等身心多维度变化，而这一快速的身体生长发育过程一直会延续到青春后期。此时青少年的身体生长发育将会再次放缓或停止，这就预示着青春发育期的结束以及成人期的开始。

虽然儿童在生长发育上存在个体差异，但他们的动作技能形成与发展都离不开良好的教学引导与适宜的环境氛围。儿童动作技能的学习效率，在一定程度上取决于体育教师对教学课程的科学设计以及对运动环境的合理创设能力与水平，除此以外，也离不开体育教师的课堂教学组织能力，唯有充分调动同一群体中不同个体积极参与到体育课程中来，才能形成良好的学习氛围。例如：当儿童参与模拟游戏时，儿童能够意识到在游戏中为了取胜而采取的游戏策略与动作技巧，此时，教师就应将教学目标与游戏中所能锻炼到的动作技能有机结合起来，便于儿童在游戏模拟环境中提升动作的实操能力，理解游戏中个体之间的关联，激励儿童的参与动机并协助其在实战环境中展示出更优异的动作表现。儿童在幼年时期的体力游戏互动中，逐渐学习到人际互动方面的基础知识，而在幼年时期互动游戏中所形成的动作技能将一直延续发展到成年阶段，并将对成年阶段的专项动作技能和体育锻炼行为产生一定的影响。

（一）衔接过渡阶段

衔接过渡阶段通常是指7至10周岁的儿童专项动作技能发展的特定阶段。青春期前的这段时间，儿童的身体生长发育较慢且身体成分趋向于"成人化"，这样就为儿童适应以"成人化"的身体开展体力活动提供了一个时间窗口。与此同时，儿童的神经纤维髓鞘化也已完成，这样就能确保其参与到动作控制更加复杂、精确的体力活动中去，从而使其动作技能水平跃上了一个新台阶。儿童在衔接过渡阶段的身体生长发育和身体成分变化，使其从以追求专项动作技能掌握为主的"会做"阶段转向以全面结合实战情景为主的"能做"阶段。例如：踢球动作技能就对应足球运动中的原地踢球技术动作，该动作在许多运动项目和运动场景中得以广泛应用。在一些球类游戏中，游戏参与者以能够掌握控球权为主导；而在另一些传球游戏中，却以传球的精确性为主导。因此踢球这一技术动作，往往会因为不同的游戏规则和任务设置发生变化，但是该技术动作的协调用力方式和动作控制要领却始终不变。在专项动作技能的衔接过渡阶段中，应根据儿童专项动作能力发展的需要，结合任务需求和达成目标，循序渐进地开展原地运球、行进运球和绕杆运球等不同难度的动作练习。

在儿童专项动作技能的衔接过渡阶段，儿童应多参与包含跑、跳和投等多种基本动作模式以及不同游戏规则所构成的形式多样的体力游戏。在此类游戏活动中动作技能可以有专人（教师）带领练习或儿童分散独自练习两种教学组织形式。参与此类体力游戏活动，不仅考验了参与个体的动作技能水平和运动决策能力，同时还反映出儿童在游戏互动中的识别判断和分工协作能力。小场地对抗游戏不仅能够帮助儿童集中注意力，提高游戏过程中动作执行的合理性、精确度和决策能力，更能全面提高儿童在实战情境下的动作综合运用能力。

并非所有儿童在 7 周岁左右都能较好地掌握并完成跑、跳、投等技术动作，为了促进其更熟练地掌握不同技术动作，我们应该不断提高儿童在实战场景中运用技术动作的综合能力，特别是那些对体育运动感兴趣、但专项动作技能又较差的儿童和成年人。因此，体育教师在开展教学之前，首先应对 7 周岁及以上儿童的专项动作技能水平进行评估，以帮助其有针对性的开展学习。而对于那些身体发育成熟且能够正确掌握专项动作技能的孩子，应该提供适宜的教学指导和更多的练习机会，帮助其在快乐、轻松的游戏氛围中反复练习技术动作，提高动作的质量和实效，最终使儿童由"初步掌握"的专项动作技能衔接过渡阶段向"全面掌握"的专项实战阶段转变。

（二）应用发展阶段

应用发展阶段通常是指 10 至 13 周岁的儿童专项动作技能发展的特定时期。在此阶段中，由于儿童已经能够较为熟练地掌握并运用各种专项动作技能，因此在一些特定的体育活动中，他们能够根据特定场景和任务需要，灵活、自如地运用多种专项动作技能的变化组合。10 至 13 周岁的男孩和女孩正处在青春发育期，由于体内激素分泌旺盛，促使其身高、体重、身体成分呈现出快速增长态势。儿童身高和体重的快速增长是青春发育期的重要象征，也是其从幼稚少年走向成熟壮年的必经阶段。一方面青春发育期所带来的四肢骨骼和体重的快速增长，促进儿童迅速生长发育，从而为进入成年期提供了难得发展机会；另一方面，儿童过长的四肢与较短的躯干形成的反差，使得儿童更难在体力活动中精确地控制动作。这也在一定程度上阻碍了专项动作技能的提升，挫败其参与体育活动的积极性。在青春发育期荷尔蒙的刺激下，女孩骨盆变宽、胸部发育、体重增加。此时，早熟的男孩可能正经历着过长的四肢与较短的躯干给体力活动所带来的不便。然而，当他们经历过青春发育期的种种尴尬之后，在荷尔蒙的积极作用下，发育早熟的男孩瘦体重不断增加，身体变得更强壮，动作也更协调，特别是他们在体力活动中与同年龄晚熟的男孩相比，表现得更加游刃有余，动作也更为娴熟。一般而言，儿童在专项动作技能运用阶段，需结合实战场景反复练习技术动作，通过提高动作完成的难度、增加环境新异刺激的方式，不断巩固新学技术动作。

针对儿童在青春发育期的生理与心理变化，体育教师应根据其身心特点，科学合理地设计出符合不同发育水平和身体能力的教学目标、练习任务、运动环境和参与机会（频率），帮助儿童在对抗、宽松和协作等不同运动环境中，灵活地运用技术动作和基础知识来完成任务、提升能力。在专项动作技能运用阶段中，我们应更加关注儿童高质量完成规范技术动作的方式、精准度等技术细节，逐步提高其在复杂运动环境中的不同类型技术动作的完成质量。

青春发育期不仅是身体爆发式生长发育的黄金窗口期，这一时期也是儿童、青少年开展运动专项化动作练习的最佳时期。我们应根据儿童、青少年自身身体条件、个人喜好、家庭遗传及前期的运动经历等综合因素进行考虑，为儿童、青少年选择适合其运动能力长期发展的运动项目。由于不同个体的运动爱好和身体条件不同，在运动项目的选择上也将带有许多个人倾向性。例如：有的喜欢个体项目、有的喜欢集体项目；有的喜欢对抗类项目，有的喜欢非对抗项目；有的喜欢陆上项目，而有的则喜欢水上项目，等等。不管青少年出于何种原因喜欢某一项运动，能将有限精力集中在某一运动项目的个人选择，使其能在以后的运动练习中变得更加专注且高效，因为个人的喜好而专注投入，也因为专门练习而技术动作更加精细、高效。

通常情况下，判断儿童从专项动作技能衔接过渡阶段向应用发展阶段转移的时机，是综合儿童身体生长发育状况和动作技能掌握情况全面研判的结果。一方面，我们通过增设更多的体力活动，给予适龄儿童充分的身体锻炼机会；另一方面，我们也要密切关注儿童自身的生长变化和动作技能掌握情况。因为不同个体的发育水平和技能掌握情况是千差万别的，唯有适时密切关注发展态势，才能科学掌握专项动作技能在不同阶段的转换衔接时机，科学、高效、合理地促进儿童、青少年的动作技能发展。随着儿童的身体发育状况的成熟和技术熟练程度的提高，部分早熟的儿童在6周岁左右就从基本动作技能学习阶段转移到了专项动作技能学习阶段。进入专项动作技能的学习之后，他们会拥有更多的技能练习机会，在有组织的结构化体力活动中运用所学到的技术动作，并随着年龄的增长，其技术动作的熟练程度和控制能力也将不断得以提升。

（三）终生保持阶段

专项动作技能的最后一个发展阶段是终生保持阶段，通常是指从13周岁开始，经历了青少年阶段后直至成年的这段特定的专项动作技能高速发展时期。进入高中阶段后，绝大多数男孩虽然还保持着青春期时的青涩，但他们的身体却在荷尔蒙激素的作用下变得更加强壮，专项技术动作也更加协调，这一现象大多发生在16周岁左右。而处于同一时期的大多数女孩正值青春发育后期，在高中学习的三年时光中，她们也会随着身体发育的逐渐成熟而参与到更多的体育运动中去，从而恢复活力，增强自信。

在专项动作技能的终生保持阶段，提高技术动作在不同背景环境中的运用能力是此阶段的教学重点。因此需要体育教师能够根据此阶段青少年的身心特点制定科学、合理的教学目标、动作任务、运动环境和参与机会（频率），在公平参与、广泛动员的基础上，给予广大青少年更多的身体锻炼机会，在频繁的身体锻炼中不断丰富运动经历，提升动作质量，进一步强化其终生参与体育锻炼的意识和技能水平。所以在专项动作技能的终生保持阶段，个体将会被给予更大的自由选择权，特别是经常参与喜欢的运动项目，不仅能够在实战运动环境中提高动作技能的运用水平，还可以提高其身体素质和自我满足感，最终将这种常态化的专项练习活动内化成为惯常化的体力活动习惯。随着运动水平的不断提高，个体具备了更强的专项动作技能水平与身体活动能力，在更高水平的体力活动中展现自身魅力，彰显自我价值。

· 81 ·

第三节 动作技能学习的阶段划分、表现特点与指导策略

相关研究表明，儿童和成人在学习一种新的动作技能时，学习过程大体呈现出三个不同阶段的渐进式发展规律。然而动作技能学习与儿童动作发展并非同一概念，前者是指人们通过反复练习巩固下来的、自动化的、完善的动作活动方式，后者则更多是指随着年龄增长而自然拥有的行为能力。任何一项新动作技能的掌握，必然是通过反复练习而形成的。这些新动作技能都具有先期经验缺乏、循序渐进发展和反复积累习得的发展特征，以下将根据相关动作技能学习理论对个体学习新动作技能的过程描述和规律总结，从总体上归纳不同阶段动作技能学习的总规律和特征，以此希望能够帮助体育教师在开展儿童动作技能教学活动中，准确把握不同阶段儿童动作技能学习的重点和难点，有针对性地开展教学活动。

一、认知阶段的动作技能学习

（一）动作技能学习认知阶段的信息加工特点

认知阶段也称知觉阶段。这一阶段主要是理解学习任务，并形成目标意向和目标期望。目标意向主要指学习者对自己解决问题的目标动作技能模式反应和动作形式在头脑中形成一个表象，即明确解决问题的目标模式。而目标期望则是对自己动作表现的估计，即明确自己能做得如何。这两种期望对动作技能的学习起着定向作用。

学习者在动作技能认知阶段，首先要通过对示范动作的观察，对刺激情景的知觉，来形成一个内部的动作意象，以此作为实际执行动作时的参照。而要形成这样一个意象，则需要对线索和有关信息进行适当的编码。线索和信息的编码，可以是形象的，也可以是抽象的；可以是视觉的，也可以是语词的；可以是有意义的，也可能是孤立的。为了形成有利于动作技能学习的目标意象，学习者通常用自己擅长的方式对线索进行编码，而不同的学习者编码的策略与方式是不同的。儿童通常利用视觉表象进行编码，而成人则能够将视觉表象和词语联系起来，共同编码。在形成目标意象过程中，学习者不仅借助当下的知觉、线索进行编码，而且借助预先经验来编码，学习者通常还从长时记忆中激活有关信息，并有效地检索、提取以帮助编码。

在认知阶段，学习者不仅形成目标意象，而且依据自己以往成功和失败的经验，依据自己的能力和当前任务的难易，形成对自己动作达成的期望。这一期望既体现了动作执行过程中所表现出来的动作质量优与劣，也体现了动作所达成的最终结果的好与坏。一般而言，有明确目标期望的学习，较之于目标期望模糊的学习更有效。认知阶段的主要特点是学习者忙于领会技能的基本要求，掌握技能的局部动作，因而注意范围比较狭窄，精神和全身肌肉紧张，动作忙乱，呆板而不协调，出现许多多余动作，不能察觉自己动作的全部情况，难以发现动作执行过程中所出现的错误与不足。

（二）动作技能学习认知阶段的动作表现特点

动作技能学习的认知阶段是指在新学动作技能的初期，练习者通过接受指导和观察，认识动作的基本原理和要求，并进行初步的操作尝试，在头脑中形成动作映象的学习过

程。在动作技能学习的认知阶段，由于练习者受限于自身的认知水平和信息加工，常表现出动作僵硬、失调和不连贯等特点。此阶段的练习者仅能将注意力集中在理解身体姿态、动作协调和运动时机三个方面，他们可以不加选择地获取环境中的各种信息，也因此不可避免地受到无用信息的干扰，同时练习者也很难根据运动场景的变化进行必要的自我调节。为了进一步明确动作技能学习初始阶段的练习目标，优化动作技能的学习指导和任务要求，通过以下目标导向，切实帮助练习者提高其动作技能的学习效率。

（1）动作失调期：练习者试图形成对动作整体组织过程的理解与记忆。
（2）动作探索期：练习者明确要做什么，但动作并不连贯。
（3）动作觉察期：练习者能够观察到有用的动作细节，动作组织也更流畅。

动作技能学习的认知阶段，练习者更多依赖于教师的指导与反馈，他们自己很难觉察到动作错误以及导致错误的原因，也不大可能对错误动作进行及时修正。此时，体育教师应帮助练习者更好地理解动作技能中所隐含的基本动作模式，强调动作的完成标准，并引导练习者将注意力集中在环境等与动作技能学习相关联的信息上，进一步提高练习者对新学动作技能的理解。

二、联结阶段的动作技能学习

（一）动作技能学习联结阶段的信息加工特点

联结阶段的重点是将动作练习中适当的刺激与反应形成联系并固定下来，整套动作串联成为整体，变成固定程序式的反应系统。即使是一个简单的动作，所包含的刺激与反应也非常复杂，所以联系定位比想象的还要复杂得多。例如，用电脑键盘输入"Performance"这个单词，学习者必须知晓该单词并能按照顺序键入每个字母，针对前序字母的动作反应必将对后续字母的输入动作产生一定的刺激，归根结底，就是将构成动作整体的不同动作环节有机串联起来，形成一个紧密联系的"动作连锁"。

（二）动作技能学习联结阶段的动作表现特点

动作技能学习的联结阶段是指练习者经过对动作细节的基本认知和一定数量的练习后，初步掌握了部分动作要领，并开始将这些动作进行串联，但各个动作之间的联结仍不紧密，在从一个环节过渡到另一个环节时，常出现短暂的停顿。在这个阶段中，练习者要通过反复的练习使各个局部的动作之间建立起联系。在交替练习的过程中，逐渐使各个局部动作环节形成为一个完整的、协调的结构体系，即形成连贯的动作技能整体。动作技能学习联结阶段的主要特点是：局部动作被整合成为更大的动作单元，最后将若干动作单元串联形成了一个连贯且完整的技术动作；练习者视觉的控制作用逐渐减弱，而肌肉运动感觉的自控作用逐步提高；注意范围有所扩大，动作间的相互干扰减少，肌肉间紧张程度有所减弱，多余动作趋于消失；由于技能接近形成，发现自我错误的能力也就逐步增强。为了进一步明确动作技能学习联结阶段的练习目标，优化动作技能的学习指导和任务要求，通过以下目标导向，切实帮助练习者提高其动作技能的学习效率。

（1）动作整合期：练习者能够将不同动作环节整合成一个完整的动作，同时对每一个动作环节的有意注意有所减弱。

（2）动作运用期：练习者能够进一步提升动作细节，并能在不同的运动环境中合理地运用技术动作。

在动作技能学习的联结阶段，体育教师应将注意力从单一动作环节转移至整体动作的组织过程中去，并为练习者营造一个模拟现实的动作技能学习环境，进一步巩固还不十分熟练的技术动作，要求练习者通过两两对照练习的方法，学会发现错误的技术动作并加以改正。

三、自动化阶段的动作技能学习

（一）动作技能学习自动化阶段的信息加工特点

自动化阶段是一长串动作联合成为一个有机整体并得以巩固下来的动作技能学习的最后阶段。自动化阶段中各个动作环节相互协调融为整体，动作控制也呈现出高度的自动化，无须特殊的注意和纠正。随着动作的反复练习，动作的组织与达成逐步由大脑的低级中枢控制，从而使技术动作不断得以完善。在自动化阶段，练习者的多余动作和紧张状态已经消失，其能根据运动情景的变化，灵活、迅速、准确地完成动作任务，能够自动、连贯地执行成套动作组合，而无须有意注意的参与。动作技能进入自动化阶段，是动作技能熟练化操作的重要标志。总而言之，动作技能的学习需要从领会动作要点和掌握局部动作环节开始，到建立动作连锁，直至最后达成动作技能的自动化。

（二）动作技能学习自动化阶段的动作表现特点

动作技能学习的自动化阶段通常是指一长串的动作系列已联合成为一个有机的整体并已巩固下来，各个动作环节间相互协调，在减少注意力参与的情况下，能高效、自动化地完成技术动作，进而在复杂多变的运动环境中自如、合理地运用技术动作。这也是动作技能学习、形成的最后阶段。其主要特点是：练习者在完成动作技能时，意识的参与减少到最低限度；视觉控制作用减弱的同时动觉控制作用增强；注意范围扩大，多余动作和紧张状况消失；动作具有高度的准确性和稳定性，并能根据情境变化或突发意外事件，适时进行调整使其顺利完成任务，达成目标。为了进一步明确动作技能学习自动化阶段的练习目标，优化动作技能的学习指导和任务要求，通过以下目标导向，切实帮助练习者提高其动作技能的学习效率。

（1）动作表现期：在注意力减少的前提下，练习者仍能高效、准确、自动化地完成整个动作的组织与执行。

（2）动作个性化：练习者能够根据身体条件和环境特质，对技术动作进行适度调整，最大限度地保障技术动作稳定、有效的组织与达成。

练习者在动作技能学习的每个阶段，都应遵循动作技能形成的客观规律及特点。在动作技能认识阶段，练习者主要依靠外反馈，特别是视觉反馈来控制行为；随着动作技能的形成，练习者依靠动觉控制行为逐渐增强；当动作技能相对熟练时，练习者仅凭运动知觉或仅依靠细微的感觉反馈就能操作自如。如速记员，在不注视电脑键盘的情况下，仅依赖手的触觉就能快速地完成打字速记任务。一般来说，动作愈加熟练的练习者，在面对外界突如其来的变化下，愈能够激发起挑战自我潜能的欲望，发挥出最佳的动作表现，"艺高人胆大，胆大艺更高"就是这种情形的最佳写照。例如：优秀的篮球运动员能在对方严密防守下，不被对方干扰影响而投篮得分；同样，经验丰富的飞行员能在恶劣的气候条件下，正确处置险情，通过有条不紊的准确操作，顺利避开险情，完成飞行任务，确保人民生命及财产安全。紧急情况的突然出现，动作不熟练者可能会惊慌失措，手足无措，但对于动作熟练者而言，却会遇险不乱，沉着应对，发挥出应有水平。

四、儿童动作技能学习不同阶段的表现、目标与指导原则

我们基于图式理论、动作感知与控制原理以及动作技能发展等基本原理，来审视动作技能学习的规律和发展过程。在个体学习动作技能的不同阶段都呈现出各自独有的特点和现象，为了提升不同个体动作技能学习的整体效率，我们应明确每一个动作技能学习阶段的教学重点和难点，以此来帮助练习者优化新动作技能的学习流程，清楚每一个动作技能学习阶段的注意事项，以期达到事半功倍的学习效果，如表5-3所示。

表5-3 不同动作技能学习阶段的表现特点、学习目标与指导原则

阶段划分	表现特征	学习目标	教学指导原则
认知阶段	● 不稳定的动作模式； ● 仅能在稳定的环境中聚焦技术动作的组织与达成； ● 不能根据环境变化调整技术动作； ● 不能觉察到错误动作。	● 保持技术动作的稳定性和连贯性。	指导与反馈： ● 动作模式； ● 技能目标； ● 环境线索。
联结阶段	● 稳定性更好，错误更少； ● 在注意力参与减少的情况下能够聚焦技术动作的变化与组合； ● 能够根据环境变化来调整动作并把握时机； ● 能够觉察到部分错误动作。	● 能够流畅地组织并完成技术动作； ● 能够在体育游戏中运用技术动作。	及时性指导与反馈： ● 改进动作模式； ● 合理运用动作； ● 动作环节串联； ● 学会在真实环境中运用技术动作。
自动化阶段	● 动作稳定性； ● 聚焦策略决策； ● 对环境变化进行合理预判和动作预设； ● 能够觉察并改正错误动作。	● 能够在体育游戏中稳定且自动化地运用技术动作。	针对性指导与反馈： ● 不同类型技术动作的同步运用； ● 运动策略决策。

2～6周岁的幼儿，其身体活动主要遵循皮亚杰儿童认知发展阶段理论原理。此时的幼儿正处在前运算阶段，他们能将感知到的动作内化为表象，并建立了符号功能，凭借心理符号（主要是表象）进行思维。简言之，当幼儿在玩耍时不断重复某一特定动作时，他们并不能意识到该动作的内在意义。因此，幼儿照看者应根据其身心发展特点，有步骤地采取得力措施，帮助幼儿在动作技能发展的认知阶段，通过反复的身体活动来建立具体动作与实际意义之间的内在联系。同时，应为幼儿的身体活动创设一个色彩丰富、活动形式多样的玩耍环境，从而促进其在"玩中学""学中玩"。此外，我们还应充分考虑到幼儿身体活动时所涉及的辅助设备的尺寸和布置。通过玩具吸引、环境创设等因素调动，鼓励幼儿参与适宜、反复的身体活动，从而更好地促进其感知觉和神经肌肉系统的发展。

随着幼儿身体发育和活动能力的增强,其逐渐进入基本动作能力发展的初始阶段。在该阶段中幼儿继续保持着对周围环境的好奇,能够较为合理地运用身体各部分完成稳定、位移和操控类动作,但大多数动作表现出僵硬、失调,控制较差,这类在生活情境中所表现出来的基本动作特征是3至4周岁幼儿所共有的。当幼儿逐渐长大并进入小学阶段后,其认知发展将进入具体运算阶段,预示着该阶段的儿童能够开展显性学习,在教师的指导下,能够理解体屈、体伸等大肌群动作发力顺序的实际意义和动作要领。

当幼儿能够协调控制基本动作并准确把握动作时机时,即意味着他们已经进入了基本动作能力发展的成熟阶段。他们能够在大脑中形成对所要完成的技术动作的程序化预设与组织,与此同时,对周围环境的感知能力也更加敏锐、全面,动作控制也更为精准、有序。自幼儿动作能力发展的初期到成熟阶段以来,其运动感知觉和动作控制能力不断通过身体活动与外部环境的互动,从中得以强化与提升。此时,我们应为幼儿的身体活动创设更加适宜的活动空间,通过提供大小适宜、色彩鲜艳的玩具及安全的活动环境等方式,不断提高环境的可供性,从而激励幼儿积极参与各种身体活动。我们可通过幼儿特定动作的准确性、连贯性和稳定性来判断其技术动作的发展状况和动作技能水平,而幼儿的动作技能水平同样也是在不同时期的身体活动中,得以不断地提升、修正与整合。

当儿童进入小学阶段,便意味着其已经进入了专项动作技能的衔接过渡阶段。虽然小学低段的儿童已经初步掌握并具备了一定的技术动作和身体活动能力,但从动作技能的专项化角度出发,其还处在专项化动作技能的初始阶段。此时,当儿童学习新的专项技术动作时,大多表现出失调、僵硬和笨拙的动作。因此,我们应该给予儿童适当的教学指导与反馈,帮助其将注意力集中在体态控制、协调用力和动作配合时机三个要点上。一旦他们的专项技术动作变得连贯、流畅之后,他们就进入了专项动作技能学习的巩固阶段。这时我们要增设新颖有趣的、具有专项技术动作的、有对抗性质的、不同的运动环境的体育游戏活动,并引导儿童学会在不同的环境中合理地运用自己掌握的专项技术动作,来提升自己能力的同时,完成任务、达成目标。

专项动作技能运用阶段与巩固阶段的学习任务和教学目标之间存在某种程度的重叠。两个阶段都十分强调技术动作整合能力的提升以及在对抗、休闲和重复练习环境中合理运用技术动作的能力培养。随着儿童、青少年身体素质和动作技能的提高,在专项动作技能运用阶段更加强调竞争意识和运动兴趣的培养。通过强化动机,激励斗志,帮助儿童、青少年在更加激烈的高级别比赛中,更好地发挥技能水平,展现自我真实实力。同时通过不断提高的技能水平,形成自我独有的技术风格。

五、不同时期儿童动作技能发展与技能学习的整合教学规划

站在生命周期的角度回顾个体动作技能的形成与发展,它始终遵循着从无到有、从简单到复杂、从泛化到精细以及从满足生存需要向满足竞技需要不断循序发展的渐进规律。按照动作的控制方式、动作结构和适用范围来考虑,动作技能可以分成连续性、系列性与非连续性、封闭性与开放性、低策略性与高策略性以及精细与粗大四类动作技能;但从动作技能为人类服务的根本目的和性质来看,所有的动作技能大致又可以分为以下两大类:其一是以满足人类日常生活起居所需的生活类动作技能,例如提携重物、负重上楼、爬山、骑自行车和汽车驾驶等;其二是以满足人类开展竞技比赛和休闲活动为主的运动类动

作技能，例如游泳、篮球、足球、排球、潜水和飞行驾驶等。在人类生活实践中，不同动作技能总是交织在一起，很难泾渭分明，常常是彼此交叉重叠的。随着生活环境、运动情景的不断变化，动作的控制方式、动作结构也会做出相应的调整，以便及时应对外部刺激，更好地完成动作任务。

人体是动作技能内化组织与外在达成的物质基础，而动作技能是人体外化的表现形式和功能体现。每当个体学习一项新的动作技能时，其总是遵循着从生疏到精通、从紧张到自如以及从泛化控制到精确控制的发展过规律。因此在个体动作技能学习的不同阶段，我们应该根据不同个体的动作能力和技能水平，制定与之相匹配的教学目标、练习内容和反馈指导，其目的是在不同的动作学习阶段，明确教学重点与难点，使练习者能够更好地领悟不同动作环节的技术要领和用力感觉。通过反复的动作练习，在大脑的运动神经中枢与全身不同肌群之间建立起有效且稳定的神经联系，最终实现技术动作运用的自动化、节省化。

如表5-4所示，将人类动作能力发展阶段与动作技能形成阶段相结合，分别从动作能力形成和动作技能学习的两种角度阐释了个体动作能力的整体发展历程，以便使广大体育教师能够对儿童动作能力发展和不同动作技能形成阶段动作的表现特点、控制目标和指导原则有一个全面、系统、清晰的理解。

表5-4 不同动作技能发展阶段与动作技能形成阶段的动作表现特点、控制目标与教学指导

动作技能形成阶段	动作能力发展阶段		动作表现特点	控制目标	教学指导
初始阶段	模仿	衔接过渡	• 运动感知控制能力逐渐提升； • 体屈、体伸动作控制逐渐变强； • 体转动作控制逐渐增强。	• 提高神经肌肉的控制能力。	经常性指导反馈： • 为形成正确的肌肉记忆提供机会； • 积极鼓励。
认知阶段	整合		• 从不连贯向较为连贯动作表现转变； • 仅能关注到动作环节； • 未能根据环境变化调整技术动作； • 不能觉察错误动作。	• 提高动作的稳定性。	及时性指导反馈： • 技能发展目标； • 技术细节； • 背景环境信息； • 技术动作变型。
联结阶段	熟练	应用发展	• 更好的动作稳定性及更少的动作错误； • 在有限注意下能够合理控制并整合动作； • 能够把握动作时机并根据环境变化调整技术动作； • 能觉察部分动作错误。	• 能够按照发力顺序将动作环节串联起来。 • 能够在体育游戏中合理运用技术动作。	适时性指导反馈： • 修正动作模式； • 动作多样化； • 动作连贯性； • 动作实战化水平。

续表

动作技能形成阶段	动作能力发展阶段	动作表现特点	控制目标	教学指导
自动化阶段	终生保持	• 动作稳定性; • 专注策略决策; • 能够根据环境变化进行动作预设与环境预判; • 能觉察并修正错误动作。	• 能在体育游戏中灵活自如地运用技术动作。	针对性指导反馈: • 不同类型技术动作的同步切换; • 动作策略决策。

动作能力是指个体先天遗传基础和后天活动经历共同影响而形成的身体活动基本能力,它是个体动作技能形成的基本条件与前提基础;动作技能则是指通过后天反复练习而固化形成的动作组合方式,是动作能力的外在表现形式。动作能力与动作技能之间存在着依赖共存、相互影响的作用关系,动作能力以动作技能来表现,动作技能以动作能力为基础。动作能力发展和动作技能形成都遵循着循序、逐级的发展原则,动作能力随着个体的身体生长发育而逐渐变强,这是一个自然形成的过程,因此它是动作技能形成的天然条件,先天动作能力的好坏将取决于个体遗传基础和发育状况;而动作技能的形成不仅受制于个体的身体条件(物质基础),还取决于后天的科学化练习水平,在先天基础和后天练习的共同作用下才能形成相对固化的动作技能。

从个体生命全周期的角度来审视动作能力发展和动作技能形成的纵向时间发展轨迹,两者都呈现出形成→发展→保持→衰退的发展规律。在儿童基本动作技能教学过程中,我们一定要遵循儿童不同阶段的身心发展特点,通过创设良好的运动环境来激发儿童好奇、爱动的运动天性,让其充分、主动参与到各类体力活动中来。一方面,积极的身体活动能进一步提高身体新陈代谢,促进其生长发育;另一方面,丰富的运动经验,为后期动作技能的形成与发展奠定了良好基础,同时也进一步培养了儿童的体育锻炼意识。为了能够更好的促进儿童身体生长发育和动作技能形成,我们应该有效利用儿童各种身体素质发展敏感期,科学、合理、系统地设计练习内容,以此保证儿童身体发育与动作技能形成在不同时期中的良性互动与科学发展。

第六章

儿童基本动作技能评测方法及其实践操作

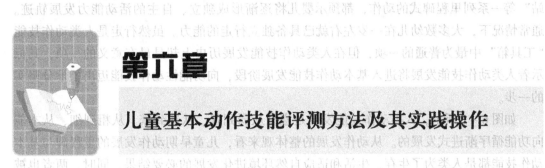

基本动作技能是人类生命周期中动作技能发展的重要阶段，是人类从早期反射性动作向功能性动作技能转化的重要发展时期。基本动作技能不仅在人类动作能力发展生命周期中具有承上启下的重要作用，而且将对个体成年之后动作技能的保持、发展以及形成终生体育锻炼意识产生深远的影响。由于基本动作技能对个体终生动作技能的形成与发展具有重要价值和基础作用，客观评测不同时期个体基本动作技能的水平就显得尤为重要。本章将系统阐述儿童基本动作技能水平的评测方法、具体内容和实践操作，便于广大儿童体育培训从业者和体育教师能科学、准确地评价不同年龄儿童的基本动作技能发展水平和状态，更好地开展体育教学活动。

第一节 不同时期动作技能的表现特点及发展关联

基本动作技能是人体在直立状态下，由身体各肌群参与完成的基本动作组合，其由稳定类基本动作技能（如平衡木行走、单脚站立平衡等）、位移类基本动作技能（并步跳、侧滑步、跑步等）和操控类基本动作技能（抓握、双手击球等）组成。婴儿出生后基本不具备身体活动的能力，正处于动作能力发展的反射性动作发展阶段。此时婴儿为了满足生存需要，其动作多是受到神经系统支配的原始反射性动作，此类动作多以非应答性重复动作为主，例如吮吸反射、踏步反射和抓握反射等。从神经发育和动作控制的角度考虑，此时婴儿的原始性反射动作具有重要意义：一方面，看似神经支配的重复性机械动作毫无意义，但实际上体现了婴儿现阶段的神经肌肉系统的发育情况，在一定程度上反映了婴儿的生长与发育状况；另一方面，婴儿的原始性反射动作虽然不具有操控、位移等功能，但是在与照料者的双边互动过程中，却能够通过多次重复的反射动作，反向刺激动作神经元之间的突触连接，增强神经发育的可塑性，通过一定的动作与照料者建立亲子关系，进一步促进婴儿社会情绪发展。

一、儿童早期基本动作形成的发展意义

从人类动作发展的历程来看，随着婴儿的生长与发育，其身体活动能力逐渐增强。在婴儿动作发展历程中具有重大意义的"三月翻、四月撑、六月坐、七月滚、八月爬、十月

站"等一系列里程碑式的动作,都预示婴儿将逐渐形成独立、自主的活动能力发展轨迹。通常情况下,大多数幼儿在一岁左右就已具备独立行走的能力。虽然行走是人类动作技能"工具箱"中最为普通的一项,但在人类动作技能发展历史上却是最有意义的一项,其标示着人类动作技能发展将进入基本动作技能发展阶段,向功能性动作技能迈出了十分坚实的一步。

如图6-1所示,人类动作技能发展是遵循从弱到强、从简到繁、从粗到细、从本能向功能循序渐进式发展的。从动作发展的整体观来看,儿童早期动作发展的里程碑与基本动作技能都是人类为了生存、生活和适应自然环境进化发展的必要结果,同时,两者也被认为是专项动作技能的基本组成部分。

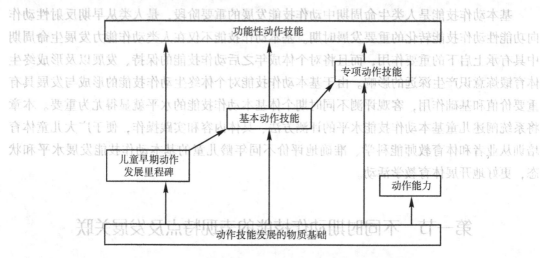

图6-1 不同生长阶段动作技能形成与发展关联趋势图

二、儿童基本动作技能形成的发展意义

基本动作技能通常出现在儿童1至7周岁的阶段。儿童早期里程碑式动作总是要先于基本动作技能而形成,但是其并不是基本动作技能形成的先决条件。正如图6-1所示,人类早期动作能力发展、基本动作技能和专项动作技能三种不同的人类动作技能,在纵向时间发展方面呈现出发展的差异性。由于个体的动作技能发展都是以生长发育、遗传条件等作为载体和物质基础,但其中每一个体的家庭遗传、生长条件和发育状况各不相同,因此各自动作技能水平在客观上存在着纵向发展的差异性。此外,从横向来看,三种动作技能发展呈现出各自发展的独立性。虽然儿童早期动作发展势必会对后一阶段基本动作技能的形成产生一定的影响,但两者之间只是发展先后顺序的重叠,不存在天然的继承与联系。例如身患关节退行性病变的人士可以完成行走或奔跑动作,但却不能完成爬行或匍匐动作。以上人类动作技能在横向、纵向发展上分别呈现出的发展差异性和独立性,可以帮助我们更好地理解人类动作技能发展的走向和相互关系,为深入了解不同阶段儿童动作技能发展水平和现实状况提供线索和思路。

第二节 儿童基本动作技能评测应用的
目的、作用、原则与影响要素

如今体育教学创新发展日新月异，人们在向儿童灌输终生体育锻炼科学理念的同时，也更加注重教学质量的控制与提升，因此如何通过科学手段有效评测儿童日常体育教学过程和动作技能发展水平及现实状态就变得尤为重要。众所周知，动作技能评测一直都是体育教学过程中的重要环节，但是在儿童日常体育教学过程中却并未得到足够的重视。究其原因多种多样：

(1) 现有儿童动作技能评测工具多引用自国外，其内容设计和评价标准多以国外儿童为参照样本，因此缺乏本土实用性；

(2) 对于动作技能评测在体育教学指导中的重要性方面，基层小学体育教师和学校体育管理者普遍存在认知不足；

(3) 现有技能评测工具的专业理论知识和实践操作要求较高，加之相关专业培训不够，导致实践操作难上手，主动使用意愿低；

(4) 现有动作技能评测工具多为定性评价或定量评价，少见定性、定量评价综合运用或将定性结果可视量化显示的评测工具。

在以上种种不利因素的综合影响下，使儿童动作技能教学缺乏客观的评价手段，导致动作技能教学水平发展相对滞后。

一、动作技能评测的概念与作用

动作技能评测是指对测试对象动作技能掌握程度和发展水平的定量和定性测量的全部操作过程，以此来评估其技能水平达成教学目标的实际情况。动作技能评测是高质量体育教学的重要组成部分，其能帮助体育教师客观地测量儿童的基本动作能力、技能发展状态以及技能教学的实际效果。

高质量动作技能评测应包含以下几方面：

(1) 能够客观、全面地评价动作技能课程教学目标的合理性、科学性以及儿童在认知发展、动作发展和社交情绪等方面的发展状况；

(2) 能够在教学开始之前，预先测量儿童的基本动作能力和技能起始水平；

(3) 能够通过有效、可行的测量手段，对儿童在动作技能课堂教学前后的学习效果进行跟踪评价，进而对该堂课的教学目标整体达成情况进行客观评估；

(4) 评价儿童个体间的动作技能发展差异性，进一步提高动作教学质量和均等化发展；

(5) 评估儿童个体与群体之间的技能发展差异，为教学目标设定提供参考依据。

二、设计动作技能评测的三项基本原则

动作技能评测作为客观反映儿童动作技能发展状态和课堂技能教学质量的有效评估途径和手段，在评估教学目标的科学设置、课堂教学质量和学习效果反馈方面发挥着重要作

用,为进一步提高儿童动作技能课堂教学质量提供了现实依据。因此,为了更好地提高动作技能评测的科学性、有效性和客观性,我们在动作技能评测的操作过程中应遵循以下指导原则,以确保评测工作高效、有序地进行。

(一) 标准化原则

保证测量结果和数据的客观、准确,在组织动作技能测评时,根据群体常模特征建立统一的、标准化的测试参照指标和具体内容,以保证测试人员不因理解偏差而导致测试结果出现误差。

(二) 适宜性原则

儿童动作技能测评的方法较多,以个体发展水平的不同和不同测试项目等实际需求为导向,合理、恰当地选择动作技能评测方法,以便能够准确、客观地反映出被测儿童动作技能发展水平所达成的教学目标的实际程度与状态。

(三) 综合性原则

为了能够客观、准确地评测不同年龄儿童动作技能的发展状况,在评测前应科学地制定一个统筹兼顾的评测方案,采用定量与定性交叉结合的测量方法,对个体的动作质量和动作效率进行综合研判,客观、全面地反映不同个体动作技能习得程度与发展状况。

三、影响动作技能评测质量的五个重要因素

(一) 评测效度

评测效度是指测量工具能够准确测出所需测量的事物的程度。效度是指所测量到的结果反映所想要考察内容的程度。测量结果与要考察的内容越吻合,则效度越高;反之,则效度越低。例如,评测项目为儿童肩上投掷动作质量,但动作评测结果却是单次肩上投掷的距离,那么此次测量结果并不能体现预先所测内容。即动作质量的评测应是基于动作执行过程的定性评价,而非动作完成结果的量化评测。

(二) 评测信度

评测信度是指采用同样的评测方法对同一对象重复测量时所得结果的一致性程度。例如,某一天对某一儿童再次进行动作评测,外在环境同等的情况下,评测的结果应与前次所测的结果相差无几。如果两次评测的结果一致性程度较高,则测试工具的可靠性就高,反之亦然。

(三) 评测客观性

评测客观性是指不同测试人员运用同种评测方法对同一测试对象所测得结果的一致性程度。如果不同测试人员测得结果的一致程度高,则客观性好,反之亦然。客观性是衡量一切评测工具是否有效的根本原则。假设动作技能评测方法并不能客观地反映个体动作技能发展的现实状况和发展水平时,其测量的结果也必然失去了参考的价值与意义。

(四) 评测可行性

从动作技能评测的实践操作层面考虑,评测可行性大致体现在以下方面。

(1) 评测成本:评测所需的人力和物力成本直接决定其是否能顺利开展。

(2) 时间跨度:评测所花费的时间长短在一定程度上决定了评测的质量和评测的意愿。

（3）管理难度：评测对象的配合程度、数量规模、评测项目数量多少和流程设计的科学合理化等都在一定程度上反映了评测的管理难度。管理难度越大，则评测的失败风险越高，反之亦然。

（五）评测实用性

如果评测所得的数据与结果不仅能够帮助教学主体（教师）有效地完善教学计划、提升教学质量，同时还能帮助教学客体（学生）通过自我评价的方式明确动作技能学习的内容与范围，那么此评测工具的实用性则强，反之亦然。

四、动作技能评测的五个主要目的

动作技能评测的基本目的通常是指测试行为主体根据儿童动作技能教学和发展需要，借助儿童动作发展等基本理论原理和知识及儿童体育教学观念的中介作用，通过以结果为导向或以过程为导向的测试手段和方法，所预先设想的行为目标和结果。儿童动作技能评测实践活动的依据是以儿童动作能力发展和技能水平提升为根本目的，并将此目的贯穿至整个评测实践过程的始终。总而言之，儿童动作技能评测共有以下五个主要目的。

（一）客观、全面评价儿童动作技能的学习状况

评估是体育教师衡量儿童动作技能习得状况、发展进程和能力水平的一种有效方式。通常情况下体育教师应在不同学习阶段运用前测、中测和后测等方法，客观评估儿童动作技能的学习情况。

（二）为全面提升动作技能教学质量提供可靠依据

运用动作评测方法可以帮助教师确定其动作技能教学实践是否存在不足和短板，进一步明确动作技能教学的优缺点。在动作技能评测实践中，根据评测对象的实际情况和评测目的，有针对性地选择适宜的评测方法，以确保评测工作的顺利进行。

（三）为提升不同群体对动作技能发展的认识提供客观结论

通过提供真实、有效的儿童动作技能评测数据及分析结论，可以提高教师、家长、学生和学校体育管理者等不同群体对于动作技能形成与发展的客观认识。从这个角度审视，评测工具在促进不同群体达成共识方面发挥了"黏合剂"的作用，能够从不同群体的观察视角和认知层面建立起对儿童动作技能发展的客观认识。

（四）能够有效地评估体育课程中动作教学内容设计的合理性和科学性

评估可以证明某一课程内容设计的科学性、合理性和普适性，进而揭示嵌入到年度教学计划中的动作技能教学实施的有效性和可行性。在充分考虑教学双边活动统一协调的基础上，对年度教学计划和课程具体方案进行适度的调整和修正，在促进儿童动作技能最优化发展的同时，强化教师进行动作技能教学的成就感。

（五）为探究不同年龄、性别儿童技能发展规律提供量化数据支持

动作评测所获得的相关数据和结果可以客观反映不同年龄、性别儿童的动作技能学习和发展实际状况，并在一定程度上反映了教学目标设定合理度及其对儿童动作学习和教师实际教学情况的影响作用。因此清晰的儿童动作技能学习效能的数据呈现，可以促使行之有效的动作技能教学计划的实施，此外，还可以探寻不同年龄、性别儿童动作技能学习的阶段特征和年龄差异，进一步提升儿童动作技能的教学效果。

第三节 儿童基本动作技能评测的具体内容、方法及应用的注意事项

为了更好地检验不同阶段动作技能教学任务和目标的达成情况，我们有必要对不同阶段的儿童动作技能学习效果进行科学、客观的评测，以检验阶段性学习任务目标和实际教学效果间的达成情况，便于总结经验、修正错误、调整计划，从而进一步提高教师教学水平和课堂教学质量，巩固儿童动作技能学习成果。通过提高儿童对动作技能的理解和对神经肌肉的控制能力，最终达到能熟练运用动作技能，并将动作技能灵活运用于实操。所以我们有必要进一步明确儿童动作评测的具体内容、方法与流程，以便帮助大家能整体、清晰地把握动作评测的内容框架，不断提高动作技能评测的效率和精度。

根据儿童动作能力发展原理，儿童的运动感知、认知和社会情绪发展水平将直接影响着儿童动作技能的形成与发展，三者之间相互依存、相互影响，形成共同的整体并对儿童动作技能的形成与发展产生影响。儿童对身体运动方式和内在机制的理解水平，体现了其对动作技能学习、形成的认知程度；在体力活动中所展现出的运动能力，体现了其动作技能的熟练程度和发展状态；儿童对体力活动的积极性情绪体验则表明了其社会情绪能力的发展水平。

一、评测儿童动作技能学习效果的内容取向

在儿童动作技能形成的过程中，其认知能力、社会情绪能力和运动能力始终伴随着动作技能的形成而不断发展变化，换言之，以上三种能力是儿童开展学习活动的根本条件与物质基础。因此，认知、社会情绪和感知能力的发展水平也决定了儿童动作技能形成与发展的方向与速率。以下就儿童动作技能评测中所涉及的认知发展、运动能力发展和社会情绪能力发展部分进行简单介绍。

（一）认知发展

动作技能评测所涵盖的认知发展，强调儿童在学习和掌握基本动作技能的过程中，对所学动作技能的动作概念理解和动作执行能力，体现其通过动作技能学习后内化吸收成为自我理解的程度。因此，动作技能学习的认知评测主要体现了儿童在不同体力活动和特定运动任务中，通过具体的动作表现和实际的完成情况所显露出来的对动作的概念、原则、策略和战术运用等基本动作概念的自我理解程度，而这一理解能力又从一个侧面体现了儿童对于特定动作学习的内在意义的认知和记忆水平。

儿童认知发展的评测主要是测量儿童对于基本动作概念、原理、策略和战术运用等的理解程度与认识水平。例如：学龄前儿童在学习肩上投掷动作时，自认为只要把投掷物投出去就算是成功的动作了，根本不会考虑投掷的远度，更谈不上动作的准度；然而随着动作练习次数的增加，儿童对影响投掷动作完成质量的支撑脚的稳定性、发力顺序和不同环节动作的连贯性有了更深入的理解后，投掷动作质量也随之提高，能够将物体投得更远、更准。由于动作技能的不断熟练，儿童不仅学会了如何在体育游戏中审时度势地观察场上局势，适时地把握投掷时机，完成任务，达成目标，甚至还学会了用投掷的假动作诱导对

方犯错的战术策略，进而将投掷动作理解提升到一个新的认识高度。

（二）运动能力发展

动作技能评测所涵盖的运动能力发展，强调儿童在动作技能学习过程中的实际动作表现，体现了儿童通过感知觉器官探索不同运动环境及在这一过程中的动作技能习得情况。众所周知，感知是一切身体活动的前提，没有感知也就没有了运动本身。因此在实际动作组织与执行过程中，感知觉器官为人体运动提供了必要的背景环境信息和运动感知信息。人体唯有在接受、分析和整理这些信息的前提下，才能适时地做出运动决策和判断，从而完成动作任务，达成运动目标。因此运动能力的评测主要反映了运动过程中儿童感知与运动能力，也直接体现了儿童实际的动作表现。儿童运动能力的评测主要反映儿童动作技能的发展水平和身体素质状况。以跳绳为例，在认知阶段，由于儿童对上肢摇绳与下肢跳动的配合时机和动作节奏、幅度把握不准等缘故，常常出现动作失误；进入联结阶段后，随着练习次数的增加，儿童逐渐掌握了以双脚并脚跳、单脚交换连续跳和垫步跳等不同跳跃方式来完成动作，动作控制能力得以提升；当进入动作自动化阶段时，儿童不仅可以参加双人跳绳比赛，甚至可以在比赛中采用两人一带一跳、两人协同跳等多种双人跳绳形式来完成比赛任务。通过对以上不同动作技能发展阶段的评测，可以帮助我们对儿童的动作技能熟练程度和发展水平有一个准确判断。

（三）社会情绪能力发展

动作技能评测所涵盖的社会情绪能力发展是指儿童在基本动作技能学习过程中，因人际或人与环境双边互动过程中所形成的个人情感和社会适应等社会属性的发展状况。儿童体育游戏多为双边或多边的交互性体力活动，在教师指导和游戏规则的约束下，儿童将会在此类活动中与不同参与个体产生互动。通过此类互动的开展情况，可以体现出儿童对个体间以及个体与环境间关系的认识水平和理解程度。

儿童社会情绪能力发展的评测主要反映儿童在体育游戏过程中所表现出的环境适应、情绪表达和人际交往的能力水平与发展状况。例如：小学低段儿童能够听从教师或同伴的教学反馈修正自己的错误动作；小学高段儿童能够在两两成组的合作互助式教学过程中，相互指出同伴的错误动作，并通过及时的信息反馈帮助其纠错。随着儿童认知和运动能力的增强，其在运动过程中能够进行自我纠错，并自觉将自己的技术动作与他人进行对比，通过同行横向比较进一步优化技术动作，寻求提升空间。

二、评测儿童动作技能学习效果的方法手段

儿童动作技能的评测方法是为特定的评测目的而服务的，由于儿童的年龄、技能水平和学习阶段的不同，评测目的又会反作用于评测方法，限制其运用。因此为了客观测量儿童动作技能的发展水平和学习效果应选择适宜的评测方法。同时应根据儿童动作技能评测的根本目的和实际需要，科学、合理地运用评测方法对儿童动作技能发展进行客观、准确的测量，从而获取可供改善动作技能教学与组织的有效评测数据与结果，进一步提高儿童动作技能的教学水平。以下将按照儿童动作技能评测方法的目的、作用、适用范围和学习阶段的不同，进行分类列举，便于教师对评测方法的全面理解。

（一）标准化评测与非标准化评测

以评测记录的结果是否采用量化标准指标为依据，将儿童动作技能评测划分为标准化

评测与非标准化评测。标准化评测通常是指测评者通过量化标准指标的方式，客观评价儿童的实际动作表现与动作学习效果。非标准化评测也称为现场观察评测，通常是指用现场行为观察评价的方式，定性评测儿童的动作技能学习情况。以上两种方法的适用范围较广，能够以定量或定性的方式，对处于不同动作技能学习阶段的儿童进行动作技能评测。标准化评测能够准确反映出个体发展的差异水平，对发展趋势和程度进行客观、准确的量化评测；而非标准化评测能够对动作技能的熟练程度和动作质量有一个整体评价，便于教学者更好地把握不同动作环节的掌握程度和学习进展情况，两种方法互为补充，各有利弊。

（二）动作过程评测与动作结果评测

以评测内容为依据，将儿童动作技能评测划分为动作过程评测与动作结果评测。动作过程评测是以不同动作环节的完成质量和连贯程度为评价内容的定性评测方法，其本质目的是对动作质量的定性评测。例如全身动作控制整体评测与局部动作控制分解评测方法，都是以动作完成质量为评测内容的定性方法，能够从局部和整体两个方面体现动作的正确性、合理性和规范性。动作结果评测则是以动作完成效果为评价内容的定量评测。例如：在投掷动作中投掷的远度、投中的次数以及在跳跃动作中单脚跳起的高度等标准量化数值，在一定程度上都体现了动作完成的实际效率。

由于以上两种方法是从不同的维度对动作完成情况进行的评测，因此在实际评测过程中常常交叉结合运用。通常情况下，动作过程（质量）评测多用于动作技能学习的初期阶段，其目的是通过科学的教学反馈和动作纠错，来帮助儿童尽快认识到自身的错误动作，利于体育教师随时有针对性地调整课堂教学方案和干预手段；而动作结果评测则是多用于动作学习末期评测，其目的是帮助体育教师更加全面掌握儿童动作技能的发展状态和技术动作的效率，为下一阶段的动作技能教学计划的制订提供参考借鉴。

（三）诊断性评测与终结性评测

以动作技能评测的时间节点为依据，可以划分为诊断性评测和终结性评测两种。诊断性评测是指在任一时间节点上针对儿童技术动作错误所开展的技术诊断评测，其优点是测试时间灵活化（学习过程中任一时间节点）、评测形式多样化（定量评测、定性评测或两者结合）和动作纠错个性化（不同个体、不同年龄、不同发展水平的全面评测），缺点则是测试的组织与管理难度相对较大，测试结果的一致性和稳定性较差。终结性评测是指在某一动作技能学习末期，针对儿童动作学习效果和发展状况进行评测。其优点是测试结果较为稳定、测试组织与管理相对简单和测试对象相对固定等，但也存在教学效果反馈不够及时、评测数据及结果的全面性和准确性欠佳等缺点。

（四）自我评测与他人评测

以动作测评实施者为依据，可以划分为自我评测与他人评测。自我评测是指动作技能练习者自己所开展的评测。其优点是时间灵活、简便易行、形式多样，能够帮助练习者认识到自我的动作错误，更好地激发练习动机；缺点是评测结果受到主观认知的影响，往往不够客观。他人评测是指由教师或同学间组织、开展的动作技能评测。其优点是评价结果较为客观、反馈及时且形式多样（测试量表、视频、语言等反馈形式）、通过对照评测结果能够促进评测者自我的动作认知水平（学生评测）提高；缺点是受到评测者认知水平局限，评测结果误差较大。通常情况下，以上两种方法相互交叉、灵活使用。

（五）动作整体构成序列综合评测与动作局部构成序列分解评测

以动作整体与部分构成序列为依据，将动作技能评测划分为动作整体构成序列综合评测与动作局部构成序列分解评测两种。动作整体构成序列综合评测是指在动作预备、发力和结束三个动作阶段中，对参与动作组织与执行的身体各部分进行动作序列和质量的整体截面的诊断评价。此种方法的优点是能够客观、准确地刻画全身各部分动作序列和质量在不同动作阶段的横断面状态，并且清晰、全面地反映出身体各部分在同一时间节点上的相互关系和运动位置，便于参照练习，提高动作学习的效率；而缺点是对测试人员要求较高，在进行测试观察时需要注意力的高度集中，避免遗漏。由于此方法的教学反馈效果好，也便于练习者参照查找不同动作阶段的身体位置和运动关系，帮助其建立身体各部分的位置感和肌肉用力感觉，对儿童基本动作技能学习的帮助较大，因此运用较为广泛、频繁。

动作局部构成序列分解评测是指在动作预备、发力和结束三个动作阶段中，对参与动作组织与执行的身体局部的动作序列和质量的分解诊断评价。此种方法的设计思路和评测原理与前者基本相似，只是彼此在评测关注的身体部位和范围广度上存在差异，前者注重横截面身体各部分之间的运动关联与轨迹变化，而后者则关注身体局部在不同动作执行阶段中的动作序列和轨迹变化。因此前者更加宏观，能够帮助练习者更好地理解不同动作阶段中，头与躯干、上肢和下肢之间的运动关联和轨迹变化，使练习者能够更好地建立用力感觉和动作记忆；而后者则更加简明扼要、层次清晰，能够帮助练习者更好地关注动作执行过程中某一特定身体部位的局部动作，而非整个身体的协调运动关系，便于练习者对局部动作的理解，形成良好的动作记忆。

动作整体构成序列综合评测注重构成整体"截面"的身体各部分的相互运动关系，较为宏观，评测要求高，操作难度较大；而动作局部构成序列分解评测则注重身体局部"截点"在不同动作阶段中的动作控制与轨迹变化，较为微观，评价要求适中，操作难度较小。在不同的教学阶段中，可以根据教学反馈和评测需要，将两种方法交叉混合使用，相得益彰。

三、儿童动作技能评测应用的注意事项

儿童动作技能评测应结合儿童动作技能教学计划安排和学习进度，根据教学任务与指导反馈的需要，始终贯穿于儿童体育教学的整个学年中。为了教学主体（教师）和教学客体（学生）能够清晰认识某一阶段的教学实际效果和技能掌握情况，有必要在教学开始前、后分别组织动作技能的前测与后测，以帮助教师和儿童清晰地了解教学目标的达成情况，客观验证教学的实际效果。通常情况下，任何教学开始之前所组织的动作技能评测即前测，主要是为了帮助教师摸清儿童的动作技能基础，为即将要进行的动作技能教学提供现实依据，并根据儿童现有的动作能力基础，设定合适的阶段性课堂教学目标。在某个教学阶段（期中或期末）所组织的动作技能评测，被称为后测，一方面为接受教学的儿童提供必要的教学指导与反馈，另一方面通过前、后测的数值对比，来判断动作技能习得的变化情况，明确后一阶段教学重点和改进方向。

（一）形成性评测与终结性评测综合应用

形成性评测是指在教学过程中，为了解儿童动作技能掌握情况，及时发现教学中的问

题而进行的评测。形成性评测常采用定量或定性的测评形式进行，此时评测内容必须包含儿童动作教学单元中的重点学习内容，以评价儿童的学习进展情况。通过形成性评测，教师可以随时了解儿童在学习上的进展情况，获得教学过程中的连续反馈，为教师随时调整教学计划、改进教学方法提供参考。

终结性评测，也被称为事后评测，一般是指在儿童动作技能教学活动告一段落后，为了解动作教学活动的最终效果而进行的评测。学期末或学年末所进行的各种动作技能评测和考核都属于这种评测，其目的是检验儿童动作技能学习是否达到了最终的课堂教学目标要求。

（二）课堂教学前测与后测综合应用

课堂前测通常是指在某一动作技能教学计划开始前，对被试儿童开展的技能水平摸底测试，旨在为后测提供一个比较基准，以说明动作技能教学的实际效果及其对儿童动作技能学习的影响效应。前测能了解参与教学活动的儿童是否适合参加动作技能教学活动，同时也对教学计划的可行性进行检验，并可评价教学计划的效果。如对同一组被试儿童在教学计划前后，分别进行前测和后测，就可根据两组测试分数的高低来评价该教学计划的可行性效果。

课堂教学前测与后测是互为基础的一组测评，缺失任一个都将无法对教学实施效果进行验证。前测是课堂教学开始前，对儿童动作技能水平的摸底测试，而后测则是课堂教学结束后，对教学实际效果的评价性测试。课堂教学前测与后测都是为了提升儿童动作技能的教学效果而开展的验证性测试。为了能做到教学设计有依据，我们需要获取、了解儿童的真实动作水平与动作概念认知状况，以细致、翔实的前测来加强教学活动设计的实效性，而用后测来检验教学过程的有效性。前测与后测之间的差值即体现了儿童通过对动作技能的学习后所引发的变化程度。

动作技能教学活动是由教师组织实施，儿童跟随学习的双边教学活动过程。因此，开展课堂前测、后测显得尤为重要，不仅能够很好地了解儿童现有的动作技能水平与动作教学计划之间的契合度、关联性和完成度，而且最大化地激发儿童参与动作技能教学活动的积极性。同时，选择适当的前测与后测方法，思考更符合儿童认知规律、技能水平的教学策略，更好地提高动作技能教学效率，对于提高"做中学"教学的有效性起着至关重要的作用。

第四节 动作整体构成序列综合评测方法的实践运用

基本动作技能发展阶段是儿童从早期的本能反射、姿态控制动作向注重动作功能性和实用性的专项动作技能过渡的重要动作技能形成阶段，具有承上启下的重要作用。伴随儿童的生长发育，其动作的控制能力也随之增强，具体表现为：儿童身体活动的自主范围逐渐扩大，能力逐渐增强，在这种由强烈好奇心驱使下开展的儿童探索性身体活动，不仅为动作能力的发展提供了大量练习的机会，同时也为后期基本动作技能的形成与发展奠定了坚实的基础。

基本动作技能与儿童早期自主性动作之间最大的区别在于：

(1) 基本动作技能是通过特定教学活动而形成的学习、掌握过程，儿童早期的自主动作则多为无目的性的重复动作控制；

(2) 基本动作技能是为了满足生存、生活和特定体力活动需要而掌握的特定技术动作组合，而儿童早期自主性动作则是无目的、自发的重复性反射动作。

简言之，儿童早期的身体动作更多显示的是"能做"的意义，代表了儿童早期的神经和身体发育水平，并为后期的动作发展奠定了物质基础；基本动作技能则是进一步说明了儿童不仅"能做"，而且"会做"，即能够在满足一定客观需要的前提下能动地做，这和儿童早期自主无目的的动作相比较，又向前跨越了一大步。

一、动作整体构成序列综合评测方法的目的与意义

随着儿童动作能力和技能水平的不断提升，其技术动作的运用能力也在不断增强。儿童在教师有组织的教学活动中，通过反复的动作练习，掌握了不同类型的动作技能。技术动作固定组合的不断丰富，动作控制能力的增强，都使其在日常生活和体力活动中表现得更加游刃有余、得心应手。如何能客观、准确地评估儿童的基本动作技能实际水平和动作技能教学目标的达成情况，却是体育教师亟待解决的教学现实问题。从宏观层面上来讲，儿童动作技能评测直接反映了课程与课堂教学目标的达成情况，在一定程度上表明了儿童动作技能教学计划制订的科学性、合理性和有效性；从中观层面来讲，儿童动作技能评测能够帮助教师检验其课堂教学的实际效果，总结现有教学过程中教学内容、教学方法或课堂组织存在的问题，通过对教学、教法的完善改进，提高教学活动效率，促进儿童动作技能既好又快发展；从微观层面来讲，评测的结果能够客观、全面、准确地反馈出前一阶段儿童动作技能的掌握情况与学习效率，使其能够主动了解自我学习的效率，明确错误动作产生的原因和改进的具体方式。

二、动作整体构成序列综合评测方法的构建思路

动作整体构成序列综合评测方法最早由维尔德在1938年针对不同年龄阶段儿童肩上投掷动作模式的跟踪研究衍生而来，经过20世纪不同时期儿童动作技能研究者的不断验证和改进，该方法得以完善、提炼、形成。本文借鉴了前人的研究成果和评测方法设计，在结合我国语言、文化背景和儿童教学特点的基础之上，进行了创新，以期能为体育教师提供一种简便易行、客观准确的儿童动作技能评测方法。

(一) 按照预备、发力和结束三个阶段的动作完成顺序设计评测内容

依据儿童动作能力发展、动作技能形成和认知发展的基本原理，在借鉴现有儿童基本动作技能测评工具的基础之上，按照动作预备、发力和结束三个阶段的动作组织与完成顺序，将头与躯干、上肢和下肢作为三个不同动作阶段中的主要评测对象。通过参照对比标准动作、不同身体部位运动关系和轨迹描画以及对不同阶段动作的属性分类三种方式，在夯实评测工具的科学基础的前提下，进一步提升评测工具的合理性和实用性。

(二) 全面、系统地制定3大类、24项动作整体构成序列综合评测表

根据动作的分类，全面整理并编制了稳定、位移和操控3大类24项动作整体构成序列综合评测表，其中又分为稳定类动作技能整体构成序列综合评测表（详见附件1~3）、位移类动作整体构成序列综合评测表（详见附件4~16）和操控类动作整体构成序列综合

评测表（详见附件17~24），进一步提升了测评工具的全面性与完整性。

（三）设计定量（动作结果）与定性（动作质量）相结合的评测方案

将动作质量定性评测和动作结果定量评测结合起来，通过定性评测全面掌握儿童不同动作技术环节的完成质量与掌握程度，为动作纠错提供依据；通过定量评测全面掌握动作技能的实际效率，跟踪记录不同学习阶段动作执行效率的变化情况，为掌握儿童不同时期动作能力提升和动作技能发展提供量化数据，便于进一步总结儿童动作技能的发展规律与阶段特征。

（四）从儿童、教师和同行三者不同的视角提高评测的准确性

通过学生自评、教师评测和同行评测的方式，从教学主体、客体的角度出发，客观评测儿童动作技能的掌握程度和发展状况。通过教学实施主体、学习客体和同行三者不同的观察视角，进一步丰富技能动作的评测维度和准确度，为科学制订教学计划、完善教学内容和提高动作技能学习效率提供现实依据。

（五）将动作质量的定性评测结果进行雷达分级图可视化呈现

对儿童基本动作的完成质量进行定性评测是评测工具的重要内容和主要功能，其目的是帮助教师和儿童掌握技术动作的实际学习进展情况，因此如何将动作质量的定性评测结果可视化、量化，进一步提高教学双方对定性评测结果全面、准确的理解就显得尤为重要。为了实现儿童动作质量评测要素雷达分级图的可视化呈现（详见附件25~28），我们可采取以下步骤。

1. 获取动作技能定性评测结果

根据教学计划和技能评测方案设计，在教师的安排组织下，有计划、有步骤地实施不同教学阶段的动作技能评测应完成以下主要工作。

（1）开展动作技能评测。教师应将动作技能的定性与定量评测结果填入相应表格，做好存档记录。

（2）儿童自评。教师引导儿童准确描述其技术动作完成的难度和自我用力感受，并做好记录。

（3）定性结果儿童分级自评。基于儿童完成技术动作的难度和用力感受，教师引导儿童完成动作质量评测要素雷达图四级量化评定和自我评价，做好存档记录。

（4）定性结果教师评定。教师完成儿童动作质量评测要素雷达图四级量化评定和自我评价，做好存档记录。

2. 开展儿童技术动作的量化分析

（1）描画雷达结构图。在综合儿童和教师的雷达图四级量化评定的基础上，将每个动作要素（环节）的分级评定结果连线画出雷达结构图。

（2）分析雷达结构图。从整体雷达图的覆盖面积分析，若雷达图从内向外的覆盖面越来越小，则证明该儿童技术动作存在较为明显的短板，应根据其存在的主要问题，进行专门技术动作练习，不断修正、改进技术动作的短板；若雷达图从内向外的覆盖面越来越大，则证明该儿童技术动作掌握较好、较为全面，则应该注重该儿童不同类型动作技能的全面、均衡发展，不可偏废。从单个动作元素的覆盖面积分析，若雷达图从内向外的覆盖面越来越大，则证明该技术环节掌握较好，应注重该技能其余动作环节的均衡发展，不断提高技术动作的完成质量；若雷达图从内向外的覆盖面越来越小，则证明该技术环节掌握

不好，应针对该动作环节存在的不足，开展有针对性的专门练习，不断提高同一技能不同动作环节的完成质量。

3. 教学计划调整

（1）根据儿童动作技能的定性与定量评测结果反馈，在进一步明确动作技能教学的改进重点和学习要点的基础上，完善并修订当前和下一阶段的教学计划和目标设定。

（2）动作技能再评测。通过动作技能的定量和定性评测，检验所修订教学计划的执行情况与学生动作技能的学习变化。

三、动作整体构成序列综合评测方法的具体应用

动作整体构成序列综合评测是观察动作主体的头与躯干、上肢及下肢等身体部位在动作的预备、发力和结束三个不同阶段中的动作运行轨迹和协调用力，最终整体评价动作完成质量的一种评测方法，如图6-2所示。

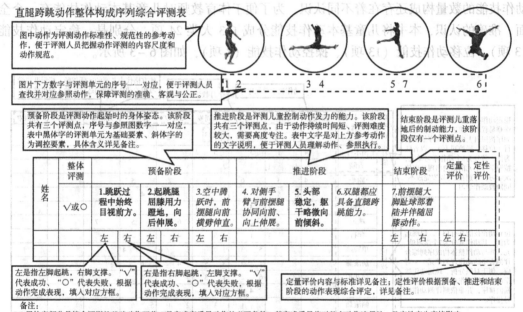

图6-2 儿童直腿跨跳动作整体构成序列综合评测图

（一）运用定性与定量结合的方式评测动作技能发展状况

充分发挥定性与定量评测相结合的优势，是准确把握儿童动作技能掌握状况和形成变化的有力手段。动作质量反映了儿童对单个动作环节控制以及不同动作环节串联的能力，而动作结果则反映了动作输出的实际效率。定性与定量评测能够从质与量上全面反映儿童动作组织与执行的整个过程，从而为全面促进儿童动作技能的学习与发展提供了支持。

（二）评测定性结果分级可视化显示将进一步提高评测反馈的实用价值

运用雷达分级图将评测定性结果可视化是儿童动作技能评测的创新之举，这将有利于帮助教师和儿童更好地理解动作技能的学习进展和掌握程度。首先通过动作质量观察评测

获得不同动作环节的定性评价结果，然后分别要求教师和被试儿童根据不同动作环节的定性评测结果和自我动作理解，将不同动作环节的定性评测结果填入量化分级雷达图对应的要素分析方框中，根据方框中的定性结果分别量化分级，并将分级结果以画线的方式进行连接，最终形成的定性结果将以可视化的雷达图呈现（雷达图制作流程和方法详见上文）。

四、儿童基本动作技能教学整体规划与不同动作技能的迁移效应

个体动作技能发展是一个漫长的渐进式过程，其发展受到生长发育、遗传、环境、营养状况及身体活动等许多因素的制约和影响。在个体生长的不同时期，动作能力发展和动作技能形成呈现出不同的发展速率和发展趋向。就基本动作技能而言，儿童早期和中期的身体活动极大地促进了基本动作技能的形成与发展。因此该阶段也是儿童基本动作技能发展的关键时期，将对个体后期的技能形成、体育锻炼意识和身体活动能力产生极其深远的影响。目前，理论界对儿童基本动作技能的分类标准已形成了基本共识，但对每一类基本动作技能的数量构成还存在着不同认识。为了便于体育教师对儿童基本动作技能有一个全面、准确的认识，本书将儿童基本动作技能分成了 3 大类 24 项，分别是：稳定动作技能（3 项）、位移动作技能（13 项）、操控动作技能（8 项），如图 6-3 所示。

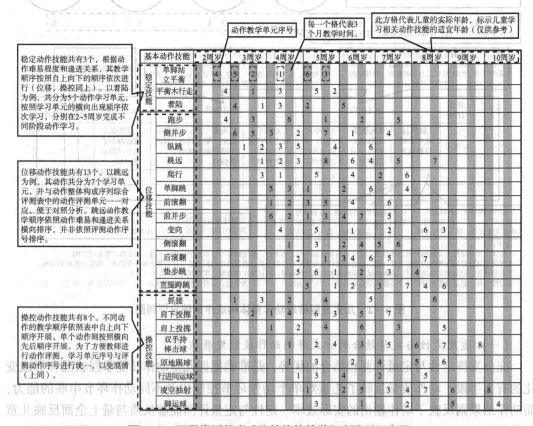

图 6-3 不同类型基本动作技能的教学顺序排列示意图

（一）儿童基本动作技能教学整体规划

基本动作技能是儿童从"被动适应"环境走向"主动改造"环境的重要动作技能学

习阶段，虽然随着生长发育，儿童也会自然获得走、跑、跳、投等基本的动作能力，但这与基本动作技能是有本质区别的。儿童的基本动作能力更多是人类适应环境、进化演进的结果，其本质是为了满足个体自我生存；动作技能是为了完成特定任务而反复练习后习得的固定动作组合，随着个体的生长、发育、衰老，动作技能也会随之习得、修正、提高和消退。为了能够更好地促进儿童动作技能全面、均衡发展，对儿童基本动作技能的教学活动进行系统、科学的整体规划，显得十分重要。

1. 儿童基本动作技能应遵循先易后难的动作学习原则

儿童动作技能学习是一个积累、渐进的过程，先教会儿童掌握难度较低的动作环节，不仅可以形成正确的肌肉用力感，为难度动作学习打下基础，而且能建立自信，提高学习效率。

2. 儿童基本动作技能应遵循先基础、后调控的动作学习原则

根据不同动作环节对动作技能完成的贡献作用来看，在身体活动过程中对动作质量和姿态控制产生主要影响的动作环节称为基础动作要素，而此过程中发挥次要影响的动作环节称为调控动作要素，因此在动作技能教学中应先牢固掌握基础动作要素，随后再逐渐掌握调控动作要素，提高不同环境下动作的综合运用能力。如图6-3所示，儿童所有的动作技能教学都遵循先基础动作要素后调控动作要素教学的原则，因此动作技能的横向教学顺序是完全依照重要性原则排列的，而非动作环节实际执行的先后顺序，这样方便教师查找不同类型基本动作技能教学的先后顺序和同一动作技能不同动作环节的学习顺序（详见附件28）。

3. 儿童基本动作技能应遵循先稳定控制后动态控制的动作学习原则

众所周知，身体稳定是动作高质完成的基础，以投篮动作为例，如果双脚站立不稳，势必影响投篮准确性。因此动作技能学习应让儿童在稳定支撑下形成正确的动作记忆，随着能力的提高，再逐渐掌握非稳定支撑下的动作控制，循序渐进掌握动作要领。

4. 儿童基本动作技能应遵循先分解、后完整的动作学习原则

本书将动作技能的不同动作环节按照作用和重要性不同，划分成若干动作环节依次学习的设计思路就是遵循分解教学原则而形成的。动作技能分解教学是简化动作掌握过程，缩短动作学习时间，增强学习信心和兴趣，有利于加快掌握正确技术动作的有效教学方法。但分解教学法也有不足之处，其很容易破坏儿童对技术动作完整性和连贯性的掌握、理解，因此在儿童动作技能教学过程中，我们要通过合理划分技术动作环节、突出动作学习的重点与难点、准确把握分解与完整教学时机等关键要素，将分解和完整教学有机结合起来。我们唯有充分吸收、发挥分解和完整教学方法的优点，规避缺点，才能有效提高儿童动作技能的学习效率。

（二）迁移效应是不同动作技能教学顺序安排的基本依据

从个体生存、生活对不同基本动作技能的依存程度以及不同基本动作技能对个体身体活动的功能用途双向考虑，以上三类基本动作技能在动作技能教学过程中应存在一个相对的、有教学先后顺序的客观规律，即：前一个基本动作技能的形成与发展，对后续基本动作技能的学习会产生一定的积极或消极的作用。例如：由于稳定动作技能是一切动作的必要基础，因此应先于其余两类动作技能开始学习；同理，跑步和变向同属位移动作技能，变向却是以跑步动作技能为基础的，因此跑步应先于变向动作技能的学习，待跑步动作技能掌握后，才能为变向动作技能的学习奠定良好的基础。

儿童不同基本动作技能间的相互作用，在一定程度上影响了动作技能教学先后顺序的安排和教学内容的设置。这种基本动作技能教学先后顺序排列的理论基础源于动作技能的迁移效应原理。而不同动作技能之间的迁移效应通常是由两种及以上动作技能的学习任务、学习情境以及认知加工程序的相似程度所决定的。如果两种不同动作技能之间的学习任务、学习情境以及认知加工程度的相似程度越高，则两种动作技能之间的正向迁移越好，即一种动作技能学习对另一种动作技能学习起到积极的促进作用，反之亦然。总体上来讲，动作技能之间的正向迁移效应多发生在同类基本动作技能之间，不同类型动作技能之间的迁移多为部位与整体迁移的差异。两种动作技能之间的情景运用、动作控制方式和动作时空结构相似度越高，则两种技能之间的迁移效应越强，反之亦然。

通过对三类基本动作技能的控制方式、肌群协同动员程度和功能用途属性的梳理和分析，对3大类24项基本动作技能的教学顺序进行了大致排序，以便教师在儿童基本动作技能教学过程中灵活运用。对儿童基本动作技能教学顺序的梳理，能够帮助我们更好地认识儿童基本动作技能的形成路径、发展规律和阶段特点，对不同时期儿童基本动作技能的评测也具有一定的借鉴与启示作用。同时明确儿童基本动作技能教学顺序和不同阶段动作技能评测的侧重点，能够帮助我们根据不同阶段的基本动作技能形成规律和发展特点，有针对性地组织教学，开展技能评测，促进儿童动作技能有序、全面、系统的发展。

第七章

儿童稳定类基本动作技能教学指导与方法策略

第一节 单脚站立平衡动作技能教学的主要内容、教学组织与指导反馈

一、单脚站立平衡动作技能简介

平衡是所有位移动作技能的先决基本动作技能。人体平衡共分为两种：静态平衡和动态平衡。静态平衡动作技能是指人体在下肢承重支撑的状态下，维持身体重心静止平衡状态的能力。动态平衡动作技能是指人体在位移运动过程中控制身体重心平衡稳定的能力。从动作控制角度出发，人体所有的动作都始于身体的静态平衡，因此平衡能力对于动作执行和完成质量至关重要，同时也是人体维持平衡的姿态控制和神经肌肉协调用力的关键能力，在平衡参与的动作执行过程中，始终发挥着重要作用。所以无论静态平衡动作技能还是动态平衡动作技能，都是从事体育运动和体力活动的基础与保障。

单脚站立平衡是开展体操、舞蹈、跳水和许多球类项目动作技能学习所必须提前掌握的非位移动作技能之一。随着年龄增长，神经肌肉控制能力不断消退，在生活场景中维持身体平衡将是老年人必须面对的挑战之一，特别是在特殊的地形条件下，如上下坡、上下楼或在湿滑地面上。在进行步行或跑步运动过程中的单脚支撑阶段，维持好身体平衡十分重要，该动作能力的好坏将直接影响着儿童意外摔落和骨折损伤的发生概率。

不管是在移动中或是在保持身体静止姿态时，平衡能力都是儿童从事任何体力活动的基础与前提。单脚站立作为维持身体重心点稳态的下肢支撑动作，是指在重力作用下维持身体重心稳定的能力，例如单脚直立或手倒立。对于儿童而言，保持身体稳定的能力，对许多运动技能的完成来说都是至关重要的，例如跳高、跳远或单腿跳。如果需要完成肩上投掷和悬空踢球等含有抛接及双手击打的动作，下肢支撑平衡的稳定性就是确保上肢操控动作准确性的前提条件，只有两者有机结合，才是高效、流畅地完成球类动作技能的关键所在。无论儿童是在日常生活中完成简单的穿衣动作，还是在游戏中完成爬杆的动作技能，维持身体平衡都是同等重要的。因此，单脚站立平衡是儿童在日常生活场景和运动场景中完成其他动作技能的基本动作技能，如果单脚平衡都无法完成，那么其他以下肢平衡为基础的动作技能都将无法完成。

二、单脚站立平衡动作的教学原则和注意事项

通常情况下，大多数儿童都能够在 5 周岁左右熟练地完成单脚站立的基本动作。该动作的完成标示着儿童动作技能发展的熟练程度，我们重点需要注意的是，儿童单脚站立平衡控制双臂外展之前（见附件 1 中的要素 6），首先应该让孩子学会控制躯干和肩部的神经肌肉（见附件 1 中的要素 4 和要素 5），以保证单脚站立时躯干的直立和稳定。

儿童在掌握单脚站立平衡的足部控制之前（见附件 1 中的要素 1），首先应该学会髋部和膝部的神经肌肉控制（见附件 1 中的要素 2 和要素 3）。

由于儿童身体生长遵循从中轴向四肢发展的规律，从而儿童上半身的重量和控制能力都要优于下半身。因此，儿童在学习单脚站立平衡的认知阶段就会遇到许多挑战。假如在儿童单脚站立的同时，增加抛接等精细操控动作任务，则会使动作任务难度不断提升，以致多数儿童无法顺利完成。在熟练掌握单脚平衡站立的动作之前，儿童基本无法应对维持身体平衡与多重动作任务要求的双重挑战，究其原因主要有以下几点：首先是遵循生长发育规律而出现"头重脚轻"现象，导致幼儿维持单脚平衡的难度增大；其次上半身的神经肌肉控制能力发展优于下半身，因此很难精准地控制全身的稳定姿态；最后，动作任务数量增加，提高了儿童动作程序执行的难度，因而很难完成动作的要求。以上事例进一步解释了儿童为什么在维持身体平衡的同时，难以兼顾完成手部精细化操控动作的难点所在。儿童单脚站立平衡动作的熟练掌握和运用通常出现在 3 周岁末期。

单脚站立平衡（正面）

单脚站立平衡（侧面）

三、单脚站立平衡动作的评测标准与作用（表 7-1）

表 7-1 单脚站立平衡动作技能的评测标准与作用

动作要素	动作评测标准	标准动作的价值与作用
1	支撑腿足底稳定置于地面上，膝部无明显弯曲。	若儿童在单脚支撑状态下，以跳或身体晃动的方式维持平衡，或立即失去平衡，都意味着该儿童无法完成单脚稳定支撑。
2	非支撑腿弯曲，未碰撞支撑腿。	表现出其完成动作的自信。
3	双腿皆能保持平衡。	该标准主要是检查双侧平衡能力。
4	抬头挺胸，目视前方。	7 岁以下的儿童依赖视觉反馈保持平衡。随着儿童本体感受器（肌肉、肌腱和关节感受器）和前庭器官（内耳感受器）的发育成熟，儿童即使在没有视觉反馈的参与下，也具备完成单脚平衡的能力。
5	头与躯干能够保持稳定且直立。	头部和躯干的直立稳定有助于保持平衡。
6	保持双臂水平外展，无多余动作。	手臂向两侧外展能够抵消身体由于单脚支撑而带来的失重感，但手臂多余的代偿动作将会导致失衡。

四、单脚站立平衡的常见动作错误与教学指导（表7-2）

表7-2 单脚站立平衡的常见动作错误与教学指导

常见动作错误	教学指导
脸朝下，紧盯地面。	抬头目视前方，调整呼吸，紧盯标志物。
双臂晃动或手臂扶体侧。	尝试向身体两侧伸展双臂，保持上半身稳定状态，默数5~10 s。
躯干向前后或左右倾斜。	当上半身向前后、左右倾斜时，应从侧面抬起倾斜方向对侧上臂，以维持身体重心的稳定，待稳定后默数5~10 s。
非支撑腿紧靠支撑腿借力。	屈膝向前或向后抬起非支撑腿，不与支撑腿接触，学会将身体重心与支撑腿垂直面重合。
支撑腿不停晃动。	学会收腹挺胸，激活臀部、后腰部深层核心稳定肌群，通过双臂外展和维持骨盆水平两个途径增大支撑平台宽度，将身体重心尽可能靠近支撑脚中心点，挺直躯干向上顶。
非支撑脚抬起过高与地齐平。	保持双膝等高。
单脚平衡维持时间短。	抬头目视前方，注意力集中，激活腹肌和臀肌。

五、基于动作概念解析的单脚站立平衡动作技能变换练习内容与方法（表7-3）

表7-3 基于动作概念解析的单脚站立平衡动作技能变换练习内容与方法

	在以下条件和动作设定情景下，你还能够完成单脚站立平衡吗？		
人体运动方式	姿态控制	动作速率	用力方式
	• 做水平翻滚或下坡翻滚时； • 在摆动背部或侧手翻时。	• 在长凳和平衡木上运用不同位移动作技能时； • 慢速或快速完成跑步和踢球动作时。	• 向上腾跃时； • 正步走时； • 根据口令完成单脚平衡时。
运动空间环境	空间定位	行进方向	运动轨迹
	• 滑板过程中不与周边障碍物发生碰撞时； • 在硬质或软质平面上做收腹举腿时。	• 正步走时； • 以不同位移动作向前后或左右行进时； • 以不同位移动作完成上、下斜坡行进时。	• 做水平向前或后翻滚时； • 当爬行时； • 当腾跃转体时。
运动交互关系	身体认知/他人互动		物体交互
	• 两人沿直线面对面行走，在双脚不越线的前提下彼此相互超越时； • 他人从你身旁跳离时。		• 将手帕放于身体任一部分同时行进时； • 行进间抛接球时； • 在上、下坡道上跳绳。

六、单脚站立平衡动作的渐进式练习范例及启发（表7-4）

表7-4 单脚站立平衡动作的渐进式练习范例及启发

当你做单脚站立平衡动作时	启发思考
双臂侧向平举。	单脚站立时，打开你的小翅膀有什么用呢？
将手放于髋部。	将手放在髋部是使动作变简单了还是更难了？
头顶豆袋，保持平衡。	你是否感到动作更加难了？
将非支撑腿从身体前面抬起。	
将非支撑腿从身体后面抬起。	以上三个动作哪个更容易控制平衡？
将非支撑腿放在支撑腿上借力。	
闭上双眼。	当闭上双眼时，你在想什么？
单腿站立同时接豆袋。	
单腿站立同时扔豆袋。	
单腿站立在方凳上。	你能够运用身体部位完成哪些平衡动作？
5 s 单腿站立平衡。	
5 s 单腿站立后，接行走，再接5 s 单腿站立平衡。	
5 s 跑步和跳跃后，接5 s 单腿站立平衡。	

七、不同阶段单脚站立平衡动作技能的教学干预策略（表7-5）

表7-5 不同阶段单脚站立平衡动作技能的教学干预策略

阶段	教学干预策略
认知阶段	• 解释儿童在进行单脚平衡时视觉反馈的重要性，为了有效提高其注意力，可提供一个视觉聚焦物，以促进其平衡能力的发展； • 在儿童外展双臂时，可为其提供一定的辅助支撑，随着动作能力的提高，不断减少支撑帮助，直至其能够独立完成； • 建议在动作认知阶段，儿童通过双手扶固定辅助物寻求支撑帮助，随着能力的提高，逐渐转变为单手，直至独立完成； • 鼓励儿童运用身体不同部位尝试保持平衡，例如单手单脚、双手单膝； • 鼓励儿童挑战踮起脚尖保持平衡； • 练习中可以加入杂技平衡动作元素，将儿童的动作练习置于平衡杂耍的情境中。
联结阶段	• 在儿童保持单脚平衡的同时，要求儿童识别颜色、图形、数字或字母，挑战其维持平衡的能力； • 促进儿童发展双侧单脚平衡能力； • 运用游戏开展儿童单脚平衡练习，例如木头人（发出指令后所有人员需要保持单脚站立）。

续表

阶段	教学干预策略
自动化阶段	• 单脚保持平衡同时闭上双眼，双手放置臀部或于胸前交叉； • 单脚保持平衡同时，在儿童头顶、手背或肩部放置重物，提高单脚平衡动作完成质量； • 通过小组或配对游戏的方式，发展儿童单脚平衡能力。

第二节 平衡木行走动作技能教学的主要内容、教学组织与指导反馈

一、平衡木行走动作技能简介

平衡木行走是人体双腿交替承重支撑完成身体位移的移动方式，同时也是以腿部支撑运动为主的人体主要步态之一。平衡木行走动作技能是指在有限支撑平面上完成步态位移期间，始终保持并控制身体姿势平稳的能力。从具体动作来分析，行走主要是指人体向任意方向行进时，身体重心从一脚转移至另一脚的身体移动方式。平衡木行走属于动态平衡的一种。动态平衡具体是指在移动过程中保持控制身体平衡，完成身体重心转移的行进方式。这对于提升狭小支撑平面的空间穿越能力十分重要。对于日常活动（如上下楼梯、骑自行车）来说，平衡木行走的动态平衡属于必备技能之一，而对于大多数的运动技能（如奔跑、跳跃以及躲避等）而言，平衡木行走的动态平衡不仅属于基础动作技能，更是在部分游戏情境中占据着举足轻重的地位。由此可知平衡木行走是一种简便易行且有效地观察不同个体动态平衡能力的评测手段。

二、平衡木行走动作的教学原则和注意事项

无论站在梯子上、行走（进）在平衡木上还是在日常生活情境中通过狭小、拥挤的人行通道，或者在体操平衡木上完成行走和跳跃等特定动作，都需要具备控制身体平稳的能力。为了在特定环境中顺利完成任务达成目标，我们需要在静态（静止）和动态（移动）活动中始终保持良好的身体平衡和姿态控制。

自儿童能够独立行走开始，其动态平衡能力也随之不断发展形成。但由于上半身重量过大，常会使儿童在做动态平衡动作时失去身体重心，导致失衡。因此在儿童掌握平衡木行走能力之前（见附件2中的要素3），首先应学会控制头部和身体躯干部分的稳定（见附件2中的要素4），同时学会通过手臂侧举抵消失衡（见附件2中的要素5）。此时儿童上半身过重是干扰下肢末端支撑的消极因素，所以应优先控制上半身的身体姿态。

在有限支撑平面上完成直线身体位移，不仅涉及身体平衡觉、协调能力，同时还涉及注意力，其中平衡能力是先决条件。因此在儿童形成流畅、

平衡木行走（正面）

不停顿向前位移的动作能力之前（见附件2中的要素2），应先掌握双腿有节奏摆动，控制身体重心前移的能力（见附件2中的要素1）。

三、平衡木行走动作的评测标准与作用（表7-6）

平衡木行走（侧面）

表7-6 平衡木行走动作的评测标准与作用

动作要素	动作评测标准	标准动作的价值与作用
1	双脚交替前移动，使身体重心在双脚间有节奏地前移。	保持身体重心稳定和前移的身体姿态。
2	向前行进时，动作连贯不停顿。	表现出其完成动作的自信。
3	前行过程中始终保持双脚落在同一条直线上，且脚尖指向前进方向。	表现出良好的平衡感，平衡能力不佳的儿童常通过"外八字"踏步动作承载体重，维持平衡。
4	头与躯干保持稳定，目视前方。	保持头部和躯干的稳定对于维持动态平衡十分重要，身体重心不能过分摇摆。
5	必要时双臂外展维持平衡。	平衡能力强的儿童懂得利用外展双臂获得平衡，其知晓双臂侧向摆动对于动态平衡的重要价值。

四、平衡木行走的常见动作错误与教学指导（表7-7）

表7-7 平衡木行走的常见动作错误与教学指导

常见动作错误	教学指导
行走时面朝下。	抬头挺胸，目视前方，身体直立。
同侧手脚行走。	形成上下肢对侧协调运动，左脚向前迈进时伴随右手前摆。
行走时大脚趾球部首先接触地面。	行走落地次序依次为脚跟、脚掌心，最后才是前脚掌和脚趾。
直线行走时躯干或前后或左右摇摆。	调整呼吸，抬头目视前方，保持头与躯干直立，双臂侧举抵消失衡。
双侧脚着陆点不在一条直线上。	调整呼吸，放慢节奏，收紧腹肌和臀肌，控制步幅。
身体重心上下起伏。	抬头目视前方，保持骨盆水平，节奏放缓，双臂侧举抵消失衡。
双臂摆动不规律时。	保持头与躯干正直，放缓节奏，放慢速度。
出现动作不流畅及向后撤步。	目视前方，紧盯标志物，放慢速度，减小步幅，控制重心跟随前摆。

五、基于动作概念解析的平衡木行走动作技能变换练习内容与方法（表7-8）

表7-8 基于动作概念解析的平衡木行走动作技能变换练习内容与方法

<table>
<tr><td colspan="4">在以下条件和动作设定情景下，你还能够完成平衡木行走吗？</td></tr>
<tr><td rowspan="2">人体运动方式</td><td>姿态控制</td><td>动作速率</td><td>用力方式</td></tr>
<tr><td>• 前脚掌垫步快走时；
• 像踩在灼热的沙滩上时；
• 像穿着妈妈的高跟鞋走。</td><td>• 快速躲避脚边的蚂蚁；
• 随着快慢节奏变化，感觉身体好似被推离或拉回；
• 随着鼓点或快或慢行走时。</td><td>• 好像身体被拉扯着；
• 根据口令启动或制动；
• 像没有电的机器人一样行走。</td></tr>
<tr><td rowspan="2">运动空间环境</td><td>空间定位</td><td>行进方向</td><td>运动轨迹</td></tr>
<tr><td>• 绕着呼啦圈走；
• 在拥挤的过道中行走，不与任何人发生碰撞；
• 在锥桶间行走。</td><td>• 用脚跟向前或后走；
• 顺着"Z"字形或"O"形线路行走；
• 双脚排成直线沿着地面实线做转向或折返行走。</td><td>• 像长颈鹿一样行走；
• 好像路面湿滑时降低重心走；
• 学黑猩猩走。</td></tr>
<tr><td rowspan="2">运动交互关系</td><td colspan="2">身体认知/他人互动</td><td>物体交互</td></tr>
<tr><td colspan="2">• 双手胸前交叉走；
• 与伙伴面对面行走，完成击掌后相向而行；
• 与伙伴肩并肩直线正步走。</td><td>• 绕圈走；
• 羽毛球网下运球走；
• 头顶豆袋直线走；
• 在平衡木上走。</td></tr>
</table>

六、平衡木行走动作渐进式练习范例及启发（表7-9）

表7-9 平衡木行走动作渐进式练习范例及启发

当你尝试在平衡木上行走时	启发思考
向前走。	你的视觉焦点在哪？
向后走。	当向后倒走时应如何获得视觉反馈？
侧向走。	你是否感到动作更难了？
行走时，控制手臂不摆动。	行走时你的手臂有什么作用？
直腿走。	膝关节应该弯曲多少合适？
像长颈鹿一样走。 像老鼠一样蹑手蹑脚地走。	哪种步态更加平稳，如何才能保持身体正直？
前脚掌走。 脚后跟走。	这样走舒服吗？
慢走。	
太空步走。	这样的行走方式在技术运用上有何不同？
绕圈走。	
请正确使用以上动作模式开展练习。	让我们将正确动作模式和问题引导融会贯通运用。

七、不同阶段平衡木行走动作技能的教学干预策略（表7-10）

表7-10 不同阶段平衡木行走动作技能的教学干预策略

阶段	教学干预策略
认知阶段	• 施教者位于儿童的身体前侧/后侧，在前行过程中手扶儿童的双臂帮助其保持平衡； • 练习初期可增加足迹路径的宽度，随着能力的提升不断将宽度缩小； • 加入马戏团等活泼情景元素； • 当儿童在两地之间移动时（社区—学校），可以鼓励儿童想象自己行走在沙坑的边缘，将注意力集中在维持动态平衡的状态上。
联结阶段	• 鼓励儿童沿着高于地面的宽横梁行走； • 可以引入游戏形式，例如"跟我一起走"； • 鼓励儿童挑战绕着篮圈/沿着不规则线路行走。
自动化阶段	• 沿着一条直线或狭窄的横梁行走： ——踮起脚尖； ——每次前进一个脚掌的距离（后脚脚尖紧挨前脚脚跟）； ——双手置于臀部； ——反向行走； ——头部放置若干重物； ——手持扫帚（较轻的一段可挂任一重物，保证两端重量一致）； ——弯腰拾物； ——跨越障碍物； • 踩高跷（保持前进）； • 踩高跷（保持静止不动）。

第三节 着陆动作技能教学的主要内容、教学组织与指导反馈

一、着陆动作技能简介

着陆是一项极其重要的基本动作技能。着陆是人体从高处跳落，以足部接触地面的动作技能。着陆动作是确保儿童学习跳跃动作的基本前提，着陆动作的熟练掌握将直接决定儿童是否能够安全、准确地完成跳跃动作，因此在儿童学习跳跃动作之前，应该将着陆动作作为优先学习内容。首先传授儿童相关的动作要领和技巧，最大限度地避免落地时强大冲击力而导致下肢关节或肌肉的损伤。强调着陆的关键技术要领是当身体降落

接触地面的瞬间，通过下肢积极的屈膝、屈髋、降低身体重心以及同步的手臂向前、向后的伸展动作，大量缓冲由于下肢与地面硬性接触而产生的巨大反向冲击力，通过身体下肢的缓冲动作吸收落地时由地面自下而上传递给身体的冲击能量，从而最大限度地避免因不当的着陆动作而引发的损伤。该动作普遍存在于儿童的日常生活和体力活动中，例如跳起接球、篮球跳投、体操跳马以及游戏中的腾跃后着陆。以上动作都涉及跳落和着陆两项动作技能，因此着陆是儿童进行日常生活、开展体力活动必不可少的基本动作技能。

二、着陆动作的教学原则和注意事项

着陆动作是儿童学习跳跃动作的前提基础。学习着陆的动作要领，发展从不同高度和环境条件下跳落着陆，缓冲地面反向冲量的动作能力，从而最大限度避免儿童因落地动作不当而引发的运动损伤。

着陆（正面）

在组织儿童学习着陆动作时，应首先提前布置好场地和器材，选择与儿童动作能力匹配的降落高度；其次帮助儿童选择合适的运动鞋并确保在运动过程中保持鞋带系紧；最后清理运动场地上可能引起跌落的物品，消除潜在隐患，最大限度保障儿童的人身安全，并做好安全预案。

着陆（侧面）

三、着陆动作的评测标准与作用（表7-11）

表7-11 着陆动作的评测标准与作用

动作要素	动作评测标准	标准动作的价值与作用
1	抬头挺胸，目视前方，保持头与躯干正直。	控制好身体姿态，避免身体过度倾斜。
2	双脚开立与肩同宽，身体略微前倾，双膝微屈，向前迈出一侧下肢超过平台边缘。	控制跳出平台前的身体姿态，上体略微前倾，控制身体平衡，以保持降落时身体重心稳定。
3	双臂做向前屈或向后伸展动作，保持降落及落地时身体直立和平衡稳定。	跳落时保持身体正直并与双臂前伸同步进行，增强落地时身体的平衡与稳定。
4	感受足底反向冲击，顺势屈膝、屈髋、收腹、收臀靠近小腿，保持身体平稳。	注意力集中，依次顺势屈膝、屈髋、收腹和收臀，最大限度缓冲落地冲击力，双臂保持向前屈或向后伸，维持身体平衡。
5	按照脚尖—大脚趾球部—脚跟的顺序依次完成足底与地面的接触。	控制好身体重心，把握触地时机，踝关节保持适度紧张。

四、着陆的常见动作错误与教学指导（表7-12）

表7-12 着陆的常见动作错误与教学指导

常见动作错误	教学指导
低头面朝下。	抬头挺胸，目视前方，身体挺直，紧盯标志物。
身体从高处跳落时，双臂随意摆动。	双臂向前伸展，抵消足部落地时向上和向前的惯性冲量，从而维持身体平衡。
落地时未能屈膝、屈髋缓冲。	保持身体正直，把握落地时机，屈膝、屈髋缓冲。
全掌平足落地。	按照脚尖—大脚趾球部—脚跟的顺序依次完成足底与地面的接触，默记口诀，反复练习。
身体向前倾斜，无落地控制动作。	原地练习落地缓冲后的身体姿势并保持3～5 s，然后高处跳落触地后再保持缓冲姿势3～5 s。
不能双脚着陆。	挺胸抬头，目视前方，双脚起跳，双脚着陆。
不能双脚起跳。	在认知阶段可以允许儿童以跨步跳的方式跳起，随着能力增强后，交换起跳发力腿，最后过渡到双脚起跳，双脚落地。

五、基于动作概念解析的着陆动作技能变换练习内容与方法（表7-13）

表7-13 基于动作概念解析的着陆动作技能变换练习内容与方法

	在以下条件和动作设定情景下，你还能够完成平衡木行走吗？		
	姿态控制	动作速率	用力方式
人体运动方式	• 从箱体上跳落后，前脚掌落地； • 踮前脚掌向上跳起后前脚掌落地； • 踮前脚掌向前跳起后前脚掌落地。	• 随着自由降落和主动跳落，感觉足底与地面的冲击； • 随着鼓点或快或慢地原地跳起后落地。	• 根据口令原地跳起落地； • 根据口令从高处跳起落地； • 根据口令做跳箱腾跃落地。
	空间定位	行进方向	运动轨迹
运动空间环境	• 绕着呼啦圈跳； • 在上下坡面上跳起落地，不与任何人发生碰撞； • 在标志桶间跳起、落地。	• 向前或向后跳起、落地； • 顺着"Z"字形或"O"形线路跳起、落地； • 原地跳起后，空中转体落地。	• 直腿向上或向前后跳，随后屈膝落地； • 屈膝向上或向前后跳，随后屈膝落地； • 学羚羊跳。

续表

	身体认知/他人互动	物体交互
运动交互关系	• 双手胸前交叉高处跳落； • 双手背后交叉高处跳落； • 与伙伴肩并肩直线向前跳起、落地； • 与伙伴肩并肩向上跳起、落地。	• 绕圈跳； • 在跨栏间跳起、落地； • 绕呼啦圈连续做跳入和跳出动作； • 在平衡木上跳。

六、着陆动作渐进式练习范例及启发（表7-14）

表7-14 着陆动作渐进式练习范例及启发

当你尝试做降落着陆动作时	启发思考
像河马一样跳起、着陆。	为什么这样着陆动作很笨拙、难受？
像蝴蝶一样轻盈、柔软地跳起、着陆。	为什么这样着陆动作很轻松、容易？
跳起后不屈髋、收腹着陆。	你觉得这样的落地动作做得出来吗？
跳起后足背屈、屈膝、屈髋。	
尽可能地向前跳起后，控制落地动作不前冲。	
向上跳后，落地前双手尽可能多次快速击掌。	这样的动作将会导致什么？
站在瑜伽垫边缘连续做跳上和跳下。	
跳越跨栏架后安全着陆。	
尽可能向前跳，并在落地后立刻静止。	这样的落地动作将对身体产生何种影响？
以跳跃的方式穿过走廊或操场，记录跳跃次数（如果跳跃过程中身体失去平衡，将重新记数）。	这样的行走方式在技术运用上有何不同？
请正确使用以上动作模式开展练习。	让我们将以上问题融合运用吧。

七、不同阶段着陆动作技能的教学干预策略（表7-15）

表7-15 不同阶段着陆动作技能的教学干预策略

阶段	教学干预策略
认知阶段	• 降低跳箱高度，儿童做跳起着陆动作时，不因过高产生恐惧心理，教学人员可以通过手扶等方式，帮助其建立自信心； • 在认知阶段儿童喜欢以跨步式的单脚起跳动作完成着陆，此时应给予儿童手扶等辅助方式，帮助其体会双脚足底接触地面的感觉，逐渐帮助儿童形成双脚起跳和着陆的动作模式，避免受伤； • 儿童在认知阶段常见起跳时屈膝自由落体着陆，腿部未能主动发力，因此跳起腾空高度不够，通过细化动作发力控制顺序，手扶帮助其建立自信心； • 此时儿童喜欢通过过度后摆或前伸双臂获得平衡； • 多数儿童以全掌平足方式落地，给予辅助，增加练习次数。

续表

阶段	教学干预策略
联结阶段	• 虽然能够双脚起跳，但两脚前后分立，缺乏控制，提供帮扶，降低难度； • 能够主动发力向上跳起，但是缺乏控制，应给予外力辅助； • 手臂未能随身体降落同步前伸或后摆，口头反馈，不断强化； • 着陆时两脚分立先后触地，不断强化双脚起跳的动作要求； • 落地时本能地做出屈膝和屈髋动作，不够流畅和自然，增加练习次数，感受落地时的足底压力； • 具备从脚尖过渡到脚跟的落地技术动作，但动作僵硬不够连贯。
自动化阶段	• 能够双脚同时起跳； • 能够主动发力跳起，能够控制跳起后的空中身体姿态； • 双臂能够自如地向前、向后或侧向摆动获得身体平衡； • 足部接触地面时能够从脚尖至脚跟依次触地完成着陆； • 着陆时能够双脚平行开立，且落地后身体能够稳定控制； • 能够依据跳落高度，适度调整屈膝和屈髋幅度，获得足够缓冲。

第八章

儿童位移类基本动作技能教学指导与方法策略

第一节 跑步动作技能教学的主要内容、教学组织与指导反馈

一、跑步动作技能简介

跑步是一项与行走极其相似的位移动作技能，而与同为单一重复周期性动作技能的行走之间最大的不同特点是，跑步的周期性动作中存在一个"双脚同时空中腾跃、不接触地面"的动作阶段，而行走却没有这一动作阶段，因此该动作特点就成为分辨跑步与行走动作的分水岭。跑步的前进动能主要来自支撑腿的伸髋肌群，通过臀肌和腘绳肌驱动脚部与地面摩擦而产生向前的位移动能。当人体支撑脚作用于地面的力越大，那么驱使人体前进的反作用力也就越大，而此时的跑速也就越快。

以跑步动作技能作为基础的位移动作技术，共分为慢跑、冲刺跑、变向和闪躲四种。作为满足人体日常体力活动需要，应对体育运动对人体移动能力的挑战，跑步这一动作技能是极为重要的。

对于儿童而言，跑步不仅是为了取胜，有时还为了取乐，甚至有时只是为了捕捉一只飞舞中的蝴蝶。跑步动作技能既能体现儿童在参与不同类型体力活动中的身体活动能力，也可以使儿童在不同运动环境中以适宜的快速位移方式完成动作任务。不管怎样，跑步对于每个人而言，都是至关重要的一项动作技能。

跑步几乎是所有体育运动项目和儿童游戏都要涉及的一项基础位移动作技能。熟练的跑步技能将节省运动耗能，同时也是能够提升跑速耐力性项目的竞技表现。对于儿童而言，跑步是有效改善儿童身体素质和心肺功能的最便捷、最经济实惠的运动方式和手段。

二、跑步动作的教学原则和注意事项

一般而言，大多数儿童都能够在 5 周岁左右熟练掌握跑步的基本动作环节，随后在 7 周岁左右熟练地掌握跑步动作技能的调控动作环节。通常情况下，大多数儿童都能够在 3 周岁左右建立起初级跑步动作模式。

儿童在学习跑步技能的认知阶段时，应将双臂抬高，以防不慎跌倒时能够及时防护。

但如此高的手臂位置又将使得双臂始终处于紧张状态中，从而限制了双臂配合对侧腿做前后协同随摆动作，最终也削弱了由双臂前后摆动而带来的向前驱动力。部分儿童在学习过程中，始终不能较好地控制双臂随对侧脚做协同前后摆动动作，此时切不可一味追求儿童的跑步速度，而忽视了儿童跑步的身体姿态控制和双侧上下肢体的协调配合能力。我们应该在帮助儿童建立正确的跑动技术动作的基础上，逐步提高连续跑动的距离和速度，让他们在反复的练习中强化跑步动作感觉，熟练掌握全部的技术环节。

跑步（正面）

假如儿童在学习和练习跑步动作的过程中，不能较好地控制身体左右两侧上下肢体协同发力，我们就应该将教学内容的重点转移到提升该儿童的平衡能力上，通过提高他们的静态和动态平衡能力以及增强其下肢肌肉力量，不断完善其跑步动作的身体能力短板，从而为建立正确的动作概念和动力定型奠定扎实的基础。

跑步（侧面）

三、跑步动作的评测标准与作用（表8-1）

表8-1 跑步动作的评测标准与作用

动作要素	动作评测标准	标准动作的价值与作用
1	大脚趾球部首先着地接触。	学会前脚掌落地缓冲，避免意外受伤。
2	非支撑脚后摆阶段，膝部弯曲接近90°。	触地后充分伸髋后摆，提升双脚的耙地力量。
3	非支撑腿屈髋前摆时，尽量抬高膝部使大腿与地面平行。	充分前摆、抬高膝部，一方面增大步幅，另一方面为获得最佳耙地力量做好准备。
4	头与躯干保持直立，始终目视前方，上体略微前倾。	良好的身体姿态是动作表现的基础条件。
5	双肘弯曲接近90°。	双肘弯曲利于上臂放松，曲臂前后随摆控制上体的直立稳定，保持良好跑姿。
6	双臂随对侧脚协同前后摆动。	双侧上下肢协调发力是增加前进动能的关键。

四、跑步的常见动作错误与教学指导（表8-2）

表8-2 跑步的常见动作错误与教学指导

常见动作错误	教学指导
全掌或脚后跟首先着地。	控制大脚趾球部首先着地。
面朝下，紧盯地面与脚。	保持身体直立，始终目视前方。
手臂抬起过高、过于僵硬。	放松双臂，双肘适度弯曲，随对侧脚做前后随摆。
双臂左右摆动，超过身体中线。	放松手臂，调整呼吸，前后摆臂。
躯干随摆臂动作大幅度转体。	保持直立，呼吸平稳，收紧腹部，控制骨盆始终保持水平。

续表

常见动作错误	教学指导
抬膝高度不够。	积极主动地向前送髋，膝盖向前上方摆动。
在后摆阶段，非支撑脚脚后跟未能靠近臀部。	主动折叠小腿。
两脚落点比肩略窄。	将地面线条作为参照，对比两脚落点，获得较宽的支撑平台。
身体向前、驼背、弓腰。	身体直立，抬头挺胸，目视前方。
挺肚子、头后抬、身体后仰。	收下颚，身体上部略微前倾。
身体朝一侧倾斜，两侧肢体动作幅度不一致，两侧肩膀不在同一水平位。	提高处于较低一侧的肩膀，并增大该侧摆臂幅度。
非支撑脚屈髋前摆时，脚尖转动呈"内八"字或"外八"字。	脚尖指向与膝盖相同，以地面直线为参照，纠正落地方向。

五、基于动作概念解析的跑步动作技能变换练习内容与方法（表8-3）

表8-3　基于动作概念解析的跑步动作技能变换练习内容与方法

	在以下条件和动作设定情景下，你还能够完成跑步吗？		
	姿态控制	动作速率	用力方式
人体运动方式	• 好似脚步沉重的大象一样； • 脚步轻柔到几乎听不见任何声响； • 好似站在云朵上身轻如燕。	• 好似动作迅猛的猎豹一样； • 快—慢的动作节奏； • 龟速运动。	• 好似极度疲劳/能量充沛； • 好似一辆飞驰赛车； • "红灯停" "绿灯行"。
	空间定位	行进方向	运动轨迹
运动空间环境	• 面对墙壁来回跑； • 沿着操场的边缘跑； • 爬楼梯比赛。	• 沿着前后、左右四个方向； • 沿着"∈"路线； • 沿着圆圈。	• 提高身体重心，好似可以摸到天上的星辰； • 用足球运动员的步法运球； • 降低身体重心跑，躲避蜂群的袭击。
	身体认知/他人互动		物体交互
运动交互关系	• 与伙伴手牵手并排； • 跨栏跑； • 投标枪。		• 避免踩住地面上散落的豆袋； • 运球； • 在两根绳子上来回跑。

六、跑步动作渐进式练习范例及启发（表8-4）

表8-4 跑步动作渐进式练习范例及启发

当你跑步时	启发思考
好像长颈鹿一样不会屈膝发力（身体重心高）。	什么样的身体姿态能够跑得更快？
好像蓝精灵一样（身体重心低）。	
双臂不随对侧脚前后摆动。	尝试保持双臂呈90°前后随摆。
面朝上或朝下。	跑步时你应该往哪看？
前脚掌或全掌着地。	双脚应该如何落地并蹬离地面？
向前或向后。	假如倒跑时是否应该转头朝向前进方向？
以尽可能快的速度在原地练习动作技术。	应该控制手臂和膝关节做哪些动作？
从不同的路线奔向伙伴。	
尽可能跑得远。	
尽可能跑得快。	当你感到疲劳或与他人赛跑时，你应该运用何种跑步技术？
在伙伴前面领跑或在其后跟跑。	
双手小幅摆臂。	

七、不同阶段跑步动作技能的教学干预策略（表8-5）

表8-5 不同阶段跑步动作技能的教学干预策略

阶段	教学干预策略
认知阶段	• 在认知阶段应将教学重点放在高抬膝、身体直立前倾目视前方和双臂随对侧腿自然前后摆动三个动作环节上，建立正确的动作概念和感觉； • 通过高抬腿走与跳等队列步法游戏，进一步强化高抬膝的动作感觉； • 两腿分开坐立于地面上，练习双臂前后摆动技术； • 指导儿童在跑动练习时始终目视前方，紧盯目标物； • 组织儿童参与"贴膏药"和接力赛跑等捉人追逐类游戏，增加练习趣味性。
联结阶段	• 教师与儿童面对面站立，通过镜面示范的方式指导儿童同步练习快跑技术； • 指导儿童面对教师做原地慢跑技术动作； • 提示儿童跑动时双臂应弯曲呈90°； • 要求儿童双手五指并拢，攥紧成拳，但掌心中空； • 要求儿童的双臂从髋部两侧前后摆动至唇部； • 教师镜面示范"逐步加快动作速度，提升膝部高度"的动作，要求儿童模仿练习； • 要求儿童原地做快速跑动作并坚持5 s（模拟参加赛跑的比赛情景）； • 仔细观察儿童加速跑的技术动作，给予适时、恰当的教学反馈； • 在注意动作技术的前提下练习20 m或50 m的冲刺跑； • 组织、开展以跑步为主的儿童游戏，让儿童在竞争对抗的情景中练习跑步。

续表

阶段	教学干预策略
自动化阶段	• 要求儿童双脚紧贴着地面实线两侧跑步（既要紧挨着，但又不超过实线）； • 通过在地面摆设小跨栏和标志圆盘的方式来增大跑动步幅； • 鼓励儿童挑战 75 m 或 100 m 跑，并在跑动中增加变速和变向的动作变量； • 练习起跑和制动的技术动作； • 将跑步技术动作融入儿童的策略游戏中，例如"报数接球"等游戏。

第二节 侧并步动作技能教学的主要内容、教学组织与指导反馈

一、侧并步动作技能简介

侧并步是侧滑步的一种动作变型，一般是指人体面对正前方，双脚以一踏步后接一跳步的方式，朝侧面快速移动的大肌群身体位移动作技能。从侧并步的肌肉发力顺序观察，前进侧下肢抬起并弯曲，向侧面横跨一步用以转移身体重心并支撑体重，随之后脚快速朝行进方向侧跳以取代前脚成为承载体重的支撑脚，而就在踏步接跳步的下肢支撑的"开链"动作中完成了身体的快速侧向位移。

从遵循儿童的身体成长发育和动作技能发展的客观规律来看，向前或侧向并步动作技能要先于垫步跳发展。通常情况下，随着儿童反复练习，其能较为熟练地完成并步动作，随后通过侧向、正面并步动作的变换练习，其进而能初步掌握垫步跳动作的基本技术要领。

由于侧并步技术动作具有目视前方便于观察和高重心侧向位移的特点，使得该项位移动作作为基础动作技能，常用于篮球、足球、排球和拳击等对抗防守型运动项目中。该动作特点有利于运动员能够在快速侧向身体移动过程的同时兼顾关注对手的动向，从而在防守或进攻中抢得先机或占据有利位置。对于儿童而言，侧并步常用于日常体力活动、动作游戏或舞蹈学习中。例如在"躲球"游戏、篮球对抗和健美操等活动中，常会用到侧并步的技术动作。该动作的运用可以使儿童在活动过程中，关注目标物的同时，满足侧向身体移动的动作输出需求。

二、侧并步动作的教学原则和注意事项

儿童常常在 3 周岁左右形成侧并步的基本动作模式，伴随身体力量、协调和平衡能力的提升，其在练习一年之后能够较为熟练地掌握侧并步的基本动作环节。随着练习侧并步技术动作的时间不断延长，儿童运用侧并步的能力也不断增强，大部分儿童在 7 周岁左右已能熟练掌握侧并步的调控动作环节。

侧并步
（正面）

侧并步总是以前进侧下肢侧向踏步紧接后侧下肢侧向跳步的动作顺序连贯进行的，在行进过程中，双侧下肢总是在重复着踏步接跳步的相同动作模式。相反，垫步跳却是按照踏步接单脚跳的动作顺序做双脚交替动作。因此，从动作完成所需的身体协调能力、肌肉力量和动作控制方面来考虑，垫步跳要比侧并步更难学习与掌握。

引导儿童在学习侧并步时，应将注意力集中在双脚侧向移动的动作节奏上，而非过多关注于身体侧向移动的动作速度，把握循序渐进的原则，掌握正确动作后，再进一步提高动作速度。

侧并步（侧面）

三、侧并步动作的评测标准与作用（表8-6）

表8-6 侧并步动作的评测标准与作用

动作要素	动作评测标准	标准动作的价值与作用
1	双脚脚尖朝前，能够协调、连贯且有节奏地交替侧向移动。	能够熟练掌握侧并步动作，在侧向位移过程中控制好身体姿态，协调全身肌群发力。
2	后脚向前脚跳步侧移时，双脚并拢，同时腾跃，短暂离地。	这是侧向并步的动作难点，良好的身体姿态控制是动作完成的基础，双脚协调发力是动作完成的保障。
3	双膝微屈，蹬地及落地时体重均落于双脚大脚趾球部。	双膝微屈不仅利于消解落地惯性冲量，还能便于伸膝发力蹬地，完成身体侧向移动。
4	能够朝左右两侧并步移动。	表明动作掌握的熟练程度、身体两侧肢体的均衡发展以及全身协调控制的能力。
5	髋和肩部朝向行进方向。	能够保持良好的身体姿态及脊柱的稳定性，并整合全身肌群协调发力。
6	保持身体直立，头部稳定，目视前方或行进方向。	身体稳定是动作完成的基础条件，同时良好的身体姿态能够减少多余动作的产生，从而为侧向位移提供更多动能。
7	双臂随双脚侧向移动协同摆动。	配合双脚移动随摆，整合全身协同发力。

四、侧并步的常见动作错误与教学指导（表8-7）

表8-7 侧并步的常见动作错误与教学指导

常见动作错误	教学指导
面朝下，紧盯地面和脚。	身体直立，保持头部稳定，目视前方或行进方向。
未能将体重落于双脚大脚趾球部。	控制双脚前脚掌蹬离地面或触地着陆。
行进时髋和肩部朝前。	保持身体正面朝前，髋和肩部朝向行进方向。
前脚和后脚能够朝同侧移动，但双脚不能保持在同一水平线上。	目视前方或行进方向，参照标示。

续表

常见动作错误	教学指导
后侧下肢未能把握时机随前侧下肢协调侧向移动，导致两腿动作脱节、不连贯。	建立"踏步接跳步"的动作节奏，关注双脚并拢离地，空中短暂腾跃。
全身动作不协调，没有节奏感。	保持身体直立和头部稳定，跟随"踏步、跳步"的口令。
直腿侧向移动，双膝未能微屈。	蹬地和着陆时微屈双膝。
未能熟练地完成左右方向的侧并步动作。	控制身体重心，上下协同发力，把握动作节奏。
两腿在空中腾跃阶段未能并拢相交。	把握跳步时机，适度蹬地发力，保持空中平衡。
双臂未能协同下肢侧移摆动。	双臂随下肢移动做侧向摆动。

五、基于动作概念解析的侧并步动作技能变换练习内容与方法（表8-8）

表8-8 基于动作概念解析的侧并步动作技能变换练习内容与方法

阶段	在以下条件和动作设定情景下，你还能够完成侧并步吗？		
	姿态控制	动作速率	用力方式
人体运动方式	• 好似穿着靴子一样； • 好似企鹅一样； • 好似漂浮的气球一样。	• 像是在冰面上； • 不断在大—小踏步间切换； • 根据快—慢信号。	• 轻盈的三踏步和沉重的三踏步； • 将双手背在身后； • 在空旷的场地上练习，听到"停"的口令静止。
	空间定位	行进方向	运动轨迹
运动空间环境	• 围绕圆圈； • 在地面的标志圆盘之间； • 围绕着桌子。	• 从左至右，从右至左； • 好似旋转木马一样； • 好似不愿被抓住的螃蟹一样。	• 好似生气的螃蟹一样； • 双手叉腰，双膝微屈； • 好似踮起脚尖的高挑芭蕾舞演员。
	身体认知/他人互动		物体交互
运动交互关系	• 双脚开立； • 左脚踏步/右脚踏步； • 面朝向行进方向/相反方向。		• 挥舞手巾的同时； • 运球或接球同时； • 围绕圆圈。

六、侧并步动作渐进式练习范例及启发（表8-9）

表8-9 侧并步动作渐进式练习范例及启发

当你做侧并步动作时	启发思考
像袋鼠一样高高跃起。	做完后你觉得动作有什么变化？
像兔子一样低矮跃起。	我们应该跃起多高？
朝侧面迈小步。	踏步到底应该迈多大？
朝侧面迈大步。	
与同伴手牵手，朝同侧移动。	移动时双手应该做什么？
将双手置于身体两侧。	
双腿不弯曲。	为何双膝应微屈移动？
双臂侧平举维持身体平衡，双膝微屈。	
向左、右两侧。	注意观察两侧的动作差异，辨别哪一侧的动作更为熟练、准确。
沿着地面的直线。	
和同伴们一起。	

七、不同阶段侧并步动作技能的教学干预策略（表8-10）

表8-10 不同阶段侧并步动作技能的教学干预策略

阶段	教学干预策略
认知阶段	• 跟随"踏步—跳步—腾跃—落地"的动作口令，反复练习； • 在儿童正面播放动作视频，要求跟随练习； • 通过打拍子的方式，帮助儿童建立动作节奏感； • 要求在"踏步和跳步"过程中，脚不允许触碰地面上的标志圆盘； • 老师与儿童面对面站立，要求儿童观察并重复老师的侧并步动作； • 练习过程中播放儿童诗歌等音乐，增加练习的乐趣。
联结阶段	• 要求儿童肩并肩围成圈，一起朝同侧方向练习侧并步； • 要求儿童手牵手围成圈，一起朝同侧方向练习侧并步； • 要求儿童面对面站立，一起朝同侧方向练习侧并步； • 要求儿童面对面牵手，一起朝同侧方向练习侧并步； • 根据口令随时变换行进方向； • 根据"制动—启动—转向"的口令变换行进方向，反复练习。
自动化阶段	• 要求儿童尝试以不同速度切换方向进行练习； • 一边侧并步移动，一边完成接球、传球； • 一边侧并步移动，一边运球； • 一边侧并步移动，一边完成拦截防守； • 一边侧并步移动，一边拍打空中的气球，不使其落地。

第三节　纵跳动作技能教学的主要内容、教学组织与指导反馈

一、纵跳动作技能简介

纵跳是一种通过双脚蹬地获得向上垂直升力，从而完成身体重心转移的基础位移动作技能。纵跳的动作本质是人体在单脚或双脚站立姿态下，蹬地弹跳至尽可能大的高度，从而为获得制空权和完成空中高难度的动作赢得空间和时间。例如抢篮板球、排球与羽毛球扣杀以及背越式跳高等体育运动项目，都是以纵跳为核心的技术动作。高质量纵跳动作的完成离不开身体协调能力和下肢肌力，通过上下半身的协同发力尽可能获得最大的上升力，从而达到新的腾跃高度。

纵跳动作共分为发力蹬地、空中腾跃和降落着地三个动作环节，其在动作阶段划分、肌肉用力方式和身体控制方面与跳远有很多相似之处，但唯一的不同是运动流向的差异。纵跳是蹬地获得尽可能大的垂直高度，从而赢得"高度优势"；而跳远则是蹬离地面获得尽可能大的水平远度，从而赢得"距离优势"。

纵跳动作在日常体力活动、体育运动项目、儿童游戏中都具有广泛的适用性，由于该技能属于许多体育运动项目中的基础必备技能，特别是针对三级跳远、跳远和水中运动项目（游泳、水球、花样游泳），因此必须掌握纵跳动作技能后才能进行以上运动项目的专业技能学习。同时在体操、舞蹈、篮球、足球和排球等体育运动项目中，纵跳动作也会拓展出许多具有专项运动特点的变型动作，从而使得人体在相应的体育专项运动中获得更佳的动作表现。

二、纵跳动作的教学原则和注意事项

一般而言，大多数儿童都可从 3 周岁开始进行纵跳的基本动作环节练习，随后在 8 周岁左右能够熟练地掌握纵跳动作技能的调控动作环节。通常情况下，儿童在学习纵跳动作的过程中，最后掌握的是纵跳动作中的双臂向前上方摆动和双腿伸直空中腾跃这两个动作环节。由于个体差异性的存在，对于部分儿童而言，掌握以上两个动作环节可能会花费更长的时间。

纵跳起跳前，双膝弯曲下蹲动作是完成双脚蹬地和直腿空中腾跃这两个动作环节的前提基础。当儿童学习纵跳摸高技术动作时，应依次掌握人体在"起跳—腾跃—落地"这三个动作阶段的身体姿态控制、肌肉发力顺序和上下肢力量整合能力，以上因素对高质完成纵跳动作和跳起高度将发挥至关重要的作用。

为了能够让儿童熟练掌握跳起后缓冲落地迈步技术动作，我们首先应该教会儿童熟练掌握双臂向前上方摆动和双脚蹬地、直腿空中腾跃这两个动作环节。儿童往往很难掌握落地时控制身体重心的缓冲技术动作，其主要的原因是其下肢肌肉力量较弱，一方面使人体向上腾跃的动能不足，另

纵跳（正面）

一方面导致儿童下降落地的身体重心控制能力不够。随着儿童生长发育的加速，其下肢肌肉力量逐渐增强，神经控制肌肉的能力也不断提升，这样就使得儿童能够在起跳阶段动员更多的肌纤维参与收缩。伴随着纵跳向上腾跃的高度不断被刷新的同时，儿童下肢力量增强也使降落着地时控制身体重心稳定的能力愈加强大。以上情况反映了下肢肌肉力量是决定起跳高度和落地缓冲的关键所在。

纵跳（侧面）

三、纵跳动作的评测标准和作用（表8-11）

表8-11 纵跳动作的评测标准和作用

动作要素	动作评测标准	标准动作的价值与作用
1	跳跃过程中始终目视前方或上方。	视觉前馈机制对肌肉发力和身体平衡至关重要。
2	双膝弯曲向后蹲，双臂后伸，身体前倾。	下蹲降低身体重心，一方面为起跳提供稳定发力平台，另一方面使肌肉处于适宜的被动拉长状态，有利于发力跳起。
3	双臂向前上方全力摆动。	有力的双臂摆动是协调整合上下身协同用力、形成合力的关键。
4	双脚奋力蹬地，直腿空中腾跃。	双脚蹬直代表着下肢充分发力，动作完整。
5	两脚大脚趾球部首先触地，同时双膝弯曲缓冲下落的惯性。	合理的触地技术是避免受伤，重新获得身体平衡的秘诀。
6	落地后运用向前迈步（不超过一步）的方式，控制身体向下或向前的惯性冲量。	多余的代偿动将会更加耗能，并增加完成衔接动作和维持身体平衡的成本。

四、纵跳的常见动作错误与教学指导（表8-12）

表8-12 纵跳的常见动作错误与教学指导

常见动作错误	教学指导
面朝下，紧盯地面与脚。	始终目视前方。
在双膝弯曲下蹲阶段，双臂置于身体两侧，无后摆动作。	双臂向后伸展，双脚蹬地时双臂快速向前上方摆动。
双脚不能同时蹬地或落地。	双膝弯曲向后蹲，双脚同时蹬地发力向上跃起。
起跳阶段双臂向前上方摆幅不够。	双臂由后向前上方快速摆动，幅度适度。
起跳时向后撅屁股。	双膝弯曲，保持身体上部直立、稳定。
全脚掌或脚跟首先触地。	控制大脚趾球部首先触地。
直腿落地。	触地同时屈膝、屈髋缓冲向下惯性。
触地时身体失衡，需多次向前迈步调整。	落地时双脚同肩宽，触地后可向前迈一步控制身体平衡。

五、基于动作概念解析的纵跳动作技能变换练习内容与方法（表8-13）

表8-13　基于动作概念解析的纵跳动作技能变换练习内容与方法

	在以下条件和动作设定情景下，你还能够完成纵跳吗？		
	姿态控制	动作速率	用力方式
人体运动方式	• 好似烟花直冲天际； • 好似跳起摘树上的果子； • 好似海豚跃出水面。	• 慢动作； • 跳起后头顶击掌； • 跳起后空中转体。	• 像跳落在海绵堆里； • 像被人高低拉扯的木偶； • 落地后数5个数，然后再次跳起。
	空间定位	行进方向	运动轨迹
运动空间环境	• 在同一点上跳起、落地； • 纵跳摸高； • 伴随鼓点依次跳入呼啦圈中。	• 顺时针/逆时针绕圈； • 跳起后触摸右侧或左侧； • 跳起同时双臂不摆动。	• 双臂自下向上摆动； • 双臂自前向上摆动； • 双臂自后向上摆动。
	身体认知/他人互动		物体交互
运动交互关系	• 双臂紧贴身体两侧； • 与同伴面对面同时起跳； • 根据信号，随伙伴起跳。		• 跳起来观察障碍物后的情况； • 触碰头顶悬挂的物件； • 将球从头顶的圆圈中投过。

六、纵跳动作渐进式练习范例及启发（表8-14）

表8-14　纵跳动作渐进式练习范例及启发

当你做纵跳动作时	启发思考
以抬头姿势尽可能向上。	这些不同的纵跳动作中存在哪些差异？你感觉如何？
以低头姿势尽可能向上。	
以后蹲姿势向上。	以上哪种纵跳动作最难？
不屈膝起跳。	为什么你跳不高了？
同一点起跳并落地或起跳和降落不在同一点上。	
像火箭一样一飞冲天。	什么可以让你跳得更高？
双臂不随起跳向前上方摆动。	双臂在纵跳过程中发挥了什么作用？

七、不同阶段纵跳动作技能的教学干预策略（表8-15）

表8-15 不同阶段纵跳动作技能的教学干预策略

阶段	教学干预策略
认知阶段	• 目视上方，将注意力始终集中在双膝弯曲双臂向后伸展和落地时屈膝屈髋缓冲惯性这两个动作环节上，建立正确的动作概念； • 首先教会儿童如何落地，先从较低平面上跳落，反复练习； • 尝试不同形式的纵跳动作，例如跳入圈中、纵跳摸高、跳跃小跨栏、跳入沙坑和跃上跳箱； • 儿童体能较差，容易在连续纵跳练习中感到疲劳，因此在纵跳练习加入跑步等其他技术动作元素，丰富练习内容，增强练习趣味性； • 鼓励儿童尝试参与"小兔子跳跳"等跳跃障碍物的动作游戏； • 督促儿童在练习纵跳动作时始终保持目视前方。
联结阶段	• 起跳前将注意力放在双臂向上摆动的动作环节上，通过前摆增加跳起动能； • 纵跳摸墙，在墙上标出跳起的高度，鼓励儿童不断挑战； • 通过提升跨栏高度的方式提高纵跳的难度，不断挑战，增强能力； • 通过跳绳练习，增强儿童连续跳起的能力、身体协调性和耐力； • 将纵跳融入儿童动作游戏中，增添练习的乐趣。
自动化阶段	• 鼓励儿童尝试纵跳跃起后落入沙坑； • 为儿童练习纵跳创设体育竞赛场景，通过争抢篮板等方式，强化儿童在纵跳动作中的手臂运用； • 组织开展连续跳跃的接力比赛，鼓励儿童积极参与，让其学会在生活和运动场景中合理运用纵跳动作。

第四节 跳远动作技能教学的主要内容、教学组织与指导反馈

一、跳远动作技能简介

跳远是指运用单脚或双脚通过蹬地起跳、空中腾跃和落地三个连续的动作环节而完成的人体在水平距离上的重心位移。由于儿童下肢力量较弱，在练习跳远动作时常伴随短距离助跑动作，而这种起跳方式常见于跨越式跳远、扣篮、跳马等体育运动单项中，因此合理的助跑技术将有助于提升跳远动作的表现。

人体绝大多数的跳跃动作都是在身体直立姿态下完成的，所以绝大多数的跳跃在动作环节和结构上具有一定的相似性。例如单脚起跳的跳远动作和直腿跨跳动作就十分相似；

而双脚起跳的跳远动作和纵跳摸高动作具有较高的相似性，两者只存在运动方向上的差异。不论人体跳跃的起跳技术动作是否存在差异，但落地时保持身体平衡与稳定的动作需求是一致的，因为人体落地缓冲能力的强弱与否将直接决定运动损伤的概率。所以，儿童在练习跳远时，无论单脚还是双脚起跳，一定要求以双脚落地，最大限度减少、降低或避免运动损伤。

儿童掌握双脚跳远技术动作的关键在于双膝适度弯曲（适宜的肌肉初长度为伸髋肌群发力提供良好条件）、双臂摆动的力度与幅度（协调、整合上下半身的力量，形成合力）、双腿蹬直空中腾跃（双腿蹬直说明发力充分、动作完整）和大脚趾球部首先触地同时屈膝（屈膝降低身体重心，缓冲惯性，重获平衡），儿童对以上四个方面的熟练掌握程度将直接决定其跳远动作的完成质量。

二、跳远动作的教学原则和注意事项

一般而言，大多数儿童都能够在5周岁左右熟练掌握跳远的基本动作环节，随后在7周岁左右熟练地掌握跳远动作技能的调控动作环节。通常情况下，大多数儿童都能够在3周岁时建立起较为成熟的跳远动作模式。

儿童学习跳远技能的认知阶段应将双臂抬高，以防不慎跌倒时能够及时防护，但如此高的手臂位置将会使得双臂始终处于紧张状态中，从而限制了双臂配合下肢做前后协同随摆动作，最终也削弱了由双臂前后摆动而带来的向前驱动力。部分儿童在学习过程中，始终不能较好地控制双臂随对侧脚做协同前后摆动作，此时切不能一味追求儿童的跳远距离，而忽视儿童跳远的身体姿态控制和上下肢体的协调配合。因此我们应该帮助儿童在建立正确的跳远技术动作的基础上，逐步提高跳远的距离，让他们在反复的跳远练习中强化动作感觉，掌握全部的技术环节。

跳远（正面）

假如儿童在跳远动作的学习和练习过程中，不能较好地控制身体左右两侧上下肢体协同发力，那么我们就应该将教学内容的重点转移到提升该儿童的平衡能力上，通过提高他们的静态和动态平衡能力和下肢肌肉力量，不断完善其跳远动作的身体能力短板，从而为建立正确的动作概念和动力定型奠定扎实的基础。

跳远（侧面）

三、跳远动作的评测标准与作用（表8-16）

表8-16 跳远动作的评测标准与作用

动作要素	动作评测标准	标准动作的价值与作用
1	双踝、双膝和髋部弯曲，身体向后蹲，做好起跳准备。	通过踝关节背屈、双膝和髋关节弯曲，身体呈向后蹲姿态，使下肢肌群处于适宜的初长度，为起跳发力做好准备。
2	抬头并始终目视前方。	目视前方的动作为身体姿态控制、空间定位和身体平衡提供了重要的视觉前馈。
3	双臂向后伸展，做好前摆准备。	双臂向后伸展既能增大手臂的前摆幅度，也能帮助整合全身发力，获得更佳的向前动能。

续表

动作要素	动作评测标准	标准动作的价值与作用
4	双脚后跟应同时离地,发力蹬。	全身体重应平均分布在两脚上,在起跳阶段双腿做伸髋发力蹬地之前,为了能够使身体前倾,获得更好的身体发力,双脚会做提踵动作。
5	伸膝、伸髋用力蹬地,双腿蹬直空中腾跃。	该动作为身体水平位移提供向前和向上的动能,蹬直可以为身体提供向上的升力,蹬地伸髋动作的完整性是高质量动作的体现。
6	双臂由后向前、向上快速摆臂。	手臂前摆不仅可以整合全身力量更好地完成腾跃动作,还能使身体快速向上、向前位移。
7	双脚大脚趾球部应同时并首先触地。	找准双脚触地受力点是避免受伤的关键,同时也能更好地控制身体,重获平衡。
8	触地同时双踝、双膝和髋部弯曲,缓冲惯性。	踝、双膝和髋的弯曲不仅能够更好地缓冲向下和向前惯性,分解惯性冲量对骨骼和关节的挤压,还能降低身体重心,使其更加接近下肢支撑平台,从而获得更好的稳定和平衡。

四、跳远的常见动作错误与教学指导(表8-17)

表8-17 跳远的常见动作错误与教学指导

常见动作错误	教学指导
面朝下,紧盯地面和脚。	抬头,始终目视前方。
双臂向后伸展不充分。	双臂向后伸展,做好起跳准备。
起跳阶段双腿伸髋、伸膝不够,导致向前位移不足,向上跳起有余。	控制身体前倾,双脚尽可能用力、快速蹬地,向前跳跃。
双脚未能同时蹬地发力。	身体重心置于两脚之间,注意力集中,同时发力。
双腿未能蹬直,空中腾跃时双膝弯曲。	目视落地区域,双臂快速前摆同时伸膝、伸髋。
落地时踝、双膝和髋部未能弯曲、缓冲。	身体前倾、向前蹬地,目视落地点,触地同时踝、膝和髋部依次弯曲,缓冲惯性,控制重心。
落地时身体失去平衡。	屈膝缓冲,降低重心。

五、基于动作概念解析的跳远动作技能变换练习内容与方法（表8-18）

表8-18 基于动作概念解析的跳远动作技能变换练习内容与方法

<table>
<tr><td colspan="4">在以下条件和动作设定情景下，你还能够完成跳远吗？</td></tr>
<tr><td rowspan="2">人体运动方式</td><td>姿态控制</td><td>动作速率</td><td>用力方式</td></tr>
<tr><td>• 好似蚂蚱一样轻盈；
• 好似牛蛙一样笨重；
• 前掌落地无声响。</td><td>• 好似缓慢地搬运一袋重物；
• 在快与慢的节奏中切换；
• 快而静。</td><td>• 像袋鼠一般连续；
• 像站在滚烫的木炭上；
• 像玩"跳房子"一样。</td></tr>
<tr><td rowspan="2">运动空间环境</td><td>空间定位</td><td>行进方向</td><td>运动轨迹</td></tr>
<tr><td>• 从房间一端跳向另一端；
• 在划定的区域内；
• 跳过地面的障碍物（圆盘）。</td><td>• 沿着直线；
• 沿着"Z"字路线；
• 先前跳，落地向后转，再跳回起点。</td><td>• 像冰棍似的；
• 像跳起捕捉昆虫的青蛙；
• 触碰空中的气球。</td></tr>
<tr><td rowspan="2">运动交互关系</td><td>身体认知/他人互动</td><td colspan="2">物体交互</td></tr>
<tr><td>• 落地前轻触膝部；
• 将手放在脚背上体会落地；
• 同伙伴们同时。</td><td colspan="2">• 抓着豆袋同时；
• 站在麻袋里；
• 超过身高的距离。</td></tr>
</table>

六、跳远动作渐进式练习范例及启发（表8-19）

表8-19 跳远动作渐进式练习范例及启发

当你跳远时	启发思考
向前/向后。	你感觉如何？我们应该做哪些动作
以深蹲姿态跳起。	你感觉什么高度最合适？为什么？
以半蹲姿态跳起。	
像大象一样。	落地时该会有多重？
像蟋蟀一样。	你还能跳得再高点吗？
在一条直线上。	
沿着地面线条来回不停地。	当你觉得疲劳时，你的跳远动作将会怎样？
和同伴肩并肩。	
将双手置于体侧。	
双臂体侧平举。	你的手臂对跳远有何作用？
双脚并拢或开立。	哪种站立姿态更利于起跳？
双脚并拢或开立落地。	哪种落地技术更好？
正确掌握并运用以上范例的正确技术动作。	融会贯通、因材施教。

七、不同阶段跳远动作技能的教学干预策略（表8-20）

表8-20 不同阶段跳远动作技能的教学干预策略

阶段	教学干预策略
认知阶段	• 重点强调手臂前摆、身体前倾、直腿腾跃和屈膝落地四个动作环节，建立正确动作概念和肌肉用力感觉； • 示范两脚平行、开立的起跳技术，反复练习，融会贯通； • 运动"联想"教学法： 　——想象用不干胶把两脚粘在一起； 　——你能够像弹簧一样弹跳出去； 　——你能够像蜻蜓一样轻盈地落地； • 重点关注儿童跳远技术动作的质量（动作过程），而非技术动作的结果（跳远距离）； • 全身协调发力：体侧观察时，你是否能看到儿童能双手、双脚同时发力？
联结阶段	• 运用启发式学习法，例如提问"假如这样，将会怎样？""假如这样，你将会跳得更远？"； • 进一步强调双脚发力蹬地之前，双臂应快速前摆的动作顺序，增加向前动能，通过双手抱头、抱胸和叉腰的方式体会手臂对于起跳的作用； • 强调身体前倾对增加向前动力的作用，通过直立、后倾和前倾体会动作差异； • 将"跳房子"等游戏情景融入跳远练习中来，丰富动作的多样性，增添乐趣； • 通过放置标志桶等障碍物的方式，增加动作难度，提高动作稳定性。
自动化阶段	• 通过以下的口头反馈进一步激励儿童高质量完成跳远动作： 　——你能够跳出超过你身高的距离吗？ 　——你能够跳多远？ • 注重从起跳至落地的每一个动作环节，姿态控制是基础，协调发力是关键，屈膝落地是难点，唯有做对，才能做好； • 通过小组或配对游戏的方式模拟儿童日常体力活动，持续发展儿童连续跳远的动作能力； • 将排球、篮球和足球等体育运动项目中跳远变型动作，融入儿童游戏中去，结合运动情景，不断加强其运用跳远技术动作的能力。

第五节 爬行动作技能教学的主要内容、教学组织与指导反馈

一、爬行动作技能简介

爬行是指人体在激活脊柱核心稳定肌群、控制身体姿态以及身体上下部肌肉协调用力的前提下，借四肢与支撑面的相互作用而实现空间位移的基本动作技能。由于爬行需要良好的神经肌肉控制和肌肉间协调用力，因此对核心稳定力量、身体整合协调能力和四肢肌

力都提出了较高的要求,所以爬行动作对于儿童而言是一项完成难度较高的身体挑战。

儿童天生爱好爬行,他们对于自身所处的周遭环境抱有强烈的好奇心,渴望探索和发现自然或建成环境中未知的现象与事物。随着脊柱神经肌肉控制能力的增强,儿童逐渐能够利用人类内在自然的本能去寻找、探索、触摸和移动物体。随着身体机能水平和肌肉力量的增长,通过爬行等动作方式儿童在空间中的身体活动能力也随之提高,认知能力、动作能力和社会情绪都得到了积极促进。由于儿童早期大脑发育的速度远超身体,因此儿童在日常身体活动中必须克服由于"过重"的大脑而带来的活动"负担"。而爬行动作的一大好处就是赋予儿童安全探索的能力,使其在变幻莫测的现实环境中保证自身的安全。所以,儿童需要熟练掌握攀爬技能(垂直攀爬和水平爬行),在保障儿童日常体力活动安全的同时,爬行是发展上肢力量和身体协调能力的有效活动方式。

二、爬行动作的教学原则和注意事项

一般而言,儿童从 3 周岁左右开始学习爬行技术动作,在随后的两年时间中重点学习爬行的基本动作环节,而多数儿童在 7 周岁左右已能掌握爬行的调控动作环节,进而在游戏活动和运动场景中熟练灵活运用爬行动作。

爬行是幼儿探索周遭环境最为安全的位移方式,四肢着地的爬行动作不仅可以为儿童提供一种易于掌握、灵活运用的身体活动方式,而且具有良好稳定支撑的爬行动作可以增加儿童身体活动的安全性,因为爬行使得这个陌生又好奇的世界就这样在儿童眼前变得不那么遥不可及。事实上,爬行动作技能的掌握通常被认为是儿童动作发展历程中极为重要的里程碑事件。

爬行是人体通过四肢触地支撑全身重量,充分运用四肢协调用力来完成身体匍匐位移的技术动作,爬行动作质量的关键在于身体核心肌群的激活与收紧,因此爬行练习又被视为极佳的核心肌力练习。

儿童爬行时的姿态控制是直观反映其核心肌群收紧状态的关键要素,良好的身体姿态能为其带来更有效率的动作表现,必要时可以在练习者的脑后、胸部和后腰部放置大小适量的物体,用以帮助练习者及时反馈动作执行效果。

爬行(正面)

爬行多以四肢支撑平面协调用力的方式实现位移,一方面与人体直立位移区别较大,造成肌肉用力的不适,另一方面身体重心的控制与位移的速度都取决于动作协调性、肌力大小和核心控制,因此爬行也是提升身体协调性的一种较好的练习手段。

爬行(侧面)

三、爬行动作的评测标准和作用(表 8-21)

表 8-21 爬行动作的评测标准和作用

动作要素	动作评测标准	标准动作的价值与作用
1	双脚与肩同宽,脚前掌稳定置于平面上,双膝弯曲,手腿交替协调发力。	良好的身体姿态和动作控制预示具备完成爬行动作所需的基本活动能力。

续表

动作要素	动作评测标准	标准动作的价值与作用
2	手与脚配合动作流畅、无明显停顿。	高效、稳定的爬行动作都是在脊柱稳定控制和动力输出的基础之上,其核心力量越强,爬行动作能力也越强。
3	保持头与躯干的稳定与水平,无明显抖动,髋部两侧无上下起伏。	头和躯干的水平与稳定有助于爬行姿势下的身体平衡,为四肢支撑发力提供良好的发力平台,髋部起伏是动作代偿表现。
4	双臂支撑有力,与肩同宽稳定放置平面上,爬行过程中上臂与胸部夹角稳定在90°左右,双肘不弯曲。	手臂是否具有良好的静态支撑和动态输出能力是完成爬行动作的关键要素,上臂与胸部夹角是动作控制的观测要素,可将肘关节的弯曲作为手臂支撑力量不足或身体重心偏移的观测要素。
5	肩部两侧无明显上下起伏和晃动。	双肩出现上下起伏和晃动说明脊柱和肩胛的稳定控制能力较弱,是动作代偿表现。
6	手臂能够与对侧腿交替协调用力,双臂不超过身体中线,动作幅度适度。	双臂与双腿形成对侧上下协调用力模式是爬行动作高质高效的外在表现形式,爬行中双臂超过身体中线或幅度过大意味着动作控制较差,需要及时干预。

四、爬行的常见动作错误与教学指导(表8-22)

表8-22 爬行的常见动作错误与教学指导

常见动作错误	教学指导
爬行时面朝下。	抬头挺胸,目视前方,身体挺直。
双肩上下起伏较大。	肩胛骨稳定且收紧,激活胸肌及下背部肌群,增强上半身稳定性。
肘关节过度弯曲。	肩部与肱三头肌肉发力,直臂发力向前爬。
屏住呼吸。	自然地呼吸,控制呼吸频率,增大呼吸深度。
臀部翘起、左右摇摆。	激活下腰部、臀部和腹部核心肌群,控制骨盆水平。
对侧手脚配合失调。	调整呼吸,放缓节奏,默念动作,核心控制。
身体重心左右摇摆。	调整呼吸深度,激活核心肌肉,运用触觉反馈动作的偏移幅度。
动作不流畅、停顿较多。	抬头目视前方,保持头与躯干正直和骨盆的水平,放缓速度与节奏。

五、基于动作概念解析的爬行动作技能变换练习内容与方法（表8-23）

表8-23　基于动作概念解析的爬行动作技能变换练习内容与方法

	在以下条件和动作设定情况下，你还能够完成爬行吗？		
人体运动方式	姿态控制	动作速率	用力方式
	● 六点支撑爬行； ● 四点支撑爬行； ● 直腿直臂爬行； ● 屈腿曲臂爬行。	● 身体重心高、低位转移； ● 随着节奏快慢变化，感觉身体重心转移； ● 随着鼓点或快或慢爬行。	● 好像身体被拉扯着； ● 根据口令启动或制动； ● 像没有电的机器人一样爬行。
运动空间环境	空间定位	行进方向	运动轨迹
	● 沿着直线爬行； ● 绕着呼啦圈爬行； ● 在标志桶之间爬行。	● 向前爬； ● 顺着"Z"字形或"O"形线路爬行； ● 向后爬； ● 侧向爬。	● 像熊一样爬走； ● 像猫一样爬行； ● 像蜘蛛一样爬行； ● 像狮子捕猎一样爬行。
运动交互关系	身体认知/他人互动		物体交互
	● 同侧手脚爬行； ● 与伙伴面对面爬行，完成击掌后相向而行； ● 与伙伴肩并肩直线爬行。		● 在海绵垫上爬行； ● 上坡或下坡爬行； ● 头顶豆袋直线爬行； ● 在平衡木上爬行。

六、爬行动作渐进式练习范例及启发（表8-24）

表8-24　爬行动作渐进式练习范例及启发

当你尝试爬行时……	启发思考
向前爬。	身体重心如何向前转移？
向后爬。	身体重心如何向后转移？
侧向爬。	你是否感到动作更难了？
低头爬行。	爬行时视觉反馈有何作用？
直臂爬。	是肘关节弯曲轻松还是直臂轻松？
曲臂爬。	
对侧手脚协同爬行。	哪种手脚用力方式更加平稳，如何才能保持身体正直？
同侧手脚协同爬行。	
旋转爬行。	这样爬行舒服吗？
匍匐爬。	
直膝直臂爬。	这样的爬行动作在技术运用上有何不同？
仰卧爬行。	

七、不同阶段爬行动作技能的教学干预策略（表8-25）

表8-25　不同阶段爬行动作技能的教学干预策略

阶段	教学干预策略
认知阶段	• 切勿操之过急，按照步骤循序渐进完成动作； • 可在地面上进行手脚交替前行的练习，例如熊爬； • 先用粉笔在地面画出梯子图案进行模拟练习，随后再将梯子平放在地面上，引导儿童进行攀爬； • 重视练习过程中的安全性，此阶段应以六点支撑水平爬行为主； • 练习攀爬的高度不得超过练习者本人的身高。
联结阶段	• 学会在收紧腹部与臀部核心区目标肌肉的前提下，逐渐从六点支撑水平爬行向四点支撑过渡； • 学习向前、向后和侧向多方向的爬行动作技术，通过变向提高身体控制； • 通过爬上和爬下反复强化技术动作，提升对侧手与脚的动作协调性； • 向上攀爬至肋木顶部后，控制身体重心翻越到另一侧。
自动化阶段	• 让儿童将自己想象成消防队员，鼓励他们爬上梯子并按响警钟，以此来完成救援任务，增加练习趣味性； • 增加向上攀爬的阶梯数量或每级阶梯的高度； • 在水平爬行过程中，可将刺激物放置于儿童的后脑、胸部和后腰部，以强化反馈的方式，提升动作完成质量； • 鼓励以竞赛或协作的方式完成爬行，增加挑战难度和趣味性。

第六节　单脚跳动作技能教学的主要内容、教学组织与指导反馈

一、单脚跳动作技能简介

单脚跳是一个连续且不对称的动作技能，即起跳和着陆都使用单侧下肢执行动作。单脚跳相比纵跳而言，需要更大的下肢肌肉力量和更佳的身体动态平衡，其原因就在于执行位移动作的过程中只有一侧下肢支撑身体重量（支撑面积更小）。无论高水平体育运动（篮球的三步上篮、三级跳和击剑）还是日常的体力活动（跳皮筋、跳"房子"），单脚跳这一动作技能都占据着举足轻重的地位。由于人体两脚直立的结构特征，决定了人体在日常的体力活动中，常常处于单脚直立支撑的状态。因此熟练掌握单脚跳这一动作技能，不仅能够帮助儿童、青少年增强修正身体失衡的控制力和维持身体平衡与动作输出效率的能力，同时还能够降低其受伤的风险。

二、单脚跳动作的教学原则和注意事项

儿童从 3 周岁左右开始学习单脚跳动作，并在随后的一年时间中将学习重点放在单脚跳的基本动作环节（见附件 9 中的要素 3、要素 5）上，大多数儿童在 7 周岁左右已能较为熟练地掌握单脚跳的调控动作环节（见附件 9 中的要素 1、要素 2、要素 4、要素 6）。

相比跳跃动作而言，单脚跳是一种动作控制更加复杂、肌肉间协调用力程度更高的发展性跳跃动作。单脚跳作为单侧下肢支撑完成的位移动作，属于动态平衡高阶动作。由于单脚跳具有单一动作周期、连续不停顿完成动作的属性，其对儿童的下肢肌力、耐力和上下肢协调用力能力都提出了较高的要求。

通常情况下，5 周岁至 7 周岁的儿童在速度、动作控制和动作技术方面大多表现出明显提升，因此在强调单脚跳速度、跳跃距离和跃起高度之前，我们应该教会儿童自然且有节奏地完成单脚跳跃动作。

对于儿童而言，单脚跳是一项极其耗费体力的动作技能，因此我们需要控制单脚跳练习的时长，并尝试将单脚跳融合到其他的体力活动或游戏中进行，从而使得儿童可以充分利用每一次活动的间隙时间进行体力恢复与调整。

单脚跳（正面）

单脚跳（侧面）

三、单脚跳动作的评测标准和作用（表 8-26）

表 8-26　单脚跳动作的评测标准和作用

动作要素	动作评测标准	标准动作的价值与作用
1	支撑腿弯曲着陆获得缓冲，同时起跳时蹬直，以获得最佳的蹬地力量。	脚踝、膝盖以及髋关节的弯曲能够有效地吸收着陆时所带来的反向冲击，同时支撑腿各关节的弯曲状态为蹬离地面的肌肉发力提供了有利的条件（肌肉初长度）。
2	运用前脚掌大脚趾球部起跳并着陆。	增加了踝关节的屈伸度，从而有效增加了向前和向上的推进力。
3	摆动腿弯曲，随支撑腿同步前摆运动。	摆动腿与支撑腿的同步协调配合，有助于完成单脚跳跃动作并保持平衡。
4	左、右两腿都具备单脚跳能力。	为了避免两侧下肢不均衡发展的负面影响，练习时应平衡儿童两侧下肢的单脚跳练习。
5	头部与躯干保持稳定，目视前方	视觉反馈与身体位置控制对于动作执行十分关键。

四、单脚跳的常见动作错误与教学指导（表8-27）

表8-27 单脚跳的常见动作错误与教学指导

常见动作错误	教学指导
全掌或脚跟着地。	落地时控制大脚趾球部首先接触地面，并逐渐向脚跟转移。
未能在三至四次单脚跳过程中维持平衡。	保持头部稳定和上身直立，激活臀肌控制发力，手臂随摆掌握节奏。
未能屈踝、屈膝和屈髋以缓冲落地惯性。	落地时控制大脚趾球部首先接触地面，随后按照屈踝、屈膝和屈髋的动作顺序完成缓冲，反复练习，形成动作记忆。
蹬离地面时，支撑腿未能发力蹬直。	激活臀肌，屈膝发力。
非支撑腿与地面保持水平，导致不能与支撑腿协同发力前摆。	放松非支撑腿，寻找两腿协同发力的节奏共振点。
面朝下，紧盯地面和脚。	抬头，目视前方。
双臂随摆不协调，同时也未能随支撑脚前摆发力。	学会利用手臂摆动获得身体平衡。
双臂仅向上摆动，未能产生向前冲量。	双臂放松，适度前摆。

五、基于动作概念解析的单脚跳动作技能变换练习内容与方法（表8-28）

表8-28 基于动作概念解析的单脚跳动作技能变换练习内容与方法

	在以下条件和动作设定情景下，你还能够完成单脚跳吗？		
人体运动方式	姿态控制	动作速率	用力方式
	• 像在烂泥里跳跃一样； • 像蚂蚱一样轻盈地跳跃； • 像穿着弹簧鞋一样跳跃。	• 慢得像是笨重的恐龙； • 左脚跳三次，然后换右脚跳三次； • 随着鼓点跳跃。	• 像机器人一样跳； • 双臂不随跳跃摆动； • 在室内随意地跳。
运动空间环境	空间定位	行进方向	运动轨迹
	• 跳入或跳出呼啦圈； • 沿着墙边跳； • 沿着地面直线跳。	• 跳起后做空中转体； • 做跳"房子"游戏； • 连续不断地朝着两个不同的方向跳跃。	• 从标志盘上跳过； • 跳起时摆动腿不弯曲； • 双膝微屈，双臂随摆。
运动交互关系	身体认知/他人互动		物体交互
	• 每三次跳跃，交换一次支撑腿； • 双手抱肩跳； • 两人一组轮流朝对方跳去。		• 原地扶着凳子或椅子跳； • 从膝下摆动的绳子上来回跳跃； • 单脚跳绳； • 跳到不同颜色的地垫上。

六、单脚跳渐进式练习范例及启发（表8-29）

表8-29 单脚跳渐进式练习范例及启发

当你尝试单脚跳时……	启发思考
摆动腿不弯曲并置于体侧。	你是否感觉跳跃十分困难？
摆动腿弯曲并向侧面抬起。	跳跃时如何控制身体平衡？
摆动腿弯曲并向前抬起。	你是否感到动作更简单了？
摆动腿弯曲置于支撑腿后，但不随摆。	你感觉做这样的动作别扭吗？
闭眼单脚跳。	视觉反馈有何作用？尝试按照顺序做完以上练习后，问询儿童以上哪种单脚跳最为容易，你感觉哪种方式对你来说最有效？
面朝地面单脚跳。	
认真观察身边正在做单脚跳的小伙伴。	
抬头，目视前方。	
双臂向上摆动。	以上哪种手臂的位置让你在单脚跳时感到最为顺畅、有效？为什么？
随着跳跃，双臂交替向前随摆。	
始终将手臂放置体侧。	
始终将手臂向前举起。	

七、不同阶段单脚跳动作技能的教学干预策略（表8-30）

表8-30 不同阶段单脚跳动作技能的教学干预策略

阶段	教学干预策略
认知阶段	• 做单脚跳之前，应进行足够的单脚站立支撑练习； • 通过手动帮扶或手扶支撑物减弱身体失衡感，建立单脚跳的用力感觉； • 着重强调支撑脚的落地和蹬地动作细节； • 在练习单脚跳的认知阶段，可以弱化跳跃高度。
联结阶段	• 通过设定标记物的方式鼓励儿童尝试单脚跳跃更远或更高； • 向儿童讲解如何利用双臂向前交替随摆来增加向前跳跃的动能； • 鼓励儿童不同方向且运用不同侧腿进行单脚跳练习，保证两侧腿均衡发展； • 在单脚跳练习过程中，通过与跑步、侧并步和垫步跳等位移动作的融合、穿插，来缓解连续单脚跳练习所带来的疲劳； • 将跳"房子"等游戏融入单脚跳的练习中，使练习更加有趣味性。
自动化阶段	• 鼓励儿童按照自己设定的口令来完成连续单脚跳动作：右、右、右、左、左、左或右、右、左、右、右、左； • 鼓励儿童自己设计单脚跳的活动模式，并加以展示； • 鼓励练习的儿童尝试进行侧向或向后跳跃； • 在地面上设计出字母或数字表格，对跳入或跳出提出具体的要求； • 鼓励儿童积极参与单脚跳跃游戏，例如"单脚斗士"（多种形式）； • 鼓励儿童自发设计以单脚跳动作作为主的动作游戏。

第七节 前滚翻动作技能教学的主要内容、教学组织与指导反馈

一、前滚翻动作技能简介

前滚翻是体操运动的基础动作之一，通常以蹲撑姿态开始，双手与肩同宽体前撑垫，通过双脚蹬地驱动以及在躯干协调用力的共同作用下，使得人体绕额状轴进行360度滚翻的位移动作，最终完成身体重心在空间中的转换与移动。当双脚发力蹬地做前滚翻动作时，受限的头部位置使得视觉几乎不能参与到动作控制中来，因此人体主要依靠本体觉和前庭觉参与感知觉反馈和神经肌肉控制完成滚翻动作。所以滚翻动作练习可以有效促进儿童本体感觉和前庭感知觉能力的发展，进而提升神经系统对异常体位下肌肉的控制与协调能力。

前滚翻是提升儿童本体感知觉颇为有效的练习方式，不仅能够提高运动神经元对目标肌肉的控制进而预防损伤发生，而且能够增强儿童躯干的核心稳定性，而核心稳定性又是力量输出的基础。虽然前滚翻动作带有鲜明的体操专项痕迹，但在对抗异常激烈的球类运动中，运动员常因身体直接对抗而出现身体失衡，此时运动员运用滚翻动作消解惯性、泄力避害是保证身体失衡状态下避免损伤的有效手段，此外在游泳运动项目中的滚翻转身也是前滚翻动作在水环境中的实践运用。

前滚翻练习不仅能够提高儿童在无视觉参与下静态平衡能力的发展，而且对儿童灵敏性、柔韧性和协调性都有一定程度的促进作用。随着4周岁儿童姿态控制能力的显著提高，预示着儿童即将进入平衡能力发展的关键时期，因此科学、合理且有效地学习并掌握滚翻动作技能对促进儿童身体平衡、协调和姿态控制都具有十分重要的意义。

二、前滚翻动作的教学原则和注意事项

一般而言，大多数儿童在3周岁时建立起初级的前滚翻动作模式，随着练习次数增多和能力提升，多数儿童在4周岁左右能够较为熟练地掌握前滚翻的基本动作环节，随后在7周岁左右已能熟练地掌握前滚翻的调控动作环节。

伴随着儿童的生长发育，其前庭觉和本体感知觉能力也随之不断提高，从而使得唯有具备身体柔韧度、协调性和空间感知能力才能做出的前滚翻动作变成了儿童尝试的新动作。在学习前滚翻动作认知阶段，儿童应基本理解前滚翻动作的顺序和基本要领，特别是能够理解预备阶段低头、含胸动作对于完成滚翻动作的重要性。由于前滚翻动作通常是以头部触垫承受体重的方式，完成围绕额状轴的身体翻转动作，于是儿童出于对头部和身体方位的本能保护，在初学该动作时大多都表现出害怕与不安，因此教师应该充分关照儿童的心理状态，尽可能通过早期学习、动作分解练习、降低动作难度和心理抚慰等方式帮助其消除心理恐惧，建立自信心。

儿童前滚翻动作教学首当其冲的是教学安全性和动作规范性。首先触垫的是后脑勺，然后按照肩、背、腰和臀部依次触垫的动作顺序完成前滚翻动作，一方面能够帮助儿童理

解滚翻动作完成的动作顺序,另一方面也更加明确了头后部首先承重是避免受伤的关键。如此一来,能够使儿童在动作执行过程中把握动作重点。

反复练习是儿童学习并掌握前滚翻动作的重要手段。前滚翻是人体在日常生活和运动中较少运用的动作技能,因此该项技术动作的神经控制和肌肉用力较之其他的基本动作技能更难有效建立,所以儿童前滚翻动作的学习与练习应在教师的指导下反复进行,以便帮助其尽早建立正确的动作记忆。

前滚翻
(正面)

前滚翻
(侧面)

三、前滚翻动作的评测标准与作用(表 8-31)

表 8-31 前滚翻动作的评测标准与作用

动作要素	动作评测标准	标准动作的价值与作用
1	双膝弯曲呈蹲撑体姿,双手同肩宽在身体前下方撑住软垫。	该初始姿态确保儿童在滚翻过程中学会激活核心肌肉、控制身体重心,确保滚翻时身体两侧的对称性,避免出现翻滚偏移。
2	低头、含胸、收腹,双脚向后下蹬地、提臀,双膝顺势蹬直。	确保滚翻时头后部和双肩两部位承受体重,避免以头顶部承受身体重量而导致受伤。
3	按照后脑勺、肩、背、腰和臀部依次触垫的动作顺序完成前翻滚。	按照从头至脚、自上而下的顺序控制身体各部位依次触垫完成滚翻,从而确保滚翻动作的规范性、正确性和匀称性。
4	当背和腰部触垫时,应屈膝团身,两手迅速抱小腿中部。	学会借助向前滚翻的惯性,屈膝团身,为控制重心、制动支撑提供便利条件。
5	上半身紧贴大腿迅速翻滚,背屈双脚触垫,身体呈蹲撑姿态保持平衡。	该动作为前滚翻动作的结束阶段,背屈双脚触垫,不仅可避免因冲击而引发的脚部损伤,还可为连续前滚翻提供了基本条件。

四、前滚翻的常见动作错误与教学指导(表 8-32)

表 8-32 前滚翻的常见动作错误与教学指导

常见动作错误	教学指导
双膝弯曲不够,上半身挺直。	双膝弯曲直至臀部接触脚后跟,上半身略微向前倾斜。
五指并拢,双手相距过窄或过宽置于软垫上。	五指张开,中指略微朝内,双手同肩宽置于软垫上。
向前滚翻时未能低头含胸。	低头含胸。

续表

常见动作错误	教学指导
滚翻时头顶部首先触垫。	控制头后部和双肩首先触垫。
双脚未能同时向后下方蹬地。	双脚同时发力蹬地。
蹬地动作不充分、完整，双膝未能伸直。	蹬地动作完整有力，双膝充分伸直。
双脚蹬地后未能提臀和身体重心前移。	蹬地后，紧接提臀、重心前移。
滚翻过程中上半身未能贴紧大腿。	上身贴近大腿，团身够紧。
未能依次按头后部、肩、背、腰和臀部的顺序触垫。	按照从头到脚的顺序，依次控制触垫的身体部位。
翻滚过程中身体向一侧偏移。	收紧核心肌群，双侧同时发力，保持动作同步性。
翻滚至仰卧姿态时，双臂未能迅速抱住小腿。	控制翻滚时的身体半径、抱腿动作是重获平衡的关键。
双脚背屈不够，未能制动和保持平衡。	勾脚尖触垫，学会制动，控制平衡。

五、基于动作概念解析的前滚翻动作技能变换练习内容与方法（表8-33）

表8-33 基于动作概念解析的前滚翻动作技能变换练习内容与方法

	在以下条件和动作设定情景下，你还能够完成前滚翻吗？		
人体运动方式	姿态控制	动作速率	用力方式
	• 在协助下完成前滚翻； • 水平前滚翻。	• 快速/慢速前滚翻； • 分解练习/完整练习前滚翻。	• 下斜坡前翻滚； • 上斜坡前滚翻； • 根据口令完成前滚翻。
运动空间环境	空间定位	行进方向	运动轨迹
	• 沿地面直线前滚翻； • 沿地面曲线前滚翻； • 在硬质或软质平面上做前滚翻。	• 从蹲撑体态开始前滚翻； • 从站立体态开始前滚翻； • 从慢步走接前滚翻。	• 做水平前滚翻； • 做鱼跃滚翻； • 围绕呼啦圈滚翻。
运动交互关系	身体认知/他人互动		物体交互
	• 两人沿直线面对面翻滚，当交互时身体不发生接触； • 向前滚翻时他人从你身旁跳离。		• 双脚夹住球同时进行前滚翻； • 前滚翻后接球； • 从障碍物上向前滚翻超越。

六、前滚翻动作渐进式练习范例及启发（表 8-34）

表 8-34 前滚翻动作渐进式练习范例及启发

当你做前滚翻动作时	启发思考
仰卧抱头团身滚动。	这四个动作哪个最难完成？为什么？
仰卧抱胸团身滚动。	
仰卧叉腰团身滚动。	
仰卧直臂直腿团身滚动。	
辅助团身滚动成蹲立。	支撑身体从仰卧转换成蹲立或站立的动力来自哪里？为什么？
团身滚动成蹲立。	
团身滚动成站立。	
向前蠕虫爬。	前后两个方向的爬行动作对于抬高臀部有何不同？哪个更难？
向后蠕虫爬。	
蹲撑下斜前滚翻。	这四个动作中哪个最难完成？为什么？
蹲撑水平前滚翻。	
蹲撑上斜前滚翻。	
站立后接前滚翻。	
连续前滚翻	如何保持身体重心平稳向前连续滚翻？

七、不同阶段前滚翻动作技能的教学干预策略（表 8-35）

表 8-35 不同阶段前滚翻动作技能的教学干预策略

阶段	教学干预策略
认知阶段	• 重点示范原地团身滚动的技术动作，掌握收紧核心肌群、控制身体重心的技术要领； • 通过蠕虫爬等动作强化练习蹬地提臀、重心前移的技术动作； • 双手五指分开、同肩宽平放软垫之上，以蹲撑姿态预备前滚翻； • 鼓励儿童边做、边大声读出动作要领； • 始终强调后脑勺首先接触软垫，通过视觉和语言反馈帮助其建立正确动作感觉。
联结阶段	• 鼓励儿童以站立姿态预备前滚翻； • 强调向前滚翻的团身紧密程度，通过表象训练帮助儿童建立"皮球滚动"的团身翻滚动作感觉； • 反复练习团身滚动成蹲撑或站立的技术动作，掌握身体重心转移的要领； • 引导儿童利用双臂维持滚翻时的身体平衡，特别强调"双臂抱腿"动作。
自动化阶段	• 鼓励儿童挑战站立姿态后接前滚翻； • 鼓励儿童挑战慢走后接前滚翻； • 鼓励儿童挑战慢跑后接前滚翻。

第八节 前并步动作技能教学的主要内容、教学组织与指导反馈

一、前并步动作技能简介

前并步是向前滑步的一种变型动作，一般是指人体面对正前方，双脚以一踏步后接一跳步的方式，朝前方快速移动的大肌群位移动作技能。从前并步的肌肉发力顺序观察，任一侧下肢抬起并弯曲，向正前方迈步用以转移身体重心并支撑体重，随之另一侧下肢朝前方快速跳起以取代前脚成为承载体重的支撑脚，而身体重心则在踏步接跳步的下肢支撑的"闭链"动作中完成了快速向前位移。

从遵循儿童的身体发育、骨骼生长和动作技能发展的客观规律来看，前并步动作技能要先于垫步跳发展。通常情况下，随着儿童对并步技术动作熟练程度的不断提升，其能够通过反复练习正面并步技术动作而逐渐掌握基本的垫步跳动作。由于前并步技术动作具有目视前方便于观察和重心高位正面移动的特点，所以该项位移动作成为舞蹈、体操、艺术体操等运动项目的基础性动作技能。此类动作具有鲜明的节奏感和韵律感，与体操、艺术体操等难美性运动项目追求动作美感的审美取向不谋而合。前并步技术动作的运用常出现于成套动作中进行切换或动作节奏变换时，主要是为了增加动作快慢舒缓的节奏变化，使得技术动作更加有美感，同时也为运动员进行不同快慢节奏技术动作转换提供缓冲时间。

对于儿童而言，前并步常用于日常体力活动、动作游戏或舞蹈学习中，该动作使得儿童在运动过程中不仅能够关注目标物，还能够满足身体重心有节奏地向前移动。

二、前并步动作的教学原则和注意事项

儿童通常在3周岁左右形成前并步的基本动作模式，伴随着身体力量、协调和平衡能力的提升，其在练习一年之后能够较为熟练地掌握前并步的基本动作环节，随着练习前并步技术动作的时间不断延长，儿童运用前并步的能力也不断增强，大部分儿童一般在7周岁左右都已能熟练掌握前并步的调控动作环节。

前并步总是以一侧下肢向前踏步，随后另一侧下肢紧接着以向前跳步的动作顺序连贯进行的，并在行进过程中，双侧下肢总是在重复着踏步接跳步的动作模式循环往复。由于向前和侧向并步存在行进方向、用力方式和动作控制的不同，因此从动作完成所需的身体协调能力和神经肌肉控制等方面来考虑，侧向并步需要人体激活身体两侧的动力链，沿着额状面完成上下肢外展、内收的协调整合运动，此时同侧上下肢多以同步的外展、内收动作相互配合，做侧向的身体位移；而前并步则需要人体激活前链沿着矢状面完成身体运动，此时上下肢以不同步的屈伸动作相互配合，控制身体重心协调向前位移。

在儿童进行前并步动作的学习时，应引导其将注意力集中在双脚前移

前并步
（正面）

的动作节奏上,而非前移的动作速度。同时在练习中把握循序渐进的原则,先掌握正确的动作,然后再进一步提高动作速度。

三、前并步动作的测评标准和作用(表8-36)

前并步
(侧面)

表8-36 前并步动作的测评标准和作用

动作要素	动作评测标准	标准动作的价值与作用
1	双脚朝前,能够协调、连贯且有节奏地交替向前移动。	能够熟练掌握前并步动作,在向前位移过程中控制好身体姿态,协调全身肌群发力。
2	任一侧脚朝前踏步,足底稳定支撑地面,身体重心落于两脚之间。	合适的两脚间距为后侧脚跳步连接动作提供了稳定的支撑平台,保证了动作质量。
3	前脚落地同时后脚向行进方向跳步移动,腾空时双脚并拢腾跃,短暂离地。	前并步的动作难点在于良好的身体姿态控制以及前后脚踏步与跳步的衔接,因此双脚协调发力是动作完成的基本条件。
4	双膝微屈,蹬地及落地时体重均落于双脚大脚趾球部。	双膝微屈不仅利于吸收落地惯性冲量,还能便于伸膝发力蹬地,完成向前位移。
5	能够朝不同方向并步前移。	表明动作掌握的熟练程度、身体两侧肢体的均衡发展以及全身协调控制的能力。
6	维持头部稳定,始终目视前方,身体保持直立,略微前倾。	身体稳定是动作完成的基础条件,同时良好的身体姿态能够减少多余动作的产生,从而为向前位移提供更多动能。
7	双臂随双脚向前移动同时前摆。	配合双脚移动随摆,整合全身协同发力。

四、前并步的常见动作错误与教学指导(表8-37)

表8-37 前并步的常见动作错误与教学指导

常见动作错误	教学指导
面朝下,紧盯地面和脚。	身体直立,保持头部稳定,目视前方或行进方向。
未能将体重落于双脚大脚趾球部。	控制双脚前脚掌蹬地或落地。
行进时上半身过于前倾。	身体直立,始终抬头目视前方,调整呼吸,控制体态。
行进时上半身过于后倾。	身体直立,始终抬头目视前方,收紧臀肌,略微前倾。
向前踏步过大。	目视前方,自然向前踏步,控制身体重心落于两脚之间。

续表

常见动作错误	教学指导
后侧下肢未能把握时机随前侧下肢协调向前跳步，导致两腿动作脱节、不连贯。	建立"踏步接跳步"的动作节奏，关注双脚前后并拢离地，空中短暂腾跃。
全身动作不协调，没有节奏感。	保持身体直立和头部稳定，跟随"踏步、跳步"的口令。
直腿向前移动，双膝未能微屈。	蹬地和落地时微屈双膝。
未能熟练地完成不同方向的前并步动作。	控制身体重心，上下协同发力，把握动作节奏。
两腿未能在空中腾跃阶段前后并拢。	把握跳步时机，适度蹬地发力，保持空中平衡。
双臂未能随下肢移动向前摆动。	双臂随下肢移动做向前摆动。

五、基于动作概念解析的前并步动作技能变换练习内容与方法（表8-38）

表8-38 基于动作概念解析的前并步动作技能变换练习内容与方法

	在以下条件和动作设定情景下，你还能够完成前并步吗？		
	姿态控制	动作速率	用力方式
人体运动方式	• 好似穿着靴子一样； • 好似企鹅一样； • 好似漂浮的气球一样。	• 像是在冰面上； • 不断在大—小踏步间切换； • 根据快—慢信号。	• 轻盈的三踏步和沉重的三踏步； • 将双手背在身后； • 在空旷的场地上练习，听到"停"的口令静止。
	空间定位	行进方向	运动轨迹
运动空间环境	• 围绕圆圈； • 在地面的标志圆盘之间； • 围绕着桌子。	• 向左前或右前； • 好似旋转木马一样； • 好似不愿被套住的骏马一样。	• 双手抱头，双膝微屈； • 双手叉腰，双膝微屈； • 好似踮起脚的芭蕾舞演员； • 好似发狂的野马一样。
	身体认知/他人互动		物体交互
运动交互关系	• 双脚前后分立； • 左脚踏步/右脚踏步； • 两人一组，面对面向前并步相会，然后再朝相反方向行进。		• 手持彩带的同时； • 运球或接球同时； • 围绕圆圈。

六、前并步动作渐进式练习范例及启发（表8-39）

表8-39　前并步动作渐进式练习范例及启发

当你做前并步动作时	启发思考
像袋鼠一样高高跃起。	你觉得该如何做才能跳得更高一些？
像兔子一样低矮跃起。	如何快速连贯地跳起？
朝前迈小步。	踏步到底应该迈多大？
朝前迈大步。	
与同伴手牵手，向前移动。	
双手抱头。	哪个动作做起来最难？为什么？移动时双手应该做什么？
双手抱胸。	
双手叉腰。	
将双手置于身体两侧。	
移动时双腿不弯曲。	为何双膝应微屈移动？
双臂交替前摆维持身体平衡，双膝微屈。	
双臂同步前摆维持身体平衡，双膝微屈。	
向左前方或右前方。	朝不同方向移动时身体各部位的动作存在哪些差异？身体哪一侧的动作更为熟练、标准？
沿着地面的直线。	
沿着地面的圆圈。	
和同伴们一起。	

七、不同阶段前并步动作技能的教学干预策略（表8-40）

表8-40　不同阶段前并步动作技能的教学干预策略

阶段	教学干预策略
认知阶段	● 跟随"踏步—跳步—腾跃—落地"的动作口令，反复练习； ● 在儿童正面播放动作视频，要求跟随练习，尽快建立正确的动作概念； ● 通过打拍子或打鼓的方式，帮助儿童建立动作节奏感； ● 要求在"踏步和跳步"过程中，脚不允许触碰地面上的标志圆盘； ● 教师与儿童面对面站立，要求儿童观察并重复教师的向前并步动作； ● 练习过程中播放儿童歌曲，增加练习的趣味性。
联结阶段	● 要求儿童肩并肩排成行，一起朝同一方向练习； ● 要求儿童手牵手排成行，一起朝同一方向练习； ● 要求儿童面对面站立，相向而行，一边观察对方动作，一边练习； ● 根据口令随时变换行进方向； ● 根据"制动—启动—转向"的口令变换行进方向，反复练习。

续表

阶段	教学干预策略
自动化阶段	• 要求儿童尝试以不同速度切换方向进行练习； • 一边前并步移动，一边完成接球、传球； • 一边前并步移动，一边运球； • 一边前并步移动，一边拍打空中的气球，不使其落地； • 一边前并步移动，一边回答问题。

第九节 变向动作技能教学的主要内容、教学组织与指导反馈

一、变向动作技能简介

变向是一项位移性基本动作技能，以假动作诱导欺骗为先导，再通过迅捷地变换方向达到摆脱拦截防守、攻击或拦阻对手的目的。体育运动中的变向动作执行不仅受制于跑步等快速位移技能的动作速率，同时还会受到动态稳定、动作衔接、重心转移和协调发力等多种因素的综合影响。儿童唯有掌握以上动作要素，才能在体育运动中熟练自如地运用变向技能，良好的身体平衡与稳定是完成变向动作的关键要素，通常以屈膝降低身体重心，便于人体高效、快速地从一侧转换到另一侧，实现变向突破。因此，变向移动能力是许多同场对抗类运动项目的重要动作技能，其决定了运动员摆脱防守、创造机会的能力。高质量变向技术动作主要体现在身体重心低位转换和大腿内侧肌群神经控制好，爆发力强，以上两点也是变向技术动作高效、流畅完成的重要保障。

变向作为基本动作技能之一，应在儿童掌握跑步动作技能后尽早融合学习。在开展变向动作学习之前，教会儿童保持抬头、挺胸、目视前方的身体姿态是首要的教学重点，随后教会儿童掌握屈膝、蹬离、转髋等变向动作的基本动作要领，最终通过反复练习加以强化。

二、变向动作的教学原则和注意事项

大多数儿童从4周岁开始学习变向动作技能，多数儿童在6周岁左右可以较为熟练地掌握变向的基本动作环节（见附件12中的要素4、要素5），9周岁左右已经进一步掌握了变向的调控动作环节（见附件12中的要素1、要素2、要素3、要素6）。在儿童学习变向动作过程中，应着重强调转向动作速率的重要性，以便于儿童能够体会并掌握转髋、屈膝和蹬地三个连贯动作对于变向动作效率与质量的影响与作用。

体屈、转体和转向等非位移动作技能的学习与掌握对变向动作熟练掌握具有积极的促进作用。在学习变向动作伊始，儿童通常喜欢从强侧下肢的一侧完成变向动作，此时我们应该鼓励儿童从左、右两侧反复练习变向动作，直至其熟练掌握。当我们开展儿童变向动作教学时，首先应该向儿

变向（正面）

童灌输变向动作的目的和意义，其次要做好变向预判和身体准备，然后再围绕障碍物进行有目的的变向练习。

一旦儿童能够参与足够多的身体下肢支撑平衡练习的话，他们就在执行变向动作时变得更加自如和迅捷。随着动作能力和情景识别能力的提升，儿童还能够通过改变双脚站位来随机改变下肢支撑平台，从而为随时变向做好身体上的准备。一旦需要转变行进方向时，这样的身体支撑状态就十分有利于儿童降低身体重心，自如顺畅地完成蹬地转向动作。

变向（侧面）

三、变向动作的评测标准和作用（表8-41）

表8-41 变向动作的评测标准和作用

动作要素	动作评测标准	标准动作的价值与作用
1	变向腿膝部弯曲，随后蹬地发力，改变行进方向。	屈膝降低身体重心，增强变向前的身体稳定性，降低重心同时也能使蹬地更加有力。
2	向外伸展转向侧下肢，通过一次跨步完成转向动作。	转向侧下肢外展的动作拓宽身体重心的支撑面，能够将身体重心顺畅地从支撑腿转换到变向腿上，从而实现身体变向位移。
3	在任意方向完成变向动作。	双侧下肢的协调性、均衡性和整合能力，能够确保儿童在任意方向实现躲闪并快速移动。
4	降低身体重心完成变向及变向后衔接跑。	降低重心，以获得最佳的身体稳定性，为转向发力提供良好的条件。
5	变向时始终目视行进方向。	保持头部稳定和躯干的直立对实现快速变向至关重要。
6	手臂随变向摆动。	手臂随摆动作对于增加变向动量、上下身协调发力和控制平衡都非常重要。

四、变向的常见动作错误与教学指导（表8-42）

表8-42 变向的常见动作错误与教学指导

常见动作错误	教学指导
面朝下，紧盯地面。	抬头、挺胸，目视前方。
转向时变向发力腿微屈或不弯曲。	降低身体重心，随后发力蹬地变向。
假动作的晃动欺骗性不够。	充分运用屈膝发力的方式改变行进方向。
不能从身体左右两侧实施变向。	激活并学会运用变向腿的外侧肌群。
变向速度较慢且多余的预备动作过多。	降低身体重心的同时注意体重在支撑腿与变向腿之间转移。
转向时迟疑且停顿较多。	注意力集中，学会预判。
需要多步才能完成变向动作。	掌握用一个跨步动作完成变向。
变向时头部和肩部没有假动作。	身体上下部协调用力，收紧腹部，激活臀肌，核心控制是关键。

五、基于动作概念解析的变向动作技能变换练习内容与方法（表8-43）

表8-43 基于动作概念解析的变向动作技能变换练习内容与方法

<table>
<tr><td colspan="4">在以下条件和动作设定情景下，你还能够完成变向吗？</td></tr>
<tr><td rowspan="6">人体运动方式</td><td colspan="1">姿态控制</td><td>动作速率</td><td>用力方式</td></tr>
<tr><td>
• 好似被人拽着；
• 好似轻盈的蝴蝶；
• 好似穿着溜冰鞋。
</td><td>
• 慢得像是笨重的恐龙；
• 连续三次向左变向，然后连续三次向右变向；
• 跑步时听从口令变向；
• 接反弹球变向。
</td><td>
• 好似机器人变向；
• 双臂不随变向摆动；
• 空地上随机变向。
</td></tr>
<tr><td colspan="3"></td></tr>
<tr><td colspan="3"></td></tr>
<tr><td colspan="3"></td></tr>
<tr><td colspan="3"></td></tr>
<tr><td rowspan="2">运动空间环境</td><td>空间定位</td><td>行进方向</td><td>运动轨迹</td></tr>
<tr><td>
• 绕杆变向；
• 面对防守者变向；
• 沿着敏捷梯"Z"字形变向。
</td><td>
• 向前绕标志桶变向；
• 后撤步变向；
• 连续朝着左、右方向变向。
</td><td>
• 直腿绕杆变向；
• 直臂绕杆变向；
• 双膝微屈，双臂随摆绕杆变向。
</td></tr>
<tr><td rowspan="2">运动交互关系</td><td colspan="2">身体认知/他人互动</td><td>物体交互</td></tr>
<tr><td colspan="2">
• 斜线跑绕杆变向；
• 双手抱胸绕杆变向；
• 两人一组"攻守"变向；
• "老鹰抓小鸡"或"扑鱼"游戏。
</td><td>
• 绕圆盘变向；
• 集体跳绳；
• 篮球变向运球；
• 足球变向运球。
</td></tr>
</table>

六、变向动作渐进式练习范例及启发（表8-44）

表8-44 变向动作渐进式练习范例及启发

当你尝试做变向动作时	启发思考
原地绕杆跳跃变向。	身体重心转移是否困难？
原地绕杆滑步变向。	
向后跳跃变向。	变向时如何控制身体平衡？
向后滑步变向。	
叉腰向侧前跳左、右变向。	你是否感到动作更简单了？还是更难了？
抱胸向侧前跳左、右变向。	
抱头向侧前跳左、右变向。	
两腿开立站姿变向。	你感觉以上动作做起来别扭吗？尝试按照顺序做完以上练习后，问询儿童哪种变向最为容易？你感觉哪种方式对你来说最有效？
两腿并拢站姿变向。	
身体重心高位变向。	
身体重心低位变向。	
双臂远离身体摆动变向。	哪种手臂的位置让你在变向时感到最为舒服、有效？为什么？
双臂紧贴身体摆动变向。	

七、不同阶段变向动作技能的教学干预策略（表8–45）

表8–45　不同阶段变向动作技能的教学干预策略

阶段	教学干预策略
认知阶段	• 避免将变向动作分解教学，应将其作为一个完整动作讲授； • 演示如何绕着障碍物跑，并用外侧的变向脚触碰地上的记号（可用粉笔、胶带、女巫帽或豆袋做记号）； • 将两列标志桶以"Z"字形线路排列，指导儿童运用变向脚去触碰变向一侧的标志物（触碰即可，避免跨越）； • 玩"老鹰抓小鸡""贴膏药"或"大渔网"追逐游戏； • 鼓励儿童观察并模仿同伴的变向动作。
联结阶段	• 鼓励儿童做各种形式的变向练习，例如宽与窄站位的变向、高与低重心的变向； • 在跑动练习中放置障碍物，鼓励儿童通过连续绕开障碍物来提升变向能力。
自动化阶段	• 提高变向的速度和动作协调能力； • 连续地在左、右两个方向上快速变向； • 将变向能力练习整合进游戏中，例如"躲球"或"躲沙包"游戏，要求通过变向来躲球，不能通过跨跳等动作实现躲闪； • 可以在变向练习中增加多任务挑战，例如变向接球、接球后变向和听信号转向接球等。

第十节　侧滚翻动作技能教学的主要内容、教学组织与指导反馈

一、侧滚翻动作技能简介

侧滚翻是指人体围绕水平面横向翻转至仰卧或俯卧的一种位移动作技能。通常以俯卧或仰卧姿态作为预备动作，通过深层核心稳定肌群维持良好的身体姿态，使处于人体背腹部浅层肌群产生对角线收缩做功，从而牵拉人体中轴线沿水平面做横向翻转动作，即从仰卧翻转成俯卧或从俯卧翻转成仰卧的技术动作，最终实现人体重心在空间中的转换与移动。

侧滚翻是以俯卧或仰卧体位为预备姿势开展身体滚翻动作的。虽然在整个动作执行过程中视觉可以参与到动作控制中来，但仰卧或俯卧的身体姿势使得视觉前馈受到局限，因此儿童在做侧滚翻动作时往往需要本体觉和前庭觉参与感知觉反馈，从而获取身体方位、平衡和肌肉协调用力的感觉信息输入，最终通过神经控制目标肌群来完成身体横向翻转动

作。所以侧滚翻动作练习不仅可以有效促进儿童本体感觉和前庭感知觉能力的发展，而且能够全面提升儿童异常体位时的肌肉神经控制能力、平衡感以及四肢协调能力。

侧滚翻是提升幼儿本体感知觉和平衡觉十分有效的练习方式。由于视觉感知反馈在侧滚翻过程中受到局部遮挡，儿童在侧滚翻动作时需要克服由视觉受限带来的不适感。因此侧滚翻不仅能够提高儿童肌肉协调用力的能力，还能够增强儿童的空间定位和身体认知能力，为儿童在非稳平面上完成姿态控制和执行动作奠定扎实的基础。虽然侧滚翻动作具有体操专属技术动作痕迹，但在日常生活或专项运动情境中人们常因身体失衡而跌落，此时运用侧滚翻动作消除惯性、避免损伤。此外，跳水和蹦床运动中的腾跃侧转动作是人体在失重条件下，实际运用侧滚翻动作的具体实例。

侧滚翻练习不仅能够促进儿童在以本体觉和平衡觉参与为主导的动、静态平衡能力的发展，而且对提高儿童灵敏性、柔韧性和协调性具有积极的促进作用。随着年龄的增长，4周岁儿童的姿态控制能力将获得显著提高，这预示着儿童即将进入平衡能力发展的关键时期，因此科学、合理且有效地学习与掌握侧滚翻技术动作对促进儿童身体平衡、协调和姿态控制都具有十分重要的意义和价值。

二、侧滚翻动作的教学原则和注意事项

通常情况下，大多数儿童在3周岁时建立起初级的侧滚翻动作模式，通过大量反复练习，多数儿童在4周岁左右能够初步掌握侧滚翻的基本动作环节，在7周岁左右已能熟练地掌握侧滚翻的调控动作环节。

随着儿童的本体感知觉和核心肌肉力量不断提高，具备良好的空间感知能力、身体协调能力核心力量的儿童能够做出难度较大的身体水平横向翻转动作。儿童学习侧滚翻动作的认知阶段，应该可以初步理解侧滚翻的身体姿态控制和肌肉发力要领，特别是能够充分理解在整个侧滚翻过程中始终保持躯干核心稳定、双手双脚并拢动作对于侧滚翻动作流畅性的重要作用。

侧滚翻动作通常是人体核心区肌群以对角线协调用力的方式，牵拉身体中轴围绕水平面做横向180度翻转动作。由于侧滚翻过程中视觉被部分遮挡的缘故，致使儿童常产生不适感，进而导致动作控制失调，无法连贯完成动作或出现滚翻偏移的情况。鉴于此，教师应该充分关照儿童的心理状态，尽可能根据儿童的身体素质、动作能力和场地条件，通过动作分解、进阶教学和重复练习等方式帮助其消除不适感，建立正确的肌肉用力感觉和自信心。

姿态控制优先是开展儿童侧滚翻动作教学的首要原则。强调双手与双脚并拢，尽量减少横向翻转过程中身体转动扭矩是确保连续侧滚翻的关键。因此紧凑、绷直的身体姿态能够减少身体多余摆动对侧滚翻的消极影响，增强超越身体垂直面90°的翻转动能，从而大幅提高横向滚翻的动作效率。另外良好的身体姿态也能够有效激活核心稳定肌群，为协调核心区浅层肌群产生对角线牵拉做功奠定良好的基础。

反复练习是儿童学习并掌握侧滚翻动作的重要手段。由于侧滚翻动作需要良好的神经肌肉控制、身体柔韧度和协调性，因此我们应该尽早开展儿童侧滚翻动作教学，通过教师科学、合理的动作指导进行反复练习，帮助儿童尽早建立正确的动作记忆。

三、侧滚翻动作的评测标准和作用（表 8-46）

表 8-46 侧滚翻动作的评测标准和作用

动作要素	动作评测标准	标准动作的价值与作用
1	始终睁着双眼，双手、双脚并拢、伸直，全身挺直呈仰卧或俯卧体态。	更好激活核心肌群、控制身体姿态，确保滚翻时身体上下和双侧的匀称，避免翻滚偏移。
2	先转髋，后转肩，随后身体上下部肌群协调发力牵拉脊柱翻转超越90°垂直面。	骨盆链是链接身体上下部协同发力的重要动力链条，首先激活骨盆肌群发力，从而带动全身肌群协调发力是启动侧向翻转的关键。
3	翻转过程中双手、双脚始终伸直、并拢，不接触地面借力。	双手、双脚伸直及良好的身体姿态确保以较小的半径侧向翻转，提高了翻转的动作效率。
4	翻转过程中始终能够控制全身各部肌群协调发力，左右两侧滚翻时身体不发生偏移。	该动作体现了神经肌肉的控制能力和协调性，以及身体左右两侧神经肌肉控制与肌肉力量的匀称性。
5	身体上下部协调用力，制动后呈仰卧或俯卧姿态。	良好的制动能力体现了侧滚翻动作的熟练程度。

侧滚翻（正面）

侧滚翻（侧面）

四、侧滚翻的常见动作错误与教学指导（表 8-47）

表 8-47 侧滚翻的常见动作错误与教学指导

常见动作错误	教学指导
双臂、双腿未能并拢。	双腿并拢，双臂贴耳。
双膝弯曲。	双膝伸直，保持全身挺直。
双手、双脚交叉重叠。	双手、双脚合拢，避免重叠。
翻滚过程中始终闭眼。	翻滚过程中始终睁开双眼。
身体僵硬，过于紧张，上下半身翻转协调用力差。	全身挺直，适度放松，上下半身协调用力。
收腹含胸，导致髋部与肩部远离支撑面。	深呼吸，放松胸、腹部肌肉。
用力过猛，导致翻转失去控制。	循序发力，控制力道。
先转肩，后转髋。	先转髋，后转肩，匀速发力。
翻滚过程中身体向一侧偏移。	整合身体上下部协调发力，翻转过程中始终睁开双眼。

五、基于动作概念解析的侧滚翻动作技能变换练习内容与方法（表 8-48）

表 8-48　基于动作概念解析的侧滚翻动作技能变换练习内容与方法

	在以下条件和动作设定情景下，你还能够完成侧滚翻吗？		
人体运动方式	姿态控制 • 在协助下完成侧滚翻； • 水平侧滚翻。	动作速率 • 快速/慢速侧滚翻。 • 分解/完整练习侧滚翻。	用力方式 • 下斜坡侧翻滚； • 上斜坡侧滚翻； • 根据口令完成侧滚翻制动。
运动空间环境	空间定位 • 朝墙侧滚翻； • 在软垫上侧滚翻。	行进方向 • 沿地面直线侧滚翻； • 沿地面曲线侧滚翻； • 闭眼侧滚翻。	运动轨迹 • 连续侧滚翻呈蹲撑； • 连续侧滚翻呈站立； • 围绕呼啦圈滚翻。
运动交互关系	身体认知/他人互动 • 两人并排朝同一方向侧翻滚； • 侧滚翻时他人从你身旁跳离。		物体交互 • 双脚夹住球同时进行侧滚翻； • 双手持球同时侧滚翻； • 侧滚翻后站立接球。

六、侧滚翻动作渐进式练习范例及启发（表 8-49）

表 8-49　侧滚翻动作渐进式练习范例及启发

当你做侧滚翻动作时	启发思考
仰卧抱头团身滚动。	
仰卧抱胸团身滚动。	三个动作哪个完成难度最大？为什么？
仰卧抱腿团身滚动。	
辅助向后团身滚动成手倒立。	
向后团身滚动成蹲撑。	支撑人体向侧滚翻超越身体垂直面的动力来自哪里？为什么？
向后团身滚动成站立。	
原地直臂直腿背撑。	
直臂屈腿背撑爬行。	不同爬行动作对于背部肌肉的刺激有何不同？哪个更难？
直腿直臂背撑爬行。	
蹲撑下斜侧滚翻。	
蹲撑水平侧滚翻。	四个动作中哪个最难完成？为什么？
蹲撑上斜侧滚翻。	
站立接侧滚翻。	
连续侧滚翻	如何保持身体重心平稳向前连续滚翻？

七、不同阶段侧滚翻动作技能的教学干预策略（表8-50）

表8-50 不同阶段侧滚翻动作技能的教学干预策略

阶段	教学干预策略
认知阶段	• 重点强调侧滚翻的预备动作要领，特别是双臂、双腿并拢伸直体态控制； • 通过抱胸、双臂放置体侧的不同动作组合，帮助儿童建立肌肉协调用力感； • 鼓励儿童边做边大声读出动作要领； • 借助帮扶掌握侧滚翻超越身体垂直面的用力感觉和空间定位； • 始终强调借助身体侧滚的惯性超越身体垂直面，通过视觉、语言和触觉反馈帮助其建立正确动作概念。
联结阶段	• 鼓励儿童以双臂、双腿并拢伸直的仰卧预备姿势进行侧滚翻； • 鼓励儿童以双臂、双腿并拢伸直的俯卧预备姿势进行侧滚翻； • 强调侧滚翻过程中的头部与手脚的位置，避免双手双脚分开、触地借力； • 反复练习身体侧滚翻超越垂直面的技术动作，提升肌肉协调用力和控制身体重心的动作能力； • 引导儿童学会利用惯性作用力连续侧滚，保持身体两侧肌肉用力均衡，避免偏移； • 鼓励儿童尝试先侧转躯干，然后带动双腿侧滚的技术动作； • 鼓励儿童尝试先侧转双腿，然后带动躯干侧滚的技术动作； • 鼓励儿童尝试先侧转髋部，然后带动全身侧滚的技术动作。
自动化阶段	• 鼓励儿童挑战下斜坡侧滚翻，并根据口令制动； • 鼓励儿童尝试水平侧滚翻动作，并根据口令制动； • 鼓励儿童挑战上斜坡侧滚翻动作，并根据口令制动； • 鼓励儿童挑战闭眼侧滚翻动作，并根据口令制动； • 鼓励儿童挑战双手持球侧滚翻动作，并根据口令制动； • 鼓励儿童挑战双膝夹球侧滚翻动作，并根据口令制动； • 鼓励儿童挑战双肘夹球侧滚翻动作，并根据口令制动； • 鼓励儿童挑战连续侧滚翻后听口令站立接球。

第十一节 后滚翻动作技能教学的主要内容、教学组织与指导反馈

一、后滚翻动作技能简介

后滚翻是一项具有明显体操运动专项特征的基础位移动作，通常以背对蹲撑姿作为预备动作，通过全身各部协调用力，运用双脚蹬地产生的驱动力使身体完成围绕额状轴进行背向后翻滚360°的位移动作，在翻滚的过程中实现身体重心的转换与移动。由于后滚翻是

以背对行进方向完成滚翻动作，因此在整个动作执行过程中视觉始终无法参与到动作控制中，那么必须完全依靠本体觉和前庭觉参与感知觉反馈，并通过神经控制肌肉来完成滚翻动作，所以滚翻动作练习可以有效促进儿童本体感觉和前庭感知觉发展，进而全面提升儿童对异常体位下肌肉神经控制、平衡感和协调能力。

后滚翻是提升幼儿本体感知觉和平衡觉十分有效的练习方式。由于在向后滚翻过程中视觉完全无法参与到动作反馈中来，因此儿童在完成后滚翻动作时需要克服身体向后滚翻的恐惧。那么后滚翻不仅能够进一步提高儿童神经肌肉控制身体各部协调用力能力，而且能够增强儿童的空间定位感和身体认知能力，为儿童完成高难度平衡动作奠定扎实基础。虽然后滚翻动作具有体操专项技术动作的痕迹，但在对抗激烈的足球运动中运动员也常因身体对抗而失衡，此时运用后滚翻动作消解惯性、泄力避害。

后滚翻练习不仅能够促进儿童以本体觉和平衡觉参与为主导的动、静态平衡能力的发展，而且对儿童灵敏性、柔韧性和协调性具有积极的促进作用，随着4周岁儿童姿态控制能力的显著提高，预示着儿童即将进入平衡能力发展的关键时期，因此科学、合理且有效地学习并掌握后滚翻技术动作对促进儿童身体平衡、协调和姿态控制都具有十分重要的意义和价值。

二、后滚翻动作的教学原则和注意事项

一般而言，大多数儿童在4周岁时建立起后滚翻初级动作模式，随着大量反复练习后，多数儿童在5周岁左右能够熟练掌握后滚翻的基本动作环节，在8周岁左右已能熟练地掌握后滚翻的调控动作环节。

随着儿童不断生长发育，其前庭觉和本体感知觉能力也随之提高，从而使得具备良好平衡感、空间感、柔韧度、协调性和肌肉力量的儿童能够做出难度较大的向后翻滚动作。在学习后滚翻动作认知阶段，儿童应能够基本理解后滚翻动作的发力顺序和技术要领，特别是能够充分理解整个向后滚翻的过程中始终保持低头含胸、抱腿团身这一动作对于后滚翻顺利完成的重要性。后滚翻动作通常是以后脑勺和肩部承受体重的方式，完成身体围绕额状轴做360°的翻转动作，此时由于视觉无法参与动作前馈，因此身体向后滚翻所产生的身体失衡容易使得幼儿产生恐惧感，进而导致动作失调，无法流畅完成。鉴于以上情况，教师应该充分关照儿童的心理状态，尽可能根据儿童的身体素质、心理状况和场地条件，通过分解动作教学、降低动作难度和心理抚慰疏导等方式帮助其消除心理恐惧，建立完成技术动作的信心。

安全第一原则是开展儿童后滚翻动作技能教学的首要原则，通过强调双肩和后脑勺触垫承受体重的技术要领，帮助幼儿建立臀、腰、胸、肩和后脑部由下至上依次触垫的动作发力顺序。首先应帮助儿童理解控制身体各部肌群按照发力顺序依次触垫是顺利完成向后滚翻的关键；其次应在滚翻过程中始终保持抱腿团身姿态是借助滚翻惯性的关键要素；最后通过肩部和后脑承重的方式帮助人体从滚翻过渡到蹲撑是避免受伤的重点。因此在教学中应将以上三点反复向儿童进行灌输，直至理解与运用。

反复练习是儿童学习并掌握后滚翻动作的重要手段。由于后滚翻技术动作需要良好的神经肌肉控制、身体柔韧度和协调性，因此较之其他基本动作技能而言更难建立，所以儿童后滚翻动作学习应在教师的科学指导下反复练习，以期尽早帮助儿童建立正确的动作记忆。

三、后滚翻动作的评测标准与作用（表8-51）

表8-51 后滚翻动作的评测标准与作用

动作要素	动作评测标准	标准动作的价值与作用
1	背部朝前，双膝弯曲呈蹲撑，双手与肩同宽置于体侧。	该预备姿势确保儿童在向后滚翻过程中能够更好控制身体重心与姿态，确保滚翻时身体双侧的对称性，避免出现滚翻偏移。
2	身体后倾，双脚向后蹬地，同时低头、含胸，顺势向后翻滚。	确保滚翻时头后部和双肩两部位承受体重，避免以头顶部承受身体重量而导致受伤。
3	按照臀、腰、背、肩和后脑勺依次触垫的顺序完成向后翻滚，并在此过程中始终保持团身滚翻状态。	按照从臀到头、自下而上的顺序控制身体各部肌群依次发力触垫，确保后滚翻技术动作的规范性、正确性和匀称性。
4	当肩部和后脑勺触垫时双手与肩同宽向后上方撑起体重，同时借助向后惯性屈膝收腹。	把握肩部与后脑勺触垫的同时，双手向后上方推撑是确保借助向后惯性，使身体沿中轴线翻转超过垂直面的关键所在。
5	借助向后滚翻惯性，背屈，双脚触垫，身体呈蹲撑姿态保持平衡。	该动作为后滚翻动作的结束阶段，背屈双脚触垫，不仅可避免落垫冲击而引发的脚部损伤，而且为重新获得身体平衡提供了条件。

后滚翻（正面）

后滚翻（侧面）

四、后滚翻的常见动作错误与教学指导（表8-52）

表8-52 后滚翻的常见动作错误与教学指导

常见动作错误	教学指导
以跪姿动作向后滚翻，导致向后滚翻力量不足。	蹲撑预备动作，顺势后倾滚翻。
双膝弯曲不够，上半身过于挺直。	双膝弯曲直至臀部接触脚后跟，上半身略微向后倾斜。
双脚未能同时向后下方蹬地。	双脚同时发力蹬地。
双手未能抱紧小腿，导致团身紧密度不够。	抱紧小腿，团身滚动。
身体后倾用力过猛、幅度过大。	略微后倾，顺势滚翻。
身体向一侧扭转，致使向后滚翻的力量不够。	双脚向后上蹬地发力，身体两侧同步后倾滚翻。
向后滚翻时未能低头含胸。	低头含胸。
向后滚翻超越垂直面时，头顶部触垫承受体重。	控制双肩及后脑部触垫承受体重。

续表

常见动作错误	教学指导
双肩和后脑部承重时，双手远离头部两侧做支撑。	把握时机，双手与肩同宽，位于头部两侧做支撑动作。
向后滚翻力量过大，失去控制，致使双膝着垫。	背屈，控制脚掌前部触垫。
未能按臀、腰、胸、肩和后脑勺的顺序依次触垫。	按照从臀部到头部的顺序依次发力触垫。
翻滚过程中身体向一侧偏移。	收紧核心肌群，双侧同时发力，保持动作同步性。

五、基于动作概念解析的后滚翻动作技能变换练习内容与方法（表8-53）

表8-53　基于动作概念解析的后滚翻动作技能变换练习内容与方法

	在以下条件和动作设定情景下，你还能够完成后滚翻吗？		
人体运动方式	姿态控制	动作速率	用力方式
	• 在协助下完成后滚翻； • 水平后滚翻。	• 快速/慢速后滚翻； • 分解/完整练习后滚翻。	• 下斜坡后翻滚； • 上斜坡后滚翻； • 根据口令完成后滚翻。
运动空间环境	空间定位	行进方向	运动轨迹
	• 沿地面直线后滚翻； • 沿地面曲线后滚翻； • 在硬质或软质平面上做后滚翻。	• 从蹲撑预备姿势开始后滚翻； • 从站立预备姿势开始后滚翻； • 闭眼做后滚翻。	• 连续后滚翻呈蹲撑； • 连续后滚翻呈站立； • 围绕呼啦圈滚翻。
运动交互关系	身体认知/他人互动		物体交互
	• 两人沿直线背对背后翻滚，交互时，身体不发生接触； • 向后滚翻时他人从你身旁跳离。		• 双脚夹住球同时进行后滚翻； • 向后滚翻后接抛球。

六、后滚翻动作渐进式练习范例及启发（表8-54）

表8-54　后滚翻动作渐进式练习范例及启发

当你做后滚翻动作时	启发思考
仰卧抱头团身滚翻。	
仰卧抱胸团身滚翻。	三个动作哪个完成难度最大？为什么？
仰卧抱腿团身滚翻。	

续表

当你做后滚翻动作时	启发思考
辅助向后团身滚翻成手倒立。	支撑人体向后滚翻超越身体垂直面的动力来自哪里？为什么？
向后团身滚翻成蹲撑。	
向后团身滚翻成站立。	
原地直臂直腿背撑。	不同的爬行动作对于背部肌肉的刺激有何不同？哪个更难？
直臂屈腿背撑爬行。	
直腿直臂背撑爬行。	
蹲撑下斜后滚翻。	四个动作中哪个最难完成？为什么？
蹲撑水平后滚翻。	
原地纵跳接后滚翻。	
站立接后滚翻。	
连续后滚翻。	如何保持身体重心平稳向后连续滚翻？

七、不同阶段后滚翻动作技能的教学干预策略（表8-55）

表8-55　不同阶段后滚翻动作技能的教学干预策略

阶段	教学干预策略
认知阶段	• 重点示范原地团身后滚动的技术动作，特别强调预备姿势和背部触垫的要领； • 通过直腿背撑和团身滚动等动作练习，强调重心后倾、蹬地滚翻的技术动作； • 鼓励儿童边做边大声读出动作要领； • 通过教师帮助掌握向后滚翻超越身体垂直面的肌肉感觉和空间感知； • 始终强调通过双肩和后脑首先触垫承受体重的用力方式超越身体垂直面，通过视觉和语言反馈帮助其建立正确动作感觉。
联结阶段	• 鼓励儿童以站立姿态预备后滚翻的起始动作； • 强调后滚翻的团身紧密程度，通过表象训练帮助儿童建立"皮球滚动"的团身翻滚动作感觉； • 反复练习向后团身滚动呈倒立的技术动作，掌握向后滚翻时控制身体重心的技术要领； • 引导儿童利用双臂维持后滚翻时的身体平衡，特别强调超越身体垂直面时的"双臂推撑"技术动作。
自动化阶段	• 鼓励儿童挑战蹲撑接后滚翻动作； • 鼓励儿童挑战站立接后滚翻动作； • 鼓励儿童挑战倒走接后滚翻动作； • 鼓励儿童挑战闭眼做后滚翻动作。

第十二节　垫步跳动作技能教学的主要内容、教学组织与指导反馈

一、垫步跳动作技能简介

垫步跳是一种双脚轮换做单脚支撑跳跃的位移动作技能，该动作是人体在单脚支撑站立状态下完成向前向上的跳跃动作，同时两腿之间协调用力并依次转换完成单腿跳跃的动作。该动作类似于两脚轮换的"单脚跳绳"或"单脚跳走"的动作形式，由于该动作具有明显的节律性和非对称性的动作特点，使其成为许多儿童动作游戏中的基础位移动作技能。

从动作模式和结构分析，垫步跳较侧并步等位移动作技能而言，是一项学习难度较大的动作技能。通常情况下，垫步跳动作技能常是儿童熟练掌握了单脚跳和并步跳之后，才开始学习的节律性位移动作技能。垫步跳动作完成需要儿童具备良好的下肢平衡支撑能力、两侧肢体的协调能力、下肢肌肉力量和空间定位感，以上这些因素都是完成垫步跳动作的身体条件与能力基础。

垫步跳是以位移动作技能为主要动作输出模式的体育运动项目的基础要件，该动作常见于篮球、健美操和舞蹈项目中。随着儿童垫步跳动作技能的不断提升，标示着儿童位移动作技能的日臻完善。

二、垫步跳动作的教学原则和注意事项

一般而言，多数儿童在 5 周岁左右开始学习垫步跳动作，并在随后的一年当中着重学习垫步跳的基本动作环节。随着动作技能水平与身体综合能力的不断提高，大部分儿童在 8 周岁左右可以进一步掌握垫步跳的调控动作环节。随着儿童完成垫步跳技术动作更加熟练，其在动作游戏和运动情景中运用垫步跳的能力也随之更强。

在垫步跳动作技能教学过程中，我们应将主要注意力集中在垫步跳的单脚"踏步—跳起"的动作环节上，而非一味地追求动作完成速率和向前跳起的高度。只有这样，通过踏步—跳起的动作教学过程，才能为儿童正确掌握垫步跳动作技能给予正确的指导和干预，尽快地帮助儿童建立动作节奏感，形成良好的动力定型。

我们一定要遵循儿童位移动作技能学习和动作能力发展的客观规律，首先让儿童学习并掌握单脚跳和侧并步动作之后，再指导儿童学习垫步跳的动作，切勿操之过急、揠苗助长。

三、垫步跳动作的评测标准与作用（表8-56）

表8-56 垫步跳动作的评测标准与作用

动作要素	动作评测标准	标准动作的价值与作用
1	单腿做有节奏地踏步单跳动作。	建立"踏步—跳起"的动作节奏是熟练掌握垫步的关键，先掌握正确的踏—跳动作顺序，再进行节奏练习，先做正确再追求速度。
2	单脚着地落于大脚趾球部。	建立正确的落地缓冲动作模式，最大限度避免运动损伤。
3	支撑腿膝部弯曲，预备发力完成单脚跳跃。	适度膝部弯曲一方面可以稳定身体重心，保持平衡，另一方面为腾跃发力提供有利条件。
4	双腿均能完成垫步跳动作。	双腿均能高质、高效地完成垫步跳动作是反映儿童垫步跳动作技能掌握程度的标志之一。
5	头与躯干保持稳定且直立，始终目视前方。	良好的身体姿态是高效完成动作的基础，身体倾斜于任何方向都不利于保持身体平衡。
6	两臂放松，始终随对侧腿完成前摆动作。	协调、有力的手臂前摆能够更好地整合全身肌群参与动作完成，同时伴随前摆腿的手臂前摆动作幅度和质量将是影响身体平衡的关键因素。

垫步跳（正面）

垫步跳（侧面）

四、垫步跳的常见动作错误与教学指导（表8-57）

表8-57 垫步跳的常见动作错误与教学指导

常见动作错误	教学指导
脱节、不连贯的动作，毫无动作节奏感。	轻快而有弹性的踏跳动作。
两脚不能交替做单脚踏跳动作。	
全脚掌或脚后跟着地。	控制前脚掌大脚趾球部跳起和着地。
面朝下，紧盯地面和脚。	始终目视前方。
双臂同时前摆，未能与对侧脚形成对称性协调动作。	双臂参照对侧脚的前摆抬起动作，形成协调配合。
支撑腿同侧手臂前摆幅度过小。	头与躯干保持直立，始终面朝行进方向。
支撑腿起跳时膝部弯曲不够。	按照"踏步—跳起—再踏步—跳起"的动作顺序完成。

五、基于动作概念解析的垫步跳动作技能变换练习内容与方法（表 8-58）

表 8-58　基于动作概念解析的垫步跳动作技能变换练习内容与方法

	在以下条件和动作设定情景下，你还能够完成垫步跳吗？		
	姿态控制	动作速率	用力方式
人体运动方式	• 好似飞起来一样； • 好似扛着一袋重物； • 欢快地/轻柔地。	• 先快再慢； • 随着鼓点； • 直线加速/曲线减速。	• 随击掌声垫步跳，随鼓声静止不动； • 双手抱胸； • 边跳边挥动手巾。
	空间定位	行进方向	运动轨迹
运动空间环境	• 连续跳，随后原地折返再跳； • 与同伴平行跳，但不触碰； • 绕杆跳。	• 三步向前，紧接三步向后； • 顺时针/逆时针； • 沿着三角形。	• 跳起时用对侧手触碰前摆腿膝部； • 尽可能向上跳起； • 降低身体重心，好似穿越低矮的屋顶。
	身体认知/他人互动		物体交互
运动交互关系	• 跳起后双手击掌； • 与你体侧的朋友跳起后击掌； • 双手叉腰绕圈跳。		• 从地上的标志圆盘上方跳跃； • 跳起触碰空中的气球； • 边跳边将手巾在两手间传递。

六、垫步跳动作渐进式练习范例及启发（表 8-59）

表 8-59　垫步跳渐进式动作练习范例及启发

当你尝试做垫步跳时	启发思考
像大象一样笨重地跳。	你觉得这样的踏步方式对吗？我们该如何做？
像蝴蝶一样轻盈地飞。	
向前踏步应尽可能小。	这样的踏步方式感觉如何？什么样体姿完成垫步跳更舒服？
向前踏步应尽可能大。	
从小到大地向前踏步。	
向前、向后和侧向踏步。	练习时注意安全！
慢速/快速/渐慢/渐快。	慢或快的动作速度影响技术发挥吗？
直线/弧线/∞形。	不同的行进方向对跳跃动作有何影响？
双臂不前摆。	垫步跳时手臂有何作用？
随着音乐节拍。	当我们集中注意力关注动作节奏时，跳跃将会发生什么变化？
保持与伙伴同步。	
脚不能触碰地面上的线条和标志物。	
需要多少步才跳过这个操场、走廊？	

七、不同阶段垫步跳动作技能的教学干预策略（表8-60）

表8-60　不同阶段垫步跳动作技能的教学干预策略

阶段	教学干预策略
认知阶段	• 帮助儿童聚焦在踏跳动作节奏、大脚趾球部落地和双臂随对侧腿前摆三个动作； • 指导儿童按照"踏步—跳起—踏步—跳起"的动作顺序练习，形成自己的动作节奏； • 慢动作分解做"踏步—跳起"的动作，随着动作熟练后，加快动作衔接速度； • 尝试随着音乐节拍做"踏步—跳起"动作； • 组织儿童积极参与包含垫步跳动作的游戏，增加垫步跳练习的趣味性。
联结阶段	• 加快垫步跳的动作速度； • 鼓励儿童练习变向和变速垫步跳； • 编排含有垫步跳和单脚跳的"捉人"游戏，在一定的任务情景下提高动作能力。
自动化阶段	• 两人一组，面对面或并行完成垫步跳动作； • 组织进行垫步跳接力赛，鼓励竞争与挑战； • 将垫步跳动作融合到闪躲或追逐动作游戏中，增加动作的完成难度。

第十三节　直腿跨跳动作技能教学的主要内容、教学组织与指导反馈

一、直腿跨跳动作技能简介

　　直腿跨跳是以单腿支撑起跳、横劈摆腿飞跃、摆动腿着陆一系列动作为特征的位移动作技能。虽然直腿跨跳是加速跑的变型，但它却不同于跑步动作技能。直腿跨跳是一种分解动作技能，其每一个动作环节都有明确的起点与止点。直腿跨跳是日常生活中的基础性动作，在跨越低矮的障碍物、儿童玩跳"房子"游戏和不同类型的集体项目中都有涉及。

　　从动作模式分析，直腿跨跳是跑步与跳跃两种动作模式的结合体，其动作的实质是腾空和跨越障碍。连续的直腿跨跳是一连串不停的跳跃，该类动作多见于舞蹈表演和健美操、体操等运动项目，其对人体的平衡能力、肌肉力量与耐力、核心稳定和协调能力都提出了较高的要求。单次直腿跨跳和连续直腿跨跳可在空旷的操场上进行，常见于儿童游戏活动中的跳"房子"、飞行等类型以及体育运动项目中的田径跨栏和三级跳远、舞蹈、篮球、棒球和足球等。

二、直腿跨跳动作的教学原则和注意事项

　　儿童从4周岁左右开始，就初步具备了直腿跨跳的基本能力，进而开始学习直腿跨跳动作直至6周岁左右，这时应重点学习直腿跨跳的基本动作环节（见附件16中的要素1、

要素6、要素7）。随着身体生长发育和动作能力提升，儿童在9周岁左右已能进一步掌握直腿跨跳的调控动作环节（见附件16中的要素3、要素5、要素2、要素4）。由于直腿跨跳需要更多的动能才能使人体在空中保持相对较高、较长的滞空状态，因此直腿跨跳相较其他位移动作技能而言更加复杂，完成难度也更大。

通常情况下，儿童生长发育到10~11周岁时下肢肌肉力量才能满足高质量直腿跨跳所需要的肌肉力量和神经控制。随着儿童肌力增长和神经控制能力的提升，其直腿跨跳滞空时间也随之延长，在这样较长的腾跃滞空状态下，才能为儿童对侧手臂与前摆腿协同发力、前摆腿伸直横劈提供较为充足的完成时间和条件，而这些要素又是高质量完成直腿跨跳的保障与体现。

直腿跨跳（正面）

部分儿童或许能够在学习直腿跨跳的认知阶段较好地完成落地缓冲动作，然而，儿童的落地动作还需要我们随后进一步的巩固与确认。随着儿童生长发育日臻完善，其将拥有更强的起跳能力，因此，落地也将变得更加难以控制。一旦儿童直腿跨跳动作掌握得更加娴熟时，我们紧接着就要考虑如何提升落地的动作质量，特别是将直腿跨跳动作与抓握动作相结合时，应该更加注重动作的细节和质量。唯有这样循序渐进地提升动作技能，才能进一步夯实儿童基本动作技能的基座。

直腿跨跳（侧面）

三、直腿跨跳动作的评测标准与作用（表8-61）

表8-61 直腿跨跳动作的评测标准与作用

动作要素	动作评测标准	标准动作的价值与作用
1	跳跃过程中始终目视前方。	良好的身体姿态直接决定了动作完成的质量与效率。
2	起跳腿屈膝用力蹬地、向后伸展。	起跳腿屈膝为腿部发力蹬地起跳创造良好条件，同时肌腱的回缩反弹也为跳起提供更多弹力。
3	空中腾跃时，前摆腿向前横劈伸直。	向前摆动的速度直接决定了空中腾跃的距离与高度。
4	对侧手臂与前摆腿协同向前、向上伸展。	前摆腿与对侧手臂协同向前、向上摆动发力，以维持身体平衡。
5	头部稳定，躯干略微向前倾斜。	消除弱化向前动力和动作效率的横向运动，头部不稳会使儿童难以保持正确的方向。
6	双腿都应具备直腿跨跳能力。	确保双腿的均衡发展以及动作技能的灵活运用。
7	前摆腿大脚趾球部着陆并伴随屈膝动作。	运用适当的身体部位，以正确的动作完成着陆缓冲动作，是减少着地冲击力和避免损伤的关键所在。

四、直腿跨跳的常见动作错误与教学指导（表8-62）

表8-62　直腿跨跳的常见动作错误与教学指导

常见动作错误	教学指导
紧盯地面与脚。	抬头，目视前方。
起跳腿膝部弯曲不足（导致向前、向上的腾跃冲力不够）。	降低重心，屈膝起跳。
不能单腿起跳。	
同侧下肢起跳与着陆（类似单脚跳）。	整个动作的完成好似剪刀的一开、一合。
空中腾跃阶段，前摆腿膝部弯曲。	控制重心，伸膝发力。
滞空时间短。	屈膝起跳，向上、向前腾起。
腾跃阶段，前摆腿对侧手臂未能向前伸展。	前摆腿对侧手臂协同前伸。
滞空时，躯干直立。	身体重心前倾。
腾跃距离较短。	
全脚掌或脚跟着地。	像蝴蝶一样轻柔地落地。
着陆时踝、膝和髋未能依次弯曲，缓解落地冲力。	
着陆时身体失去平衡。	

五、基于动作概念解析的直腿跨跳动作技能变换练习内容与方法（表8-63）

表8-63　基于动作概念解析的直腿跨跳动作技能变换练习内容与方法

	在以下条件和动作设定情景下，你还能够完成直腿跨跳吗？		
人体运动方式	姿态控制	动作速率	用力方式
	• 像蜻蜓一样轻盈地着陆； • 像恐龙一样笨重地着陆； • 落地同时双臂不随摆。	• 快速/慢速； • 尽可能延长滞空时间； • 随着鼓点连续直腿跨跳。	• 着陆后静止不动； • 短距离助跑跨跳； • 抱头跨跳。
运动空间环境	空间定位	行进方向	运动轨迹
	• 跳过类似于水坑的障碍； • 跳过不同高度、不同形状的障碍物； • 在不同材质的地面上/海绵垫上跳。	• 侧向/对角线跳； • 左、右脚前摆跳； • 绕圆圈连续跳。	• 用手臂触碰着陆腿膝部； • 跳起空中击掌； • 高膝抬腿跳。
运动交互关系	身体认知/他人互动		物体交互
	• 落地同时双臂摸双膝； • 从跨栏上跨跳越过； • 两人一组轮流跨跳。		• 从一片"叶子"跳向另一片"叶子"（地面粉笔标记）； • 跳起触碰悬挂在空中的气球； • 跳过圆盘或标志桶。

六、直腿跨跳动作渐进式练习范例及启发（表 8-64）

表 8-64　直腿跨跳动作渐进式练习范例及启发

当你尝试做直腿跨跳时	启发思考
单脚站在呼啦圈内，起跳后用另一脚在圈外落地。	你是否感觉跳跃十分困难？
在地面上放置小呼啦圈或标志桶，要求儿童从站立状态开始，短距离助跑起跳，跨越障碍。	我们该如何更好地控制身体的重心？
通过躯干直立、前倾和后倾等不同体位，让儿童体验跨跳时不同身体位置对跳跃动作的影响。	哪种身体位置对你来说最有效？
通过双臂前摆、下垂不动、一前一后、双臂高举和双臂后摆等不同手臂位置，体会起跳动作。	你感觉哪种手臂位置对你来说最为有效？
从静止站立状态，直腿起跳。	哪种直腿跨跳最容易？ 你感觉哪种方式对你来说最有效？
慢速助跑，屈膝起跳。	
快速助跑，屈膝起跳，直腿前摆。	

七、不同阶段直腿跨跳动作技能的教学干预策略（表 8-65）

表 8-65　不同阶段直腿跨跳动作技能的教学干预策略

阶段	教学干预策略
认知阶段	• 为儿童提供可跨越的高低不等的障碍物（如圆盘和标志桶）； • 教会儿童如何通过助跑后衔接单次跨跳； • 教会儿童弯曲起跳，学会原地发力蹬地、向前送髋跨跳动作； • 运用儿童想象力丰富的特点，帮助他们构建运动情景，例如"你能跳过一条小溪、一个水坑或者一条满是鳄鱼的河流吗？"
联结阶段	• 运用打鼓的方式指导儿童掌握助跑起跳的时机，培养动作节奏感； • 跟随同伴一起以跨跳、单脚跳或垫步跳的方式绕障碍物行进； • 教会儿童运用前摆腿对侧手臂随摆的方式，增加向前的冲力； • 发展儿童双腿的直腿跨跳能力。
自动化阶段	• 鼓励儿童跨跳过逐渐增高的障碍物； • 以不同的速度和方向助跑起跳； • 连续向左、右两个不同方向跨跳； • 增加地面障碍物的长度，挑战儿童跨跳的距离； • 多任务跨跳练习，例如直腿跨跳后接球、直腿跨跳空中击球等。

第九章

儿童操控类基本动作技能教学指导与方法策略

第一节 抓接动作技能教学的主要内容、教学组织与指导反馈

一、抓接动作技能简介

抓接是指：用身体某部位抓持和控制移动物体的操控能力，通常情况抓接都是用双臂来完成，因此抓接也是一项操控性基本动作技能。娴熟的抓接能力对于绝大多数运动项目而言都是至关重要的，例如篮球、手球、排球和艺术体操等运动项目。

抓接作为操控类动作技能与投掷动作紧密关联，虽然两个动作在结构与模式上存在鲜明的差异。抓接动作的成功与否取决于儿童对移动物体的关注能力，在某种程度上注意力是控制移动物体并吸收其动能的前提条件。通常情况下，人们惯用双手完成抓接动作。人体平衡能力是完成抓接动作的核心能力，而宽支撑平面和低重心的身体姿态能够为判断物体飞行轨迹、及时调整步态以及完成准确抓接奠定了良好基础。

良好的身体平衡能力在儿童学习和掌握抓接动作的早期阶段是极为重要的。抓接动作技能运用于大多数球类运动（如棒球、篮球、手球和板球）。对儿童、青少年而言，抓接动作能力不足，将会影响其参与球类及游戏活动的动机和兴趣。因此，我们应该为儿童提供尽可能多的机会和时间来练习与发展抓接动作技能。同时，在练习中我们也应该尽可能让儿童抓接不同材质、性状和直径大小的物体，为其抓接动作能力发展提供便利条件。

二、抓接动作的教学原则和注意事项

儿童自 5 周岁左右开始学习抓接技术动作时，应将学习重点放在提升抓接的基本动作环节（见附件 17 中的要素 1、要素 3）上，而进一步掌握抓接的调控动作环节（见附件 17 中的要素 2、要素 4、要素 5、要素 6）应该持续学习至第三年末。

儿童学习抓接动作技能时，应从抓接直径大的物体（如篮球、足球）开始，随着动作能力的提升逐渐抓接直径较小的物体（如网球、棒球），而抓接物体直径大小变化将是影响儿童形成熟练抓接动作的决定性因素。当抓接直径较大物体时，儿童存在预判、身体移动和协调能力等方面的不足，这就常常使得他们惯用神经肌肉控制较好的胸部和上臂来完

成大球的抓接动作,如果一旦形成习惯动作,日后改正将变得十分困难。因此,儿童在练习抓接动作时,应把握循序渐进原则,逐渐缩小抛接物体的直径,以不断提升儿童抓接动作质量,形成正确的动作记忆。

相关研究表明,在不考虑性别差异的前提下,多数儿童平均需要用5年的时间进行系统练习才能形成熟练、稳定的抓接动作,而男孩和女孩在抓接动作熟练程度上的差异性主要是由环境因素导致的,诸如缺乏练习抓接的机会和抓接动作游戏较少等。

抓接(正面)

抓接(侧面)

三、抓接动作的评测标准与作用(表9-1)

表9-1 抓接动作的评测标准与作用

动作要素	动作评测标准	标准动作的价值与作用
1	抓接过程中抬头挺胸,躯干直立,双眼跟踪移动轨迹,聚焦物体移动。	注意力是否集中直接决定了抓接动作的成功概率,应避免人体直面物体的本能躲避反应(如闭上眼睛或把视线从球上移开)。
2	快速移动双脚,使身体面对物体,并将身体与物体保持在一条直线上。	身体位置决定抓接成功率,因此良好的脚步移动为判断物体飞行轨迹和精准抓握奠定基础。
3	双手主动迎接移动物体。	根据物体飞行轨迹的预判,将双手放置在物体飞行正确轨迹上,双手主动迎球是十分重要的抓接准备动作。
4	手臂及手指放松,双手合拢呈杯状,以便抓握物体。	准确把握抓握时机,根据物体大小适度调整双手合拢凹陷程度,触球后防止手指滑脱。
5	根据物体移动轨迹,判断双手抓握时机。	抓接最有效的工具是"手",而儿童由于预判和精细操控能力不足,惯用手臂及胸部夹接物体。而抓接的成功在于手指闭合的时机,太早容易滑落,太晚容易弹出。
6	接球后双肘及双膝微屈,顺势消解物体惯性冲量。	屈肘、屈膝是消解物体冲击力的最佳方式,学会缓冲、消解冲量是抓接高速硬物的必备能力。

四、抓接的常见动作错误与教学指导(表9-2)

表9-2 抓接的常见动作错误与教学指导

常见动作错误	教学指导
由于注意力不集中,闭眼或身体后仰而偏离物体。	集中注意力,跟踪轨迹,紧盯物体。
不随物体移动而调整脚步。	
双手不主动迎接物体。	
接物体时双臂紧张,双手紧绷。	放松双臂与双手。

续表

常见动作错误	教学指导
双手掌根部合拢接物体。	双手手掌内侧合拢，手腕向外侧隆起。
运用胸部或上半身其他部位接物体。	双手合拢、竖立，接高抛物体。
接物体时双手闭合过早或过晚。	双手合拢、放低，接反弹物体。
接物体时双肘关节未弯曲或弯曲不够。	屈肘接球，缓冲惯性。

五、基于动作概念解析的抓接动作技能变换练习内容与方法（表9-3）

表9-3 基于动作概念解析的抓接动作技能变换练习内容与方法

	在以下条件和动作设定情景下，你还能够完成抓接吗？		
人体运动方式	姿态控制	动作速率	用力方式
	• 尽可能轻柔地抓接； • 像机器人一样直臂抓接； • 在不同高度完成抓接。	• 快速/慢速； • 拍两下毛绒玩偶后，抛接； • 30 s内接尽可能多的球。	• 自由移动同时抓接； • 单脚站立呼啦圈内抓接； • 侧向跑动时抓接。
运动空间环境	空间定位	行进方向	运动轨迹
	• 做游戏时抓接不碰撞人； • 不同身体姿态下的抓接（坐姿、跪姿、站姿和跑姿）。	• 抓接住正面和侧面的物体； • 抓接住高处和低处的物体； • 抓接住从墙上反弹的物体。	• 在凳子和地面上抓接； • 原地跳起的同时抓接； • 手举置头顶处抓接。
运动交互关系	身体认知/他人互动		物体交互
	• 当你喊"准备好了吗？"； • 用身体不同部位抛毛巾（肘、膝、腕）； • 两人一组，面对面或远或近地对抛豆袋或球。		• 抓住空中飘动的手帕； • 抓住大而软的毛绒玩偶； • 抓住气球/填充小物件。

六、抓接动作渐进式练习范例及启发（表9-4）

表9-4 抓接动作渐进式练习范例及启发

当你尝试做抓接动作时	启发思考
在地上滚球并停球。	当你滚球时你的手是如何定位的？
以不同的速度滚动皮球。	
将皮球直接滚到同伴手里或将球滚到同伴体侧。	
面向一个正向你滚动的皮球。	你此时在想些什么？
将球抛向空中并接住它。	你的身体将如何定位？
运球同时能够很好地控球。	是什么帮助双手消解了球的惯性冲量？
抓住一个球并让它不触及你的身体。	接球时你的肘关节有何用处？

当你尝试做抓接动作时	启发思考
用一个容器接住一个球或豆袋。	你的眼睛能够盯球多长时间？
以站姿、坐姿和跪姿接球。	
接住一个反弹球。	你应该运用何种步法完成这些抓接任务？
抓住一个正在移动球。	
用单手接球。	

七、不同阶段抓接动作技能的教学干预策略（表9-5）

表9-5 不同阶段抓接动作技能的教学干预策略

阶段	教学干预策略
认知阶段	• 使用大而软的球，例如毛线球或沙滩排球； • 演示如何根据球的大小调整手的接球姿势； • 把球高高抛起，让儿童有充足的时间跟踪球。直线抛球会使儿童承受更大的压力和挑战； • 在球上画鬼脸或写数字，使用不同颜色的球，鼓励儿童在球空中飞行的过程中辨别球的颜色；"你能看见球的表面吗？"以及"球是什么颜色的？"； • 提示投掷动作的开始："准备好了吗？接住！"； • 鼓励只用双手抓接（而不是靠胸部与双手配合完成），并确保以合适的手势完成抓接动作，可先让儿童接住从你手中抛过来的球，随后观察球的大小，最后让他们根据速度、距离和球直径的大小来调整手势，接住来球； • 从接住反弹球开始，接球或抛接，最容易的是自抛、自接。
联结阶段	• 抓住不同大小的球； • 向儿童演示手指如何向上（拇指合拢在一起），抓握腰部以上的球，以及手指如何向下（小手指合拢在一起），抓握腰部以下的球。
自动化阶段	• 从手贴近身体开始； • 抓住不同大小、不同形状和不同材质的物体，如盒子、垫子等； • 接住从高、低、侧向的来球； • 接直径小的球（如网球和棒球）； • 仅用单手接球； • 跳起来并用单手接住小球； • 抛球，双手击掌然后接球，关键是"你能拍几下？"； • 增加抛球的距离，逐渐增加挑战性。

第二节 肩下投掷动作技能教学的主要内容、教学组织与指导反馈

一、肩下投掷动作技能简介

肩下投掷是一项身体脊柱核心肌群参与控制身体姿态，通过投掷手后摆前送与对侧脚前移支撑形成合力，释放投掷物（主要是球体）击中目标物的一种操控性动作技能。熟练的肩下投掷动作应该包括投掷手持球后摆与对侧下肢向前迈步的身体上下部的协同发力模式，这样的动作模式融合上半身的体转、推举与下半身的弓箭步。由于人体需要将身体上下部不同的动作模式进行有效的协整，从而寻求在投射瞬间能够产生全身最大化的肌肉协同用力，因此对熟练完成肩下投掷动作的儿童的身体协调性、神经肌肉控制和肌肉力量提出了较高要求。肩下投掷动作多见于垒球和保龄球等运动项目中，而肩下投掷动作能够帮助儿童建立距离感、空间感及神经肌肉控制。

由于肩下投掷类游戏和运动项目的参与活动度高、视觉感受好和趣味娱乐性强，所以儿童十分喜欢并享受此类游戏及运动项目带给他们的快乐和满足。儿童通过肩下投掷动作击中物体后，能够在视觉和体感上让他们享受到参与其中的满足感和获得感，从而进一步强化了参与的意愿。

二、肩下投掷动作的教学原则和注意事项

儿童从 3 周岁左右开始学习肩下投掷动作至第二年结束，应将学习重点放在提升肩下投掷的基本动作环节上；而进一步掌握肩下投掷的调控动作环节应该持续学习至 7 周岁左右，此时大多数儿童都能较为熟练地掌握肩下投掷技术动作，并在游戏和体育活动中加以灵活运用。肩下投掷也称为下手投掷，是一项基础的操控动作技能，通常情况下，投掷与抓接两项动作技能存在着相互促进的发展关系。从动作模式角度分析，肩下投掷动作含有弓箭步、体转、推举以及良好的身体重心转移、身体平衡和肌肉间协调能力，因此肩下投掷动作质量主要取决于全身协调用力和肱二头肌肉力量、出手角度与速度以及投掷的准确性，肩下投掷动作的质量关键是出手速度与准确性之间的权衡与调适。儿童肩下投掷所产生的球体飞行线路多以弧线、直线和下垂三种方式呈现，我们应及时给予教学反馈，帮助儿童认识不同球体飞行路线的产生原因和错误动作。

在儿童发展肩下投掷的认知阶段，常常以两两配对的方式反复练习。在此阶段，由于儿童动作协调能力较差，因而常出现同侧手脚完成投掷的现象，伴随着出手时机把握不准，要么出手太早球越过目标物，要么出手太迟球落地未能击中目标，此时我们应该本着"先做对、后做好"的教学原则，先让儿童选择大小合适的球在近距离练习靶向投掷动作，通过适时教学反馈建立正确的动作概念，明确动作发力顺序，通过反复练习巩固动作。

随着身体控制和动作能力的发展，儿童在做肩下投掷动作时不仅要关注动作的质量，更要追求动作的结果（投掷的准度与远度）。此时应进一步明确每一阶段动作环节，细化

动作发力顺序，严控动作质量和把握出手时机，唯有这样才能不断提升肩下投掷动作质量的同时提高投掷的水平。做好肩下投掷动作有如下几个重要动作环节：

（1）预备阶段的体转动作，目的是激活脊柱核心稳定肌群，为前摆发力投掷提供良好的发力平台和避免力量泄露，但需要注意的是转体幅度不宜过大；

（2）身体重心转移要平稳，上下半身用力需协调，切勿相互割裂，无法形成整合协调发力；

（3）转髋带动转体、转体带动手臂前摆出球，产生最佳合力效应，因此动作要流畅不能有停顿；

（4）根据目标物的远近、高度以及动作目的综合考虑投掷时的出手角度与高度，学会在出手速度与准确度方面达成最佳的均衡。

肩下投掷
（正面）

肩下投掷
（侧面）

三、肩下投掷动作的评测标准与作用（表9-6）

表9-6 肩下投掷动作的评测标准与作用

动作要素	动作评测标准	标准动作的价值与作用
1	两脚开立同肩宽，脚尖对准目标物，面对投掷方向，持球位于体侧。	保持良好的站姿是为了能够在投掷时更好地将投掷物对准目标。
2	头与躯干保持直立和稳定，在投掷过程中眼睛聚焦目标物。	确保做肩下投掷动作时，四肢围绕额状面做向前或向后的肢体运动。
3	体前持球，掌心朝上。	该动作能够使持球手臂充分向后伸展，做好投掷前的准备。
4	对侧脚向前迈小步，做好稳定支撑，同时持球手臂向后伸展、身体侧转，使对侧肩部对准目标，始终将掌心朝前。	为投掷手向前送球提供足够的发力空间，同时转体激活了脊柱的核心稳定肌群，为投掷提供了稳定的发力平台，而后摆动作将激活投掷手臂的肩部肌群，从而保证了投掷动作的准确性。
5	随身体重心从后脚转移至前脚，投掷手向前摆动，并始终将球对准目标。出手高度控制在膝部至腕部之间，准确把握出手时机。	出手角度将决定投球的远度和准度，出手过高或过低都无法获得最佳的出手效果。
6	球出手后，投掷手始终朝向目标，直臂随挥。	投掷手的后摆动作为前送出手动作提供了向前的动能。直臂随挥不仅可以增长力臂、加快球的出手速度，而且能扩大动作幅度，从而获得更佳的发力效果。

四、肩下投掷的常见动作错误与教学指导（表9-7）

表9-7 肩下投掷的常见动作错误与教学指导

常见动作错误	教学指导
面朝下，盯住地面和脚。	抬头挺胸，聚焦目标。
身体向前倾斜或站位距离目标物过近。	控制身体重心，保持良好平衡，摆动侧肩部与手臂指向目标物。
同侧手脚完成肩下投掷动作。	身体侧转，将摆动手臂一侧转动朝向目标物，投掷手向后伸展同时对侧下肢向前迈步，将身体重心从后脚支撑向前脚进行转移，为投掷获得额外的向前动量。
仅投掷手臂参与向前推手、出手放球，对侧手臂未能反向随摆。	保持身体直立稳定，两臂以相反方向运动协同用力，学会收紧臀肌和腹部肌肉控制身体平衡。
掌心朝上或下。	用五指握球，在不同阶段保持掌心和球对准目标物。
髋和肩部同时旋转。	先转髋，再转肩，依次用力，形成最佳合力。
投掷过程中身体重心转移不流畅。	依次完成迈步—投掷手后伸—转髋、肩—前推—随挥。
出手位置过高或过低。	将球控制在膝部与腕部之间出手。
出手时间过早或过晚。	投掷手前摆至身体垂直面作为出手的临界标志。
出手时身体转动过大或转动不够。	确保投掷出手时，身体始终面对目标物，避免躯干参与较少，无法将下肢及躯干力量完全传递至上肢，导致合力不足。

五、基于动作概念解析的肩下投掷动作技能变换练习内容与方法（表9-8）

表9-8 基于动作概念解析的肩下投掷动作技能变换练习内容与方法

	在以下条件和动作设定情景下，你还能够完成肩下投掷吗？		
	姿态控制	动作速率	用力方式
人体运动方式	• 尽可能地投远； • 击中近处物体/远处物体； • 学会运用强侧手/弱侧手。	• 慢速/快速； • 连续做两次或三次后投； • 连续两次跳起后投。	• 协同手不摆动投； • 协同手与投掷手反向运动时投； • 站在呼啦圈内投。

续表

	空间定位	行进方向	运动轨迹
运动空间环境	• 瞄准地面上两线之间投； • 瞄准不同远近的目标投； • 瞄准空中悬挂的瓶子投。	• 朝左/右； • 朝上； • 近距离空中投入/远距离地面滚入；	• 投出弧线； • 近处向上投/远处向上投； • 不同体位状态下投（坐姿、跪姿、开立站姿和并脚站姿）。
	身体认知/他人互动		物体交互
运动交互关系	• 左手投/右手投； • 打中自己的脚尖； • 投入容器中。		• 从竖立的两根标志杆之间投过； • 投中放在凳子上的篮球和箱子； • 投球击中远处的标志瓶。

六、肩下投掷动作渐进式练习范例及启发（表9-9）

表9-9 肩下投掷动作渐进式练习范例及启发

当你尝试做肩下投掷时	启发思考
双脚原地站立不同。	
投掷手无后摆，转体后直接发力。	
对侧手臂不摆动投掷。	哪种投掷能够更好地控制身体的重心？更好发力？
同手、同脚投掷。	
躯干前倾或后仰投掷。	哪种身体位置对你来说最为有效？
向上/向下/向前投掷。	你感觉哪种手臂位置对你来说最为有效？
用球击中远处/近处地面物体。	
将球投入近处/远处的桶内。	为了达成目标，你觉得应该如何控制投掷力量的大小？
用球击中高处或低处的物体。	
用球击中固定或移动的物体。	
投出高或低弧线球。	
投出直线球。	
投出地面反弹球。	如何按照飞行线路规定投球？你觉得哪种投掷更有效率？
尽可能地投远。	

七、不同阶段肩下投掷动作技能的教学干预策略（表9-10）

表9-10 不同阶段肩下投掷动作技能的教学干预策略

阶段	教学干预策略
认知阶段	• 可以先练习肩下滚球（保龄球或滚球入框等）； • 教会儿童学会对侧手脚发力，避免同手、同脚投球； • 创设抛球击物的游戏情景，将肩下抛球的动作代入，逐渐提升动作质量。
联结阶段	• 运用口令逐步引导儿童建立正确的动作顺序，要求动作不停顿，一气呵成； • 通过启发式提问"当你将掌心朝上出手投球时，球将会飞向哪里？"，借以向儿童演示不同出手角度和高度对球飞行轨迹的影响； • 教会儿童通过转体、身体重心转移的方式调动更多肌肉参与发力，形成最大合力； • 提高注意力，投球过程中，始终聚焦目标物。
自动化阶段	• 通过调节球的大小、标靶的远近或投球给同伴的方式增加投掷难度； • 注意投掷手随挥动作，自球出手后随挥朝向目标物； • 增加投掷动作的多样性和趣味性，不仅需要投中并且还需要投入； • 通过游戏情景增加练习乐趣，如"我是快乐的邮递员"游戏（将纸团投入框中），随着动作日臻成熟，可以适当增加影响变量（用电风扇朝正向、侧向或背向投掷方向吹），通过挑战的方式让儿童更好地掌握出手角度、速度和准度之间的关联特性。

第三节 肩上投掷动作技能教学的主要内容、教学组织与指导反馈

一、肩上投掷动作技能简介

肩上投掷是指将球瞄准目标后用单手从肩上投射出去击中目标物的一种操控动作技能，也是一种棒球投手的标志性投球技术，出手点在右手11点至12点方向至左手12点至1点方向区间内。肩上投掷又称为高压式投法或上手投球，是因为肩上投掷的出手动作是抬高投球惯用手，再从制高点将球下压投出，好似将球由高处往下压而得此名。

肩上投掷是全身各部肌群由下至上按照动力链条依次发力而完成的一项操控性动作技能。动作起始于下肢稳定支撑，接着骨盆链和躯干接续发力，进而将力量依次传递至投掷手，最终以弹性爆发力将球投射击中目标的一套组合动作。肩上投掷动作技能被广泛运用于体育运动项目中，如棒球、垒球、篮球和橄榄球等运动，同样投掷动作所蕴含的"超越器械"的鞭打动作模式也常见于投掷标枪、网球发球、排球扣球以及在羽毛球的头顶扣杀动作，同时双手击球和单手击球的技术标准也和肩上投掷动作基本相似。

肩上投掷动作可以划分成3个基本阶段：

（1）预备阶段。对侧脚向前迈步，投球手向后摆，身体像一把拉满的弓一样蓄势待发。

（2）推进阶段。身体各部自下而上协同发力，将力量依次传递至投球手上，然后全身各部肌肉快速收缩奋力将球朝向目标物适时地投射出去，就像是将已经拉满弦的弓朝着靶心快速弹射出去。此阶段的关键是"超越器械"动作，即球还未出手时，下肢在前、上体在后的倾斜姿势，而球则落在身体后方，使球所处位置到投掷出手之间，有较长的工作距离，为最后用力并提高运动表现创造有利条件。

（3）结束阶段（随挥阶段）。为了能够确保动作的实效性和准确性，在将球投射出去之后，应站稳双脚，保持身体平衡的同时将投球手臂继续朝向标靶跟随惯性向前挥动，一方面能够为向前的惯量提供一个消解的空间，另一方面随挥动作的完整既能够提升动作的速率，也能够保证动作准确，可称为投掷动作质量的"稳压器"。

二、肩上投掷动作的教学原则和注意事项

多数儿童在3周岁左右就已具备肩上投掷的基本能力，通过不断反复练习，在4周岁左右就能够理解并掌握肩上投掷动作的基本动作环节。随着动作技能提升和身体素质发展，大多儿童在8周岁左右能够熟练地掌握肩上投掷的调控动作环节，并能够在游戏活动和专项运动情景下合理、灵活地运用肩上投掷动作。

肩上投掷动作是通过手臂从后上向前下挥臂产生动能释放物体来实现的，因此重点发展投掷手向后伸展（见附件19中的要素3）、对侧脚向前迈步（见附件19中的要素5）和投球手向前下方随挥超过身体中线至体侧（见附件19中的要素6）这三个动作环节就变得尤为重要。出于对教学安全的考虑，我们并不推荐将投掷和抓接两项基本动作技能同时教授给儿童，特别是儿童学习该动作的初期，不易开展儿童两人间的分组练习，因为在儿童练习投掷动作的过程中，不熟练甚至错误的投掷动作，有可能被其他初学投掷动作的儿童观察学习，因此投掷与抓接这两项动作技能纵使关联度再高，也不适宜同时教学，目的就是避免错误的动作技能被儿童无意识地模仿和学习，这也是投掷和抓接两项动作技能不能同时讲授的根本原因之一。投掷动作教学具有一定的危险性，因此我们应该在教学中使用一些轻量化、软质地的投掷物，例如豆袋、纸团、泡沫球和丝巾等。

在儿童投掷动作技能教学中，一定要注意投掷物直径大小、材质属性，应该充分考虑到不同年龄儿童手掌的大小，为他们选择大小合适的投掷物，让其手指握（而非掌心握）时拥有抓握的舒适感，适宜的投掷物能够使儿童在运动时具有良好的运动体验感。如果一旦儿童被给予了一个过大的投掷物时，此时超出儿童手掌尺寸的投掷物势必将导致投掷动作变形，因为他们的注意大多集中在如何更好地控制该物体上，而非动作技能学习本身。假如儿童在学习肩上投掷动作时遇到身体平衡问题，我们应该指导其抬高非投掷手臂，同时运用非投掷手指向目标区域的方法加以调整和纠正。

儿童投掷动作技能教学应该遵循"点面结合"原则。所谓的点是影响投掷动作质量的关键动作环节，例如投球手向后伸展形成"超越器械"动作、避免同侧手脚投掷等；而面则是指动作的连续性，投掷是由若干动作环节所构成的，任一动作环节的停顿和不连贯都会减慢动作速度，从而影响出手速度，因此动作的连贯性是保证出手速度的关键。此外，投掷手的随挥动作是容易忽略但又对出手速度影响极大的一个动作环节，随挥动作的好坏将直接决定投掷出手速度的快慢。

三、肩上投掷动作的评测标准与作用（表9-11）

表9-11 肩上投掷动作的评测标准与作用

动作要素	动作评测标准	标准动作的价值与作用
1	在投掷过程中眼睛始终聚焦目标。	高质量的投掷动作建立在正确身体姿态之上，眼睛紧盯目标是为动作执行做好前馈。
2	身体侧转使对侧手臂及肩部对准目标物。	确保投掷手臂的对侧脚向前迈步，并使髋部和肩部在投掷过程中向前转动。
3	持球手向后下方伸展，肘部弯曲做"超越器械"动作。	该动作不仅可以增加持球手的活动幅度，通过"超越器械"的鞭打动作，使得肩部、背部肌肉处于适宜初长度的良好发力状态，从而能够增加投射的力量；同时还可以通过下肢稳定支撑以及髋部与躯干的旋转动作协同发力进而形成合力。
4	持球手向前下方做鞭打动作，同时对侧脚朝向目标向前迈步。	向前迈步动作能够使球在还未出手时形成下肢在前、上体在后的倾斜姿势，这种"超越器械"的身体姿态不仅可以提供更大的活动幅度和更长的肌肉做功距离，为最后用力投射创造有利条件，还能够使躯干向前转体，形成协同合力。
5	肩部随髋部前旋转。	投掷动作的扭力大部分是由髋和躯干转体而产生。先转髋再转肩的动作顺序能够激活核心区肌群参与投射的"鞭打"动作，对提升动作的流畅性和增大投掷力量都十分重要。
6	球出手后，投掷手始终朝向目标物向前下方直臂随挥，超过身体中轴线直至体侧。	该动作能够进一步增大投掷手臂活动范围，增强手臂的投掷力量和精准度，而随挥动作不仅能有效地提高投掷的准确性，还能重获平衡，减轻剧烈运动对关节、肌肉和结缔组织的磨损。

肩上投掷（正面）

肩上投掷（侧面）

四、肩上投掷常见动作错误与教学指导（表9-12）

表9-12 肩上投掷常见动作错误与教学指导

常见动作错误	教学指导
面朝下，盯住地面和脚。	抬头挺胸，聚焦目标。
身体向前倾斜或站位距离目标物过近。	控制身体重心，保持良好平衡。摆动侧肩部与手臂指向目标物。

续表

常见动作错误	教学指导
同侧手脚完成肩上投掷动作。	身体侧转,将摆动手臂一侧转动朝向目标,投掷手向后伸展同时对侧下肢向前迈步,同时将身体重心从后脚支撑向前脚进行转移,为投掷获得额外的向前动量。
仅投掷手臂向前挥摆放球,而对侧手臂未能随投掷手做协同随摆动作。	保持身体直立稳定,两臂以相反方向运动协同用力,学会收紧臀肌和腹部肌肉控制身体平衡。
掌心朝上或下。	用五指握球,在不同阶段始终将掌心和球对准目标物。
髋和肩部同时旋转。	先转髋,再转肩,依次用力,形成最佳合力。
投掷过程中身体重心转移不流畅。	按照迈步—投掷手后伸—转髋、肩—前推—随挥完成动作。
出手位置过高或过低。	将球控制在11点至1点之间出手。
出手时间过早或过晚。	投掷手前摆至身体垂直面作为出手的临界标志。
出手时身体转动过大或转动不够。	确保投掷出手时,身体始终面对目标,避免过度转动或转动不够所造成的动作变形或躯干过于伸展,从而最终导致力量整合不够。

五、基于动作概念解析的肩上投掷动作技能变换练习内容与方法（表9-13）

表9-13 基于动作概念解析的肩上投掷动作技能变换练习内容与方法

	在以下条件和动作设定情景下,你还能够完成肩上投掷吗?		
人体运动方式	姿态控制	动作速率	用力方式
	• 尽可能地投远; • 击中近处物体/远处物体; • 学会运用强侧手/弱侧手。	• 慢速/快速; • 连续做两次或三次后投; • 连续两次跳起后投。	• 协同手不摆动投; • 协同手与投掷手反向运动时投; • 站在呼啦圈内投。
运动空间环境	空间定位	行进方向	运动轨迹
	• 朝地面上两线之间投; • 朝不同远近的目标物投; • 朝空中悬挂的瓶子投。	• 朝左/右; • 朝上; • 近距离空中投入/远距离地面滚入。	• 投出弧线; • 近端向上投/远端向上投; • 不同体位状态下投（坐姿、跪姿、开立站姿和并脚站姿）。
运动交互关系	身体认知/他人互动		物体交互
	• 左手投/右手投; • 打中自己的脚尖; • 投入容器中。		• 从竖立的两根标志杆之间投过; • 投中放在凳子上的篮球和箱子; • 投球击中远处的标志瓶。

六、肩上投掷动作渐进式练习范例及启发（表 9-14）

表 9-14　肩上投掷动作渐进式练习范例及启发

当你尝试做肩上投掷时	启发思考
尽可能投得远。	思考如此的投球方式，球的飞行轨迹将会如何？
尽可能用力投。	投球的力量到底来源于何处？
尽可能投得高。	
尽可能用力投，但不做随挥动作。	随挥动作到底有什么用处？
面对目标物，但投球同时不向前迈脚。	投球时向前迈步重要吗？
转肩的同时不转髋。	投球时髋部的转动动作是什么？
尝试不同幅度地向前迈步并进行对比。	哪种向前迈步的幅度更加适合自己？
投球击中摆放在地面的目标物。	如何提高投球的准度？
投球击中球门横梁。	
投球击倒瓶子。	
两人一组，轮流投球。	你投得准吗？投掷力量正好合适吗？
两人一组，逐渐加大投掷距离，一步一投。	
运用左/右手投。	两侧手臂投掷的感觉相同吗？为什么？

七、不同阶段肩上投掷动作技能的教学干预策略（表 9-15）

表 9-15　不同阶段肩上投掷动作技能的教学干预策略

阶段	教学干预策略
认知阶段	• 教会儿童将注意力放在盯住目标、侧向站立对准目标、投掷手后伸同时对侧脚迈步这三个基本动作要素上，形成基本的动作概念； • 通过简略的语言提示反馈帮助儿童形成正确的动作概念，及时进行纠错； • 专注于投远，而非投准，在地面上远处放置塑料桶或水瓶，要求儿童确保投中，此类教学将会更好激发儿童建立正确的发力投掷动作； • 根据儿童手掌大小选择尺寸、重量和材质适宜的投掷物（如豆袋、塑料球等），以便于儿童通过指握的方式牢固抓住投掷物，使其不因物体大小而影响动作质量； • 在地面上放置标志圆盘作为儿童投掷时向前迈步的视觉参照物，帮助其更好地建立动作感觉； • 假如儿童能够运用两侧手臂投掷时，协助儿童鉴别自己的强侧手臂； • 可以通过"预备—瞄准—发射—回复"这样的口令游戏，强化动作反馈，简化动作流程，提升动作质量。
联结阶段	• 鼓励儿童专注于投掷时髋、肩的转动和投球手的随挥动作； • 练习空挥动作，强化动作感觉，通过在地面上放置标靶的方式，挑战儿童通过完成转髋、转肩和随挥的动作执行流程击中标靶； • 在投掷练习中融入"轰炸"等游戏的情景，增加动作练习的乐趣。

续表

阶段	教学干预策略
自动化阶段	• 尝试助跑2~3步后接投掷的动作练习； • 引入准确性挑战，"你能射中目标吗？"； • 尝试做双脚跳后接投掷的动作； • 尝试用不同材质的投掷物进行练习（如塑料标枪等）； • 将投掷动作融入"棒球队长"之类的策略游戏中。

第四节 双手持棒击球动作技能教学的主要内容、教学组织与指导反馈

一、双手持棒击球动作技能简介

双手持棒击球是指双手持球拍、球棒或者球杆击打球，并借此击中目标物或区域的一种操控类精细动作技能，在本文中双手持棒击球特指棒球运动项目中的击球手双手持棒击球动作技能。双手持棒击球技术动作是许多对动作要求较高的游戏和专项运动的基础动作，例如棒球、冰球、板球和高尔夫的双手持棒击球技术动作基本属于同一类型的击球动作。虽然网球的正、反双手持拍击球动作与以上运动专项的双手持棒击球在关注焦点（击打物）和动作环节（发力顺序）上略有差异，但通过双手持拍控球的动作机制是基本一致的。

双手持棒击球是一项融合手眼和下肢高度协调用力的精细化操控动作技能。由于该动作技能对于神经肌肉控制和全身协调发力的要求较高，因此对执行该动作的儿童而言颇具挑战性，特别是当儿童现场直面径直朝自己飞来的球时，其所面对的视觉冲击和心理压力不言而喻。为了能够帮助儿童既快又好地掌握双手持棒击球的动作要领，我们可先从原地双手持棒击球开始切入，其后开展双手击打悬吊球练习，随着儿童双手持棒击球技术动作日臻完善、熟练，最后进行模拟现实运动场景下的双手持棒击球练习。

为了更好地帮助儿童掌握双手持棒击球技术动作要领，建立正确的动作概念、发力顺序和空间定位，我们可采取渐进式的技术动作学习路径。一方面我们可以教会儿童不持棒击球，运用手掌或握拳的方式击球，以便帮助其降低动作难度，增强本体感觉，建立自信心，为双手持棒击球做好身体和动作上的准备；另一方面我们还可以在球棒上做文章，通过将木质或金属材质球棒换成更有利于儿童控制的纸质、泡沫或短柄羽毛球拍的方式，帮助儿童规范技术动作，提高动作的有效性和准确性。

二、双手持棒击球动作的教学原则和注意事项

一般而言，大多数儿童在4周岁时都能够建立起初级的双手持棒击球动作模式，大部分幼儿在6周岁左右已能较为熟练掌握双手持棒击球的基本动作环节，随后在9周岁左

右熟练地掌握双手持棒击球动作的调控动作环节，双手持棒击球动作是本书众多基本动作技能中最为复杂的一种。

在儿童双手持棒击球的初期教学中应将教学重点放在击打动作的速率上，而不应对动作的准确性有过多要求。影响儿童双手持棒击球动作的成功与否，其教学的关键要素是球棒的长度、重量和球座的高度，以上三个要素都会一定程度上影响儿童双手持棒击球动作的完成效率。如果双手持棒击球动作对于初学的儿童掌握困难较大时，我们可以教会儿童直接用手掌击打气球的方式以降低动作执行难度，进一步简化动作执行环节，从而尽快地帮助其增强击球的本体感觉，精确掌握动作要领，最终能够连贯地熟练完成技术动作。

我们可以通过改造击球工具的途径来降低儿童掌握双手持棒击球动作的执行难度，先教会儿童单手持短柄球拍或球棒练习击球动作，然后逐渐向单手持长柄球拍或球棒击球转移，直至最后能够双手持球拍或棒完成击球动作。此类循序渐进式的教学方式一方面能够大大缓解儿童学习新技术动作的心理压力，另一方面通过改变球拍和球棒的尺寸和重量，尽快地帮助其建立动作概念和肌肉感觉，为儿童熟练掌握双手持棒击球的技术动作提供科学手段和实现途径。

双手持棒击球（正面）

双手持棒击球（侧面）

三、双手持棒击球动作的评测标准与作用（表9-16）

表9-16 双手持棒击球动作的评测标准与作用

动作要素	动作评测标准	标准动作的价值与作用
1	面对球侧身站立，使肩侧指向目标区。	形成上下肢体对角线发力击打的用力方式，提高击打动作的速率，从而确保在挥击过程中按照先转髋、后转肩的顺序发力。
2	双脚开立同肩宽，身体重心位于后脚。	向击打方向迈步的动作将为完成双手击打动作提供后摆空间和转移身体重心。
3	双手击打过程中始终盯住球。	双眼始终聚焦球体是保证手眼动作协调性和准确性的关键所在。
4	双手合拢紧握球棒底端，使手掌底部对准前脚。	该种握法将使得击打动作更加流畅，动作更加舒展。
5	前脚朝目标区域迈步。	向前迈步的动作将身体重心从后脚转移至前脚，首先能够增加挥击动作幅度，随之将进一步增大击打动作动能，最后较宽的下肢支撑面将为击打动作提供稳定平台。
6	髋部先向前转动，然后肩部随转。	转髋和转肩是双手击打动作力量的主要来源，转髋和转肩不仅能够缓解双臂和肩部的紧张感，而且还能增加击打速率。

续表

动作要素	动作评测标准	标准动作的价值与作用
7	双手沿水平方向朝目标区域直臂挥击,控制球棒随身体重心转移至前脚时击球。	沿水平方向挥击将确保以最大动作速率完成击球动作。
8	击中球后,双臂绕身体中心线向颈后随挥。	随挥动作能够扩大动作幅度,同时在整个动作完成之前不减慢动作速率,维持身体平衡,并且在随挥阶段保护关节、肌肉和结缔组织消解受力、免受损伤。此外,球棒与球体接触时间越长,击球的力量越大,动作稳定性、准确性和控制度也越好。

四、双手持棒击球常见动作错误与教学指导（表9-17）

表9-17 双手持棒击球常见动作错误与教学指导

常见动作错误	教学指导
将视觉聚焦点放在目标区域,而非球上。	击打过程中紧盯球。
双脚开立,身体过度靠前,使得球座与身体中心线偏离过大。	双脚开立,保持身体中线与球座在一条直线上。
前侧肩部未能指向目标区域。	侧身站立,面对球,使肩指向目标区域。
双脚开立,不与肩同宽。	双脚开立,与肩同宽。
双手未能合拢,握住球棒末端。	双手贴近合拢,紧握球棒末端。
做向后挥棒预备动作时,身体重心未能及时向后侧下肢转移。	身体重心随挥预备动作向后侧腿转移。
在发力击球动作阶段,前侧支撑脚未朝向目标区域迈步。	前侧脚向侧前方迈步同时做发力挥击动作。
未能保持水平挥击轨迹打球。	双脚稳定支撑,先向前转髋发力,随后带动双臂做水平挥击动作。
髋部和肩部向前同时转动。	先转髋,随后转肩。
向前发力挥击时,身体重心未能从后脚向前脚转移。	身体重心随向前挥击动作向前侧腿转移。
双臂未能在一腿向前迈进的同时进行挥击动作。	把握击球时机,双臂随身体重心前移挥击触球。
双臂屈肘挥击触球。	直臂挥击触球。
随挥阶段,球棒指向目标区域。	随身体转动向身体后侧做击球随挥动作。
发力击球时身体过度旋转,缺乏控制。	双脚稳定开立,收腹挺胸,臀肌激活,脊柱稳定。

五、基于动作概念解析的双手持棒击球动作技能变换练习内容与方法（表9-18）

表9-18　基于动作概念解析的双手持棒击球动作技能变换练习内容与方法

<table>
<tr><td colspan="4">在以下条件和动作设定情景下，你还能够完成双手持棒击球吗？</td></tr>
<tr><td rowspan="2">人体运动方式</td><td>姿态控制</td><td>动作速率</td><td>用力方式</td></tr>
<tr><td>• 尽可能将球打远；
• 轻触球；
• 持棒击打悬至腕部的空盒。</td><td>• 听哨声后击打；
• 慢动作击打；
• 向前快速击打。</td><td>• 好似机器人一样直臂挥击；
• 脚不移动，原地挥击；
• 随前脚移动向前摆动挥击。</td></tr>
<tr><td rowspan="2">运动空间环境</td><td>空间定位</td><td>行进方向</td><td>运动轨迹</td></tr>
<tr><td>• 依据地面定位进行双手持棒击球；
• 双手击打固定球；
• 双手朝墙击打固定球。</td><td>• 双手瞄准标靶击球；
• 朝下方击球；
• 瞄准地面直线标志物击球。</td><td>• 双手击打低于腕部的球；
• 双手持棒从腕部发力挥击。</td></tr>
<tr><td rowspan="2">运动交互关系</td><td colspan="2">身体认知/他人互动</td><td>物体交互</td></tr>
<tr><td colspan="2">• 双手持棒击球；
• 仅用左手/右手击球；
• 双手朝头顶击球。</td><td>• 双手击打悬吊的塑料瓶；
• 用纸质球棒击球；
• 双手持棒击球过网。</td></tr>
</table>

六、双手持棒击球动作渐进式练习范例及启发（表9-19）

表9-19　双手持棒击球动作渐进式练习范例及启发

当你双手持棒击球时	启发思考
双脚并拢原地体前空挥。	
双脚并拢原地后摆空挥。	
双脚开立体前空挥。	哪一种击打动作更加舒服、流畅？击打力量到底来源于哪里？
双脚开立后摆空挥。	
向前迈步接体前空挥。	
向前迈步接后摆空挥。	

续表

当你双手持棒击球时	启发思考
侧身面对球座，手持短柄球棒，运用惯用手臂向前挥击较大的气球或泡沫球等软球。	
侧身面对球座，手持短柄球棒，运用惯用手臂向前挥动击打棒球等硬球。	
侧身面对球座，手持长柄球棒，运用惯用手臂向前挥击较大的气球或泡沫球等软球。	球棒的长短对击打动作质量有何影响？为什么？
侧身面对球座，手持长柄球棒，运用惯用手臂向前挥击较小的棒球等硬球。	
侧身面对球座，手持长柄球棒，运用非惯用手臂向前挥击较小的棒球等硬球。	
以开握、紧握等方式抓住短柄或长柄球棒，向前挥击悬挂的气球或泡沫球。	身体重心的前后转移和下肢稳定对击打动作存在影响吗？为什么？
以开握、紧握等方式抓住短柄或长柄球棒，向前挥击悬挂的网球或棒球。	
先转肩后接转髋，向前挥击球座上的网球或棒球。	哪一种用力方式更加流畅、舒服？为什么？
先转髋后接转肩，向前挥击球座上的网球或棒球。	
两人一组面对面站立，近距练习"抛击"动作游戏。	对不同距离球体飞行轨迹判断有何不同？如何才能始终盯住球成功击中？
两人一组面对面站立，远距练习"抛击"动作游戏。	

七、不同阶段双手持棒击球动作技能的教学干预策略（表9-20）

表9-20 不同阶段双手持棒击球动作技能的教学干预策略

阶段	教学干预策略
认知阶段	• 帮助儿童养成侧对目标区域站立和眼睛始终盯住球的良好动作习惯； • 教会儿童击打气球、泡沫球等直径较大的软球，建立正确的动作概念； • 在地面放置标志物以帮助儿童确定站立方位； • 引导儿童击打球座上的中号软皮球是学习双手持棒击打技术动作的有效方式； • 专注击球的距离而非击球的动作质量； • 通过"预备、瞄准、击球"的口令帮助儿童建立正确的发力顺序。

续表

阶段	教学干预策略
联结阶段	• 随着动作日臻熟练，教会儿童击打球座上的小号网球； • 教会儿童朝目标区域迈前脚，同时可用标志桶等物体提供定位标示； • 引导儿童尽可能最大力量击球并学会将注意力集中在触球后的随挥动作上； • 将目标物放置更远或以快速击球的方式增加动作完成难度。
自动化阶段	• 逐步增加击球的动作准确性； • 尝试击打移动或正面投掷的皮球； • 尝试击打移动中的棒球或网球。

第五节 原地踢球动作技能教学的主要内容、教学组织与指导反馈

一、原地踢球动作技能简介

原地踢球是一种操控类击打动作技能，通常指人体在下肢稳定支撑前提下，运用脚部将原地静止的球踢向预定目标。原地踢球动作多见于球类运动项目，例如足球、橄榄球项目，尤其足球运动员常将该项动作技能用于任意球、角球或点球的方式完成传球或射门等技术动作，从而影响比赛的进程和胜负。儿童参与足球项目的基础技术动作之一就是原地踢球，其需要儿童拥有良好的下肢力量、平衡能力和眼与脚的协调用力能力。虽然原地踢球的动作看似简单，但对于儿童而言仍然是颇具挑战的动作。主要原因是人体下肢末端神经肌肉控制能力较弱，因此其完成精细化操控动作的能力也相对较差；再者原地踢球动作需要在保持身体平衡的前提下才能完成，眼与脚的协同用力能力同样是完成原地踢球动作准确性的关键所在。因此在以上多因素的叠加作用下，多数儿童都将在原地踢球动作的初始学习阶段遇到较大的挑战，但通过科学、系统的练习都能够逐步掌握该项动作技能。

原地踢球动作不仅是学校体育和儿童游戏中应用十分广泛的基础动作，还是许多球类项目身体准备活动阶段的必备内容之一。由于原地踢球动作具有"入门难、提高快"的学习特点，所以在儿童原地踢球动作技能教学过程中不应操之过急，要注意动作的完成质量，尽快地帮助儿童建立正确的动作概念，掌握基本动作环节，逐步地连贯完成动作，最终学会在不同情境中熟练地运用该项动作。

二、原地踢球动作的教学原则和注意事项

通常情况下，大多数儿童在5周岁左右都能够熟练掌握原地踢球的基本动作环节，随后在7周岁左右已能熟练地掌握原地踢球的调控动作环节。一般而言，多数儿童在3周岁时就能够建立起初级的原地踢球动作模式。

踢球腿触球后的向前随摆动作完全取决于动作预备和推进阶段的肌肉发力程度和动作

速率。儿童应该在老师的指导下以尽可能大的力量完成原地踢球动作，应将更多的注意力集中在动作速率上而非在动作的准确性上，同时应给儿童尽可能多的练习机会，帮助其建立正确的动作概念，不断改善动作的质量。

为了方便儿童在练习原地踢球时能够控制足背或脚弓接触球体的底部，我们可将足球放在球座和小沙包上，通过增大球体的离地间隙，减低踢球的动作难度，让其建立完成动作的自信心。

假如儿童在原地踢球练习过程中不能较好地控制身体两侧上下肢体协同发力的话，此时我们应该将教学内容转移到提升该儿童的平衡能力上来。通过提高他们的静态、动态平衡能力和下肢肌肉力量，不断完善并补足其原地踢球动作的身体能力短板，从而为建立正确的动作概念和动力定型奠定扎实的基础。

原地踢球
（正面）

沙滩球、气球和泡沫球都是儿童学习原地踢球认知阶段的最佳学习工具，大而柔软的皮球不仅可以避免儿童因为失误动作而造成的损伤，而且较轻的皮球也更容易被踢得更远，从而增强儿童练习原地踢球动作的安全性和成就感。

原地踢球
（侧面）

三、原地踢球动作的评测标准与作用（表9-21）

表9-21 原地踢球动作的评测标准与作用

动作要素	动作评测标准	标准动作的价值与作用
1	踢球的整个过程中，眼睛始终盯着球。	视觉前馈是调整细节动作和保证动作准度的重要机制。
2	踢球脚对侧上臂向前和侧面摆动。	对侧手臂的向前、向外伸展是维持踢球时身体平衡的关键。
3	支撑脚置于球侧后方8~10 cm处。	支撑脚与球之间的距离、角度直接影响脚触球的角度和速度，进而影响准确性。
4	踢球脚后摆阶段膝关节弯曲呈90°。	后摆动作的幅度直接决定了踢球脚施加于球的力量，从而决定球的飞行速度与轨迹。
5	运用足背或脚弓触球。	该动作是控制末端爆发力鞭打动作质量的关键。
6	踢球脚触球后使脚部指向目标区域，做向前上方的随摆动作。	随摆动作不仅增大了动作幅度，还能够更好地控制球的运行方向。

四、原地踢球的常见动作错误与教学指导（表9-22）

表9-22 原地踢球的常见动作错误与教学指导

常见动作错误	教学指导
眼睛紧盯目标物而非球。	动作执行过程中始终聚焦球。
支撑腿置于球正后方或前方。	发力踢球之前，应将支撑脚置于球侧后方8~10 cm处。

续表

常见动作错误	教学指导
踢球腿后摆阶段膝部未弯曲。	支撑脚站稳，踢球腿弯曲后摆至臀部。
发力踢球时身体未能保持平衡。	
动作准备阶段对侧手臂未能向前或侧面伸展，与踢球脚协同发力。	对侧手臂向侧、向前伸展，上下肢协同发力。
脚尖触球。	足背或脚弓触球。
触球后无前摆动作或直腿踢球。	触球后踢球腿向前上方随摆。
踢球脚触球之前身体未能轻微后仰。	支撑脚稳定，身体重心略微靠后。
预备阶段踢球腿髋关节外旋幅度不够。	踢球脚充分外翻，使脚弓或足背对准足球。
直线助跑。	45°角曲线助跑。

五、基于动作概念解析的原地踢球动作技能变换练习内容与方法（表9-23）

表9-23　基于动作概念解析的原地踢球动作技能变换练习内容与方法

	在以下条件和动作设定情景下，你还能够完成原地踢球吗？		
人体运动方式	动作操控	运动速率	流向控制
	• 尽可能轻/重地踢球； • 运用足背踢球； • 运用脚弓踢球。	• 使球慢速/快速滚动； • 使球腾空后飞向目标物； • 慢速分解动作。	• 踢球腿膝部伸直； • 踢球腿膝部弯曲； • 双臂紧贴体侧。
运动空间环境	空间定位	行进方向	运动轨迹
	• 静止站立姿势； • 击中近处/远处目标物； • 行进间停球。	• 向前/向后； • 对角线。	• 将球向空中高高踢起； • 使球沿着地面滚动； • 使球越过低矮障碍物。
运动交互关系	身体认知/他者互动		物体互动
	• 运用左脚/右脚； • 当你慢速走向同伴时传球给你； • 当你位于同伴后面时向后传球给你。		• 使球从地面上的标志圆盘上飞过； • 将球踢入桶中； • 踢球穿过座椅的支撑腿。

六、原地踢球动作渐进式练习范例及启发（表9-24）

表9-24　原地踢球动作渐进式练习范例及启发

当你原地踢球时	启发思考
尽最大力量。	感觉如何？这样的力量来源于哪里？
用可能小的力量。	

续表

当你原地踢球时	启发思考
双手叉腰。	为什么双臂摆动对于原地踢球如此重要?
将双臂高举过头。	手臂姿势将对原地踢球带来什么影响?
踢球脚无后摆动作。	这样踢球有力吗?为什么?
踢球脚后摆动作充分、舒展。	后摆踢球有何不同?
动作预备阶段踢球脚充分后摆。	这样的预备动作对踢球效果产生什么影响?
动作预备阶段踢球脚未能充分后摆。	从这个动作中我们学到了什么?
用球击中墙上的目标物。	
将球传给同伴,同时控制球速。	
两人一组比赛,看谁踢得更远。	我们该如何控制踢球的力量?
将球踢进小足球门内。	
将球踢出球门框。	
用左、右脚踢球。	运用惯用脚与非惯用脚踢球,感觉有何不同?

七、不同阶段原地踢球动作技能的教学干预策略(表9-25)

表9-25 不同阶段原地踢球动作技能的教学干预策略

阶段	教学干预策略
认知阶段	• 帮助儿童在动作执行过程中将注意力集中在球上,同时还需要特别注意支撑脚与球之间的距离和脚部触球的部位,这些是动作环节的关键要点; • 练习时使用直径大且质地柔软的皮球; • 尝试以"踏步接踢球"的动作顺序进行无球练习; • 在皮球侧后方8~10 cm处放置标志物,通过视觉反馈的方式帮助儿童确认支撑脚的定位; • 运用彩色记号笔和黏性胶带在皮球上做记号,通过视觉反馈的方式帮助儿童确定脚触球的部位; • 让儿童尽可能多地练习,通过无助跑的原地站立踢球方式简化预备阶段的动作环节,建立正确的原地踢球动作概念; • 如果儿童在踢球时身体失衡的话,我们应该通过静态、动态单脚支撑练习帮助儿童掌握踢球时身体平衡的技术动作; • 在踢球击打物体的初始练习中应强调踢球的力量而非准确性; • 进一步帮助儿童明确触球脚的具体部位; • 在地面上放置目标物,通过"预备、瞄准、发射"的口令指导儿童完成踢球击物的游戏。
联结阶段	• 将教学重点放在"踏步接踢球"的动作节奏上,帮助儿童掌握助跑踢球的动作要领; • 在儿童身后放置软质标志桶,帮助儿童体会踢球腿后摆动作的幅度和方位; • 使用小号足球或增加目标物的距离,不断提高动作的完成难度; • 创设含有踢球动作的球类游戏,增加踢球练习的趣味性。

续表

阶段	教学干预策略
自动化阶段	• 专注于踢球动作的质量与踢球击中目标的准确性； • 将踢球技术动作融入小组足球对抗赛中； • 熟练地运用左右脚原地踢球； • 熟练掌握助跑原地踢球； • 两人或多人一组进行踢球、传球练习或开展踢球击物接力赛。

第六节 行进间运球动作技能教学的主要内容、教学组织与指导反馈

一、行进间运球动作技能简介

行进间运球是在运动中个人运用双手操控球朝特定方向移动，从而摆脱防守开展攻击的有力手段，同时也是组织全队进攻战术配合的重要方式和连接桥梁。通常情况下，行进间运球是持球进攻方向前推进、躲避拦截、获取分数的有效方式，动作执行者通过下肢的支撑控制和变向位移配合双臂的变换控球来实现，动作的目的是"突破拦截"，而动作的实质是为进攻赢得时间和空间上的有利时机。因此行进间运球是许多项目的基础操控性动作技能，例如篮球的手臂高低、变向和背后等运球动作、水球的持球快速游进、传接球等动作以及曲棍球和冰球的持杆运球的动作。虽然运动背景环境、比赛规则和运球方式上各项目之间存在差异，但是运球的根本宗旨是一致的，即在遵守运动项目规则的前提下，通过合理、多变、高效的运球动作摆脱防守方的拦截，最终为本队创造良机获得分值。

行进间运球多见于篮球运动，多数儿童对学习该项动作表现出浓厚的兴趣和天然的热爱。行进间运球不仅能够提高儿童对球的感知力以及控制球、支配球的能力，还可以提升儿童的手眼协调能力和反应速度，不断提升其在运动场上的临场应变能力。

二、行进间运球动作的教学原则和注意事项

通常情况下，大多数儿童在4周岁左右都能够掌握行进间运球的基本动作环节，在6周岁左右已能熟练地掌握行进间运球的调控动作环节。一般而言，大多数儿童在8周岁时都能够建立起较为成熟的行进间运球动作模式。

儿童学习行进间运球动作技能的初级阶段应先从原地运球开始练习。首先无球练习运球前的准备姿势（即双脚开立，整个脚掌朝向前方，膝关节弯曲约45°，双膝打开且与脚尖方向一致，髋部微屈，骨盆尽量后旋，腹部收紧，背部挺直，肩部放松，手臂微屈，双手掌心朝前放在胸前）。对上下肢配合较为困难的儿童可以先从强调下肢动作开始，再逐渐加入对上肢的要求。在掌握准备姿势后进入原地运球练习，控制好球的落点在运球手体侧斜前方半臂和一臂两种距离。部分儿童不能很好保持准备姿势下运球，此时不可为了运

球简单而放弃身体控制，而应该不断强调保持正确姿势下运球，让儿童在不断练习中逐渐学会控制身体。在原地运球技术掌握熟练后，最后进入行进间运球学习阶段。在该阶段除继续巩固原地运球技术动作外，还需注意跑动速度、运球落点与身体位移的相互结合，通常情况下，运球落点随跑动速度加快而逐渐增大至距离身体一臂或半臂的距离，切忌为了一味提高动作和位移速度而降低动作的稳定性。

行进间运球（正面）

如果儿童在行进间运球学习和练习过程中不能较好地控制身体左右两侧上下肢体协同发力，那么此时我们应该将教学内容的重点转移到提升该儿童的平衡能力上，通过提高他们的静态和动态平衡能力和下肢肌肉力量，不断提升并完善行进间运球动作的身体能力短板，从而为建立正确的动作概念和动力定型奠定扎实的基础。

行进间运球（侧面）

三、行进间运球动作的评测标准与作用（表9-26）

表9-26 行进间运球动作的评测标准与作用

动作要素	动作评测标准	标准动作的价值与作用
1	运球时双脚开立，髋部和双膝微屈，降低重心，控制平衡。	此预备姿势便于运球移动时的启动、制动与转向。
2	抬头目视前方，躯干略微向前倾斜。	上体向前稍倾的姿态更有利于身体重心的前移，同时也使得身体处在适宜的体态控制下，为完成向下和向前的控球移动提供了良好条件。
3	持球手掌心中空，五指分开，发力向下或向前按拍球时，手指、手腕控制球的方向与速度。	手腕微紧，五指分开，掌心中空朝下的按拍方式更有利于控制运球的力量和方向，因此正确的手型是控球的关键。
4	运球手能够在体前或体侧行进运球，随球反弹做迎球动作，控制反弹高度与髋部齐平，同时非运球手臂抬起做护球动作。	球反弹过高或过低都不利于控球移动，控球反弹高度与髋部等高不仅有利于更好地控球移动，还可以保持位移过程中躯干的直立，以利于观察环视。
5	双臂皆具备行进间运球的能力。	确保运球移动技术动作的适用性和多样性。

四、行进间运球的常见动作错误与教学指导（表9-27）

表9-27 行进间运球的常见动作错误与教学指导

常见动作错误	教学指导
运球时双脚平行并拢，上体直立，双膝伸直。	双脚前后自然开立，双膝微屈，上体稍前倾，抬头平视，身体重心随着球反弹做上下起伏。
运球时过度弯腰，上身前倾过大。	抬头平视、上身直立、收腹挺腰、双膝弯曲。

续表

常见动作错误	教学指导
低头看球，无暇关注周遭变化。	在认知阶段，通过原地运球练习体会手按压球的力度和角度，学习用余光观察球的运行轨迹，随后抬头平视，凭借手感完成控球。
低位运球时手指、手腕动作僵硬，不够放松。	双膝弯曲，重心降低，抬头看前方，上体前倾，充分体会手臂、背部和手腕做向下按压的动作发力顺序，触球时腕部适度紧张，掌心中空，五指张开，用手指和指根以上部位及手掌的外缘有节奏地短促用力拍按球，控制球的反弹高度在双膝以下。
高位运球时上臂僵硬，不够放松，迎球动作不充分。	上体稍前倾，抬头看前方，以肘关节为轴，用手拍按球的后上方，把球的落点控制在身体侧前方，手指、手腕和肘关节随球触地反弹，做屈肘上提引球的动作，控制球的反弹高度至腰部与胸部之间。
运球时身体离球过近或过远。	运球时应根据行进的方向与速度控制球的远近落点，使球保持在一臂的控制范围内，以便随时可以利用自己的躯干、臂、腿来护球。拍按球的部位越靠后下方，落点距离身体越远，拍按球的部位越靠前上方，落点距离身体越近。
手掌触球部位不正确，导致皮球不能按照预定方位运行。	一方面学会五指张开，用手指和指根以上部位及手掌外缘有节奏地拍按球，扩大手掌控球的面积；另一方面手掌接触球的位置又决定了球的运行方向和轨迹，如按压球的中上部即向上垂直反弹，按压球的中后部即向前上方反弹等。
运球时非持球手置于体侧。	运球时非持球手应屈肘平抬，做护球防守动作。
运球时全身僵硬，手脚配合不协调。	首先，运球时既要使移动速度和运球速度协调一致，又要保持合理的动作节奏；其次，关键在于按拍球的部位、落点的选择和力量大小的运用；最后，运球时手拍按球和脚步动作要保持一定的比例关系和节奏，即脚步移动越快，拍按球及反弹起来的力量越大，反之亦然。
运球时步幅过大或过小。	运球时应双膝微屈、上体略微前倾、抬头平视，步幅和下肢各关节的弯曲度应随运球速度和高度的变化而不同，手脚协调配合，使球有节奏地向前运行。

五、基于动作概念解析的行进间运球动作技能变换练习内容与方法（表9–28）

表9–28　基于动作概念解析的行进间运球动作技能变换练习内容与方法

	在以下条件和动作设定情景下，你还能够完成行进间运球吗？		
人体运动方式	姿态控制 ● 轻/重的皮球； ● 小号/中号皮球； ● 轻拍/重拍。	动作速率 ● 快速/慢速； ● 在快速和慢速之间切换； ● 小步幅或大步幅运球。	用力方式 ● 运球移动每迈出三步后停顿并转向； ● 随着鼓点行进间运球； ● 在规定区域内随意运球移动。
运动空间环境	空间定位 ● 原地运球转向； ● 面朝墙进行运球移动并后撤步运球； ● 朝上斜坡运球。	行进方向 ● 向前/向后运球； ● 对角线运球； ● 沿着直线/"Z"字线路。	运动轨迹 ● 控球反弹，与膝齐平； ● 在身体重心低位/中位； ● 近处控球/远处控球。
运动交互关系	身体认知/他人互动 ● 双手运球； ● 左右手交替运球移动； ● 同伴近距/远距相向运球移动。		物体交互 ● 围绕圆圈； ● 在圆圈内、外来回行进间运球； ● 在两个标志圆盘间来回行进间运球。

六、行进间运球动作渐进式练习范例及启发（表9–29）

表9–29　行进间运球动作渐进式练习范例及启发

当你行进间运球时	启发思考
原地无球准备动作。	和直立比，准备动作有没有让你站得更稳？
原地运球抬起护球手。	抬起不运球的那只手会产生什么作用？
原地高位和低位运球落点练习。	为什么要把球落在这里？
原地半臂距离低位和高位运球。	运球位置发生变化后运球的难度提升了还是下降了？
原地一臂距离低位和高位运球。	你是否感到动作更加难了？
慢速跑低位运球。	
慢速跑高位运球。	不同速度下，哪种运球方式让你最舒服？
快速跑低位运球。	
快速跑高位运球。	
非惯用手原地运球练习。	换一个手你能完成吗？
非惯用手行进间运球练习。	
闭上双眼原地运球。	这些花样你想试试吗？你还能想到更难的运球方式吗？
双手运双球。	

七、不同阶段行进间运球动作技能的教学干预策略（表9–30）

表9–30 不同阶段行进间运球动作技能的教学干预策略

阶段	教学干预策略
认知阶段	• 使用颜色鲜艳、重量适中的练习用球； • 教学中重点关注儿童运球的手型、用力方式和重心起伏； • 待原地运球动作熟练后再练习行进间运球； • 在认知阶段练习中眼睛始终注视球，待熟练后抬头目视前方； • 练习初期积极鼓励儿童先控球后移动，而非先移动再控球； • 朝墙练习推球反弹动作，以便掌握皮球的反弹特性； • 在地面上放置塑料框或桶，鼓励儿童朝地面推球、反弹入框； • 练习坐姿、蹲姿、跪姿和站姿等不同身体姿态的原地运球练习。
联结阶段	• 鼓励儿童移动运球通过障碍物； • 鼓励儿童行进间运球同时抬头聚焦目标物； • 分别尝试以慢走、慢跑和快跑的不同速度移动运球（强调对球的控制）； • 组织开展行进运球接力比赛。
自动化阶段	• 能够变向移动运球； • 开展三对三篮球对抗比赛； • 鼓励双手交替行进运球； • 鼓励双手交替行进间变向运球； • 鼓励双手同时运球移动； • 鼓励绕障碍物运球移动； • 开展一对一行进间运球攻防练习。

第七节　凌空抽射动作技能教学的主要内容、教学组织与指导反馈

一、凌空抽射动作技能简介

凌空抽射是指当球在空中运动或自由坠落过程中，人体在单脚支撑状态下，运用脚背接触球的中下部，随后大腿屈髋、伸膝带动小腿快速向前上方做踢球鞭打动作的全部过程。该项动作多见于足球守门员踢门球、进攻中的即兴凌空抽射和橄榄球原地凌空踢球等。虽然橄榄球和足球的凌空抽射技术由于运动环境、球的形状与质量、比赛规则和动作目标存在差异，但是凌空抽射动作的核心要素和动作环节是基本一致的，因此该技术动作同样也是足球、橄榄球运动的基础专项动作技能。

凌空抽射受到下肢动静态稳定、下肢爆发力、躯干核心肌肉力量与稳定、手眼协调性

和全身肌群协同整合能力等诸多因素的复合影响，因此不可控的外部环境因素、复杂的神经肌肉控制过程都会对该动作的学习和掌握形成干扰，致使儿童初学凌空抽射往往会面临较大的挑战性。

为了更好地帮助儿童尽快掌握凌空抽射的技术要领，应该在认知阶段着重强调触球部位的动作规范性和大力抽射的用力感觉，而非强调技术动作的准确性和有效性。教师应通过口头和视觉反馈的方式，不断让儿童在练习过程中识别、存储和掌握动作完成的顺序和要领，通过反复练习，不断强化，从而建立正确的动作记忆，逐步提高动作的运用能力和实效性。

二、凌空抽射动作的教学原则和注意事项

一般而言，多数儿童在5周岁左右已经具备完成凌空抽射动作所需的身体平衡、协调控制和下肢肌力等身体基本能力，由此形成初级的凌空抽射动作模式。随着练习次数的增加以及身体能力的提高，大部分儿童在6周岁左右已能初步掌握凌空抽射的基本动作环节，并在9周岁左右熟练地掌握凌空抽射的调控动作环节。

儿童学习凌空抽射的先决能力是身体平衡，如果不能维持单脚静态平衡将不具备学习凌空抽射的基本条件。随着身体平衡控制能力的增强，应教会儿童从下肢静态平衡逐渐过渡至动态平衡，以便促使其尽快形成动态平衡下的动作输出。

高质量凌空抽射主要体现在脚部触球的准确性和手眼协调用力的同步性两个方面，因此教师应反复通过口令和打节拍的反馈方式，帮助儿童明确脚部触球的准确部位和手脚配合的时机，通过反复练习、纠错，进一步提升儿童的空间方位感和手眼协调能力。

凌空抽射
（正面）

儿童在学习凌空抽射的认知阶段，可以使用直径较大的皮球进行他人辅助的原地抽射练习。随着技术动作日渐熟练，可以进行原地持球凌空抽射、持球行进凌空抽射、持球跑动凌空抽射和足球实战凌空抽射等进阶练习。通过变换练习器材、环境条件和完成难度的方式不断加以挑战，促进儿童尽快形成动作动力定型，并且能够结合具体情景，合理判断并熟练、正确运用技术动作，提升其综合能力。

凌空抽射
（侧面）

三、凌空抽射动作的评测标准与作用（表9-31）

表9-31 凌空抽射动作的评测标准与作用

动作要素	动作评测标准	标准动作的价值与作用
1	凌空抽射过程中，双眼始终紧盯球。	动作执行过程中眼睛聚焦球是手眼协调动作的关键，同时为完成动作提供前馈。
2	双手体前持球，与髋保持等高。	持球与髋部保持等高将更有利于把握凌空抽射的时机，建立良好的空间定位感。
3	支撑脚向前迈步，稳定支撑。	向前迈步不仅能为踢球腿提供足够的发力空间，还能进一步增大动作幅度。

续表

动作要素	动作评测标准	标准动作的价值与作用
4	身体后仰,踢球腿屈膝后摆,做好发力准备。	后摆动作能使踢球腿的主动肌群处于适宜的初长度,为增加踢球力量和速率提供条件。
5	单手朝踢球脚足背部抛球。	单手朝足背抛球的准确性是完成凌空抽射的关键要素,也为上下身协调用力提供良好条件。
6	踢球腿屈髋、伸膝向前发力踢球,直至与躯干形成近90°夹角。	该动作标志凌空踢腿动作发力充分、规范到位。
7	踢球脚对侧手臂向前或侧面摆动。	踢球脚对侧手臂摆动是获得单脚支撑凌空抽射时身体平衡的关键性辅助动作。
8	触球后踢球脚继续朝向目标随摆。	踢球脚向前随摆动作不仅能增大动作幅度和势能,而且还保证技术动作的完整。

四、凌空抽射的常见动作错误与教学指导(表9-32)

表9-32 凌空抽射的常见动作错误与教学指导

常见动作错误	教学指导
身体后倾幅度过大。	略微低头,盯住球,身体适度后倾。
双手持球、抛球。	双手体前持球,与踢球腿同侧手臂抛球。
抛球过早或过晚,导致无法把握触球时机。	体前持球与髋等高,结合前摆踢球动作伺机抛球。
踢球发力过猛、过快。	踢球腿屈髋、伸膝,向前摆动踢球。
朝支撑脚放球。	结合前摆动作,把握时机,朝踢球脚背抛球。
用脚尖或足弓触球。	脚尖绷直,脚背触球。
踢球过程中眼睛朝向目标,未能盯住球。	踢球过程中始终紧盯球。
踢球腿后摆不充分。	踢球腿后摆超过支撑腿垂直面。
脚触球后未能朝向目标充分随摆。	触球后,踢球脚脚尖对准目标物。
踢球腿对侧手臂未能做向前或侧向伸展。	踢球脚始终朝向目标随摆,直至腿与躯干形成90°夹角。

五、基于动作概念解析的凌空抽射动作技能变换练习内容与方法(表9-33)

表9-33 基于动作概念解析的凌空抽射动作技能变换练习内容与方法

	在以下条件和动作设定情景下,你还能够完成凌空抽射吗?		
	姿态控制	动作速率	用力方式
人体运动方式	• 尽可能轻/重; • 脚背触球; • 足弓触球。	• 慢速前摆踢球; • 快速前摆踢球; • 体前抛球、踢球; • 体侧抛球、踢球。	• 直腿踢球; • 屈膝踢球; • 手臂紧贴体侧。

续表

运动空间环境	空间定位	行进方向	运动轨迹
	• 原地持球凌空踢； • 行进持球凌空踢； • 凌空踢球击中近距/远距目标； • 脚部凌空停球。	• 向前/向后； • 对角线； • 弧线。	• 向前上方凌空踢球； • 向正前方凌空踢球； • 向前下方凌空踢球。
运动交互关系	身体认知/他人互动		物体交互
	• 分别用左脚/右脚； • 两人一组，行进间凌空踢； • 凌空踢球击中悬空目标物。		• 凌空踢球越过球框或障碍物； • 凌空踢球入框/桶； • 凌空踢球穿过圆圈。

六、凌空抽射动作渐进式练习范例及启发（表9-34）

表9-34 凌空抽射动作渐进式练习范例及启发

当你做凌空抽射动作时	启发思考
原地双手抛球凌空抽射。	哪种抛球方式更容易与凌空抽射动作结合？为什么？
原地单手抛球凌空抽射。	
正面抛球原地凌空抽射。	抛球方位改变是否会影响凌空抽射动作质量？为什么？
侧面抛球原地凌空抽射。	
行进间抛球凌空抽射。	不同位移速度对凌空抽射有何差异和影响？哪一种位移对动作质量影响最小或最大？为什么？
慢跑抛球原地凌空抽射。	
快跑抛球原地凌空抽射。	
原地旋转抛球凌空抽射。	
旋转行进抛球凌空抽射。	
抛球后手臂紧贴体侧凌空抽射。	手臂对凌空抽射有何作用？手臂的不同摆放对于凌空抽射动作质量存在什么影响？为什么？
抛球后双手抱头凌空抽射。	
抛球后双手叉腰凌空抽射。	
抛球后双手抱胸凌空抽射。	
抛球后双手前摆凌空抽射。	
抛球后踢球脚对侧手臂侧摆凌空抽射。	
抛球后踢球脚对侧手臂前摆凌空抽射。	

续表

当你做凌空抽射动作时	启发思考
凌空抽射越过地面障碍物。	如何精准控制踢球的力度？如何提升踢球的准度？
凌空朝墙踢球，随后接住弹回的球。	
凌空踢球入框或桶。	
凌空踢球穿过圆圈。	
原地迎面凌空抽射。	视觉反馈对动作预判和执行有何作用？如何提升眼脚的协调性？
正面迎球凌空抽射。	
迎球跑动凌空抽射。	
迎球跑动，凌空抽射入框。	
背对来球，听口令转身跑动凌空抽射。	

七、不同阶段凌空抽射动作技能的教学干预策略（表9-35）

表9-35 不同阶段凌空抽射动作技能的教学干预策略

阶段	教学干预策略
认知阶段	• 通过强调紧盯球、持球与髋等高、脚背触球和向前随挥的动作要领，引导儿童在执行动作过程中关注动作的完成质量； • 在室内练习踢气球动作，提高儿童眼脚协调能力； • 室外练习时使用直径较小的沙滩足球或质量较轻的泡沫球； • 教师镜面示范向前迈步后抛球、再凌空踢球的动作顺序，反复练习并纠错； • 强调凌空抽射动作的规范性和足球飞行的远度，而非动作的准确性； • 鼓励儿童反复练习不断强化，引导儿童反复练习原地站立凌空抽射； • 如果儿童不能保持身体平衡，可运用工具辅助其在发力阶段维持平衡； • 在地面或墙上设置视觉反馈物，鼓励儿童以踢球的方式集中目标物； • 通过"盯球（瞄准）、后摆（预备）、抛球、踢球（发射）"口令引导儿童建立正确的肌肉发力顺序。
联结阶段	• 引导儿童练习持球慢速行进间凌空抽射； • 鼓励儿童沿地面直线行走后凌空抽射； • 要求儿童持球慢走，当听到口令后立即凌空抽射； • 使用中号足球练习，鼓励儿童踢得更远； • 两人一组，练习"踢球、接球"动作游戏。
自动化阶段	• 要求儿童双手持球、单手抛球，控制抛球速度和准度； • 注重技术动作的执行过程，提升凌空抽射动作的准确性； • 练习跑动后凌空抽射，反复练习直至熟练把握眼、脚配合时机； • 左、右脚交替练习凌空抽射技术动作； • 在游戏和实战情境下，随机练习迎球凌空抽射的技术动作； • 练习不同距离的凌空抽射入框或桶的技术动作。

第八节 脚运球动作技能教学的主要内容、教学组织与指导反馈

一、脚运球动作技能简介

脚运球动作技能通常是指动作技能在身体移动过程中运用双脚对皮球进行控制、转移的操控动作技能,该项动作技能是足球运动的基本动作技能。儿童学习并掌握脚运球动作的核心在于其眼睛与双脚的协调配合能力,其中包含了视觉跟踪、动态平衡和空间感知三个方面的身体能力。大多数儿童学习脚运球动作的进度完全取决于其对下肢肌群神经控制的能力,这也是儿童学习脚运球动作所面临的最大挑战。

如果儿童想要熟练地掌握脚运球的动作,就必须学会如何合理地运用双脚内、外两侧来控制足球,并在此基础之上实现多方向的控球、运球和转移的动作输出。儿童在学习脚运球动作的认知阶段常用脚尖来触球或运球,因此表现出较差的控球能力;同样在该阶段中儿童的方位感、神经肌肉控制和本体感觉发展还不够完善,那么在控球和运球过程中常表现出以下技术动作运用不当的问题,如用力过大、时机不对和触球不当等。所以我们常看到儿童由于控球不当而在课堂上不停地追着球跑,从而很难在运球的练习当中体验到运动的乐趣。

二、脚运球动作的教学原则和注意事项

通常情况下,大多数儿童在5周岁左右都能够熟练掌握脚运球的基本动作环节,在10周岁左右熟练掌握脚运球的调控动作环节。一般而言,多数儿童在4周岁时就已能建立起初级的脚运球动作模式。

儿童学习脚运球动作技能的认知阶段应将双臂抬高,以防不慎跌倒时能够及时防护,但如此高的手臂位置将会使得双臂始终处于紧张状态中,从而限制了双臂配合对侧腿做前后协同随摆动作,最终也削弱了由双臂前后摆动而带来的向前驱动力。部分儿童在学习过程中,始终不能较好地控制双臂随对侧脚做协同前后摆动动作,此时切不能一味追求儿童的脚运球速度,而忽视儿童脚运球的身体姿态控制和双侧上下肢体的协调配合能力。所以我们应该帮助儿童在建立正确的脚运球动作的基础上,逐步提高脚运球的距离和速度,让他们在反复的脚运球练习中强化动作感觉,掌握全部的动作环节。

假如儿童在脚运球学习和练习过程中不能协调身体左右两侧上下肢体协同发力,此时我们应该将教学内容的重点转移到提升儿童的平衡能力上来。通过提高他们的静态、动态平衡能力、下肢肌力和协调能力,不断完善和补足其完成脚运球动作所存在的能力短板和技术缺陷,从而为建立正确的动作概念,建立牢固的动力定型奠定扎实的基础。

三、脚运球动作的评测标准与作用（表9-36）

表9-36 脚运球动作的评测标准与作用

动作要素	动作评测标准	标准动作的价值与作用
1	充分运用脚的内、外两侧运球。	能够运用脚的内、外侧完成运球动作标示着动作技能的熟练度和动作执行的合理性。
2	将球从一脚转换到另一脚。	能够运用左、右脚完成控球及运球动作标示着两侧下肢控球能力的均衡性。
3	运球同时始终保持身体平衡。	该动作预示着基本具备了变向运球的能力。
4	运球同时能够始终抬头环视。	运球同时能够抬头观察队友位置和场上状况表明了运球动作的娴熟程度和运用能力。
5	双臂随运球动作摆动，维持身体平衡。	双臂的随摆动作更有利于控球和维持平衡。

脚运球（正面）

脚运球（侧面）

四、脚运球的常见动作错误与教学指导（表9-37）

表9-37 脚运球的常见动作错误与教学指导

常见动作错误	教学指导
运球同时始终低头紧盯球。	抬头环视，培养球感，学习用余光观察球运行轨迹。
上半身前倾或后倾。	控制身体平衡，身体重心随变向，朝行进方向适度倾斜。
触球部位不正确（脚尖触球）。	双膝微屈，运用足背和脚弓触球。
触球时用力过大或过小。	集中注意力，放松肌肉，将球控制在距离身体适当的范围内。
上身僵硬，双臂不能协调自如摆动。	双臂放松，随运球动作自如摆动，维持平衡。
运球时步幅过大，重心偏高或臀部后坐。	微屈双膝，降低身体重心，身体重心随球前移。

五、基于动作概念解析的脚运球动作技能变换练习内容与方法（表9-38）

表9-38 基于动作概念解析的脚运球动作技能变换练习内容与方法

	在以下条件和动作设定情景下，你还能够完成脚运球吗？		
人体运动方式	姿态控制	动作速率	用力方式
	• 用脚控制空的塑料瓶； • 用脚控制装满沙的塑料瓶； • 用脚控制塑料果汁盒。	• 快速控球； • 慢速控球； • 围绕地面上的标志圆盘控球。	• 直膝运球； • 双手叉腰无摆动； • 听到哨声后静止不动。

	空间定位	行进方向	运动轨迹
运动空间环境	• 体前控球； • 两条线之间控球； • 沿篮球场地的线条控球。	• 沿着直线； • 沿着曲线/"Z"字线； • 急停后变向。	• 双臂侧平举； • 始终使球在地面滚动； • 身体前倾/后倾。
	身体认知/他人互动		物体交互
运动交互关系	• 左、右脚交替； • 两人一组，用左、右脚传球； • 控球同时与从身边经过的同伴击掌。		• 用脚控制纸巾盒； • 在地面标志圆盘之间穿梭； • 在呼啦圈中反复运球、停球。

六、脚运球动作渐进式练习范例及启发（表9-39）

表9-39 脚运球动作渐进式练习范例及启发

当你做脚运球动作时	启发思考
用单侧脚内外两侧原地来回拨球。	
用右脚或左脚内侧原地来回拨球。	
用单脚内外两侧沿直线运球。	运用脚的哪个部位触球最有利于控球？不同线路的运球动作是一样的吗？为什么？
用单脚内外两侧沿曲线运球。	
用单脚内外两侧绕杆运球。	
双手抱胸同时沿直线双脚交替拨球。	
双手叉腰同时沿曲线双脚交替拨球。	手臂摆动对运球动作有何影响？不同线路运球时身体重心控制存在哪些差异？
双手抱头同时沿"Z"线路双脚交替拨球。	
小步幅绕杆双脚交替运球。	
中步幅绕杆双脚交替运球。	不同步幅对运球动作质量有何影响？你觉得哪种步幅能够更好地控球？为什么？
大步幅绕杆双脚交替。	
两人一组，肩并肩同向移动运球并传球。	同向运球时关注的焦点是什么？
两人一组，一人运球，另一人抢球。	运球同时如何更好地护球？
做多人"围圈抢球"游戏。	运球同时如何察觉对手的动作意图？

七、不同阶段脚运球动作技能的教学干预策略（表9-40）

表9-40 不同阶段脚运球动作技能的教学干预策略

阶段	教学干预策略
认知阶段	• 教会儿童如何运用双脚内外两侧来回拨球的技术动作； • 使用中等大小、质地柔软的皮球进行练习，利于儿童控球； • 鼓励儿童以行走速度和节奏来回运球； • 指导儿童运用脚的不同部位控球、运球； • 练习双脚控球、运球； • 鼓励儿童近身控球并运球； • 组织并开展集体控球游戏，游戏中包含"向前运球、停球、绕圈运球、运球击物和双足球盘带"等具体技术动作。
联结阶段	• 运球直线绕杆； • 运球曲线绕杆； • 运球同时抬头紧盯目标物； • 以快走、慢跑和快跑的不同速度运球； • 鼓励儿童充分运用脚的内侧与外侧控球、运球； • 组织开展运球接力赛。
自动化阶段	• 多方向变向运球练习； • 组织小型足球对抗赛； • 高速带球移动练习； • 带球移动攻防练习。

附 件

1. 单脚站立平衡动作整体构成序列综合评测表

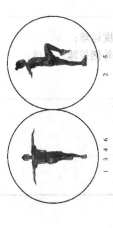

姓名	整体评测	下肢			头与躯干		上肢	定量评价	定性评价
	√或O	1. 支撑腿足底稳定置于地面上，膝部无明显弯曲。	2. 非支撑腿弯曲，未触碰支撑腿。	3. 双腿皆能保持平衡。	4. 挺胸抬头，目视前方。	5. 头与躯干能够保持稳定且直立。	6. 保持双臂水平外展，无多余动作。	左 右	
	左	左	左	左	左	左	左		
	右	右	右	右	右	右	右		

备注：

1. 黑体字部分是综合评测的基础动作环节，是完成高质量动作的必要条件，其完成质量将对整个动作连贯性、稳定性产生直接影响。
2. 斜体字部分是综合评测的调控动作环节，是进行动作精细调整的控制变量，通过动作调控以适应环境变化和任务需求，确保动作顺利完成。
3. 定量评价：记录测试条件，动作测试完成标准和测试场地布置；记录单脚站立的时间（s）。
4. 定性评价：记录动作评测的单个动作环节完成质量，"√"为成功，"O"为失败，定性评价等次共分为三等，依次是优秀、中等、一般。

2. 平衡木行走动作整体构成序列综合评测表

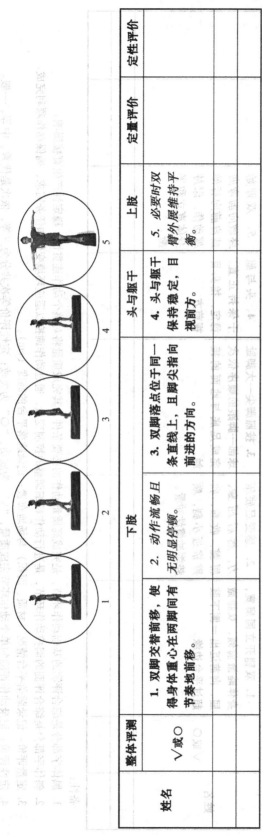

整体评测	下肢		头与躯干	上肢	定量评价	定性评价
	1. 双脚交替前移，使得身体重心在两脚间有节奏地前移。	2. 动作流畅且无明显停顿。	3. 双脚落点位于同一条直线上，且脚尖指向前进的方向。	4. 头与躯干保持稳定，目视前方。	5. 必要时双臂外展维持平衡。		
姓名 √或○							

备注：
1. 黑体字部分是综合评测的基础动作环节，是完成高质量动作的必要条件，共完成质量将对整个动作连贯性、稳定性产生直接影响。
2. 斜体字部分是综合评测的调控动作环节，是进行动作精细调整的调控变量，通过动作调控以适应环境变化和任务需求，确保动作顺利完成。
3. 定量评价：记录测试条件、动作测试完成标准和测试场地布置及平衡木宽度和坡度；记录行走的距离（m），时间（s）及步数。
4. 定性评价：记录动作评测的单个动作环节完成质量，"√"为成功，"○"为失败；定性评价等次共分为三等，依次是优秀、中等、一般。

3. 着陆动作整体构成序列综合评测表

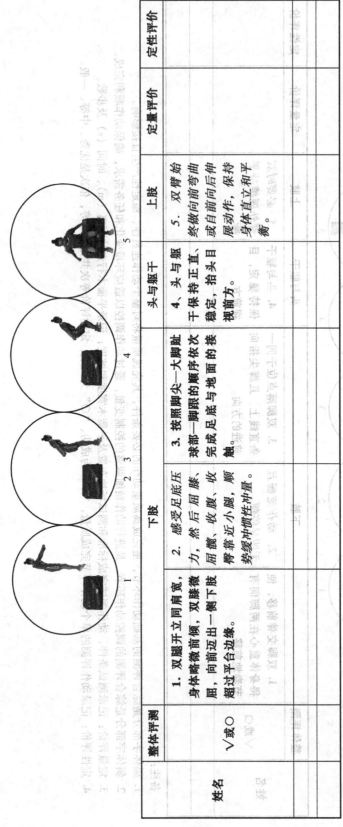

导气	整体评测	下肢		头与躯干	上肢	定量评价	定性评价
		1. 双腿开立同肩宽，身体略微前倾，双膝微屈，向前迈出一侧下肢超过平台边缘。	2. 感受足底压力，然后屈膝、屈髋、收腹，收臀靠近小腿，顺势缓冲吸性冲量。	3. 按照脚尖—大脚趾球部—脚跟的顺序依次完成足底与地面的接触。	4. 头与躯干保持正直，稳定，抬头目视前方。	5. 双臂始终做向前弯曲或自前向后伸展动作，保持身体直立和平衡。		
姓名	√或〇							
	〈例〉	√完整完成跳跃动作	〇伸直双腿跳跃	〇上肢不摆动	√抬头正直	√下摆	与需要指令	良好指令
	综合评测							

备注：
1. 黑体字部分是综合评测的基础动作环节，是完成高质量动作的必要条件，其完成质量将对整个动作连贯性、稳定性产生直接影响。
2. 斜体字部分是综合评测的调控动作环节，是进行动作精细调整的控制变量，通过调控动作以适应环境变化和任务需求，确保动作顺利完成。
3. 定量评价：记录跳落平台合情况（材质、面积）与脚落地高度；记录跳落平台的高度（cm）。
4. 定性评价：记录动作评测的单个动作环节完成质量，"√"为成功，"〇"为失败；定性评价等次共分为三等，依次是优秀、中等、一般。

5. 本部分以纠正动作姿势（即脚跟脚尖）综合监测室

4. 跑步动作整体构成序列综合评测表

整体评测	下肢		头与躯干	上肢	定量评价	定性评价
	1. 大脚趾球部首先着地接触。	2. 非支撑脚后摆阶段，膝部弯曲接近90°。	3. 非支撑腿屈髋前摆时，尽量抬高膝部，使大腿与地面平行。	4. 头与躯干保持直立，始终目视前方，上体略微前倾。	5. 双肘弯曲接近90°。	6. 双臂随对侧脚协同前后摆动。
姓名 √或○						
整体评测						

备注：
1. 黑体字部分是综合评测的基础动作环节。
2. 斜体字部分是综合评测的调控动作环节，是进行动作精细调整的控制变量，通过动作调整以适应环境变化和任务需求，确保动作顺利完成。
3. 定量评价：记录测试条件，动作测试完成标准和测试完成的质量，是完成高质量动作的必要条件，其完成质量将对整个动作连贯性、稳定性产生直接影响。
4. 定性评价：记录动作评测的单个动作环节完成的质量，"√"为成功，"○"为失败；定性评价等次共分为三等，依次是优秀、中等、一般；记录50 m冲刺跑的时间(s)、步幅(步距/距离)和步频(步数/时间)。

5. 侧并步动作整体构成序列综合评测表

整体评测	下肢				头与躯干		上肢	定量评价	定性评价
	1	2	3	4	5	6	7		
	1. 双脚脚尖朝前，能够协调、连贯且有节奏地交替侧向移动。	**2. 后脚向前脚跳步侧移时，双脚并拢，同时腾跃，短暂离地。**	**3. 双膝微屈，踵地及落地时体重均落于双脚大脚趾球部。**	*4. 能够朝左右两侧并步移动。*	*5. 髋和肩部朝向行进方向。*	**6. 保持身体直立，头部稳定，目视前方或行进方向。**	*7. 双臂随双脚侧向移动动作协同摆动。*		
姓名 班级 √或○					左　右			左　右	

备注：

1. 黑体字部分是综合评测的基础动作环节，是完成高质量动作的必要条件，其完成质量将对整个动作连贯性、稳定性产生直接影响。
2. 斜体字部分是综合评测的调控动作环节，是进行动作精细和测试调整的调控变量，通过动作调整以适应环境变化和任务需求，确保动作顺利完成。
3. 定量评价：记录测试条件，动作测试完成标准和测试场地布置；记录25 m侧并步的步频（步数/时间）、步顺（步数/距离）和动作表现。
4. 定性评价：记录动作评测的单个动作环节完成质量，"√"为成功，"○"为失败；定性评价等级共分为三等，依次是优秀、中等、一般。

附 件

6. 纵跳动作整体(伸构)成系列综合评测表

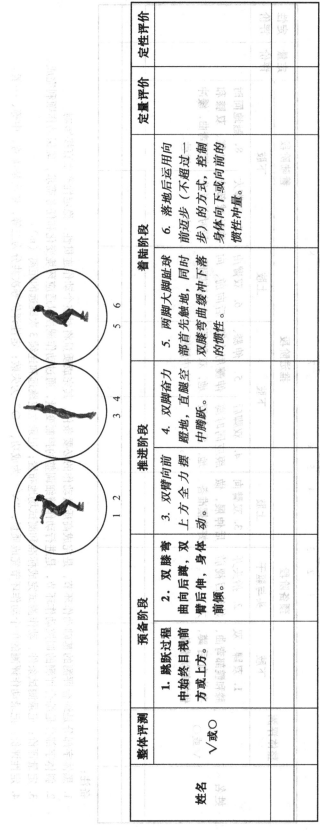

整体评测	预备阶段		推进阶段		着陆阶段		定量评价	定性评价
	1. 跳跃过程中始终目视上方或上方。	2. 双膝弯曲向后蹲，双臂后伸，身体前倾。	3. 双臂奋力上方全力前摆动。	4. 双脚奋力蹬地，直腿空中腾跃。	5. 两脚大胸大脚趾球部首先触地，同时双膝弯曲缓冲下落的惯性。	6. 落地后运用向前迈步（不超过一步）的方式，控制身体向下或向前的惯性冲量。		
姓名	√ 或 ○							

备注：
1. 黑体字部分是综合评测的基础动作环节，是完成高质量动作的必要条件，其完成质量将对整个动作连贯性、稳定性产生直接影响。
2. 斜体字部分是综合评测的调控动作环节，是进行动作精细调整的控制变量，通过动作调控以适应环境变化和任务需求，确保动作顺利完成。
3. 定量评价：记录测试条件、动作测试完成标准和测试场地布置；记录单手脚和下肢纵跳的高度（cm）。
4. 定性评价：记录动作评测的单个动作环节完成质量，"√"为成功，"○"为失败，定性评价等次共分为三等，依次是优秀、中等、一般。

7. 跳远动作整体构成序列综合评测表

整体评测	预备阶段			推进阶段		着陆阶段		定量评价	定性评价
	下肢	头与躯干	上肢	下肢	上肢	下肢			
	1. 双踝、双膝和髋部弯曲，身体向后蹲，做好起跳准备。	2. 抬头并始终目视前方。	3. 双臂向后伸展，做好前蹬准备。	4. 双脚同时蹬离地，发力蹬地。	5. 伸髋、伸膝，用力蹬地，双腿蹬直空中腾跃。	6. 双臂由后向前，向上快速摆臂。	7. 双脚应同时并首先触地。	8. 触地同时，双踝、双膝和髋部弯曲，缓冲动作惯性。		
姓名 评价 √或○										

备注：
1. 黑体字部分是综合评测的基础动作测评的必要条件，是完成高质量动作的必要条件，其完成质量将对整个动作连贯性、稳定性产生直接影响。
2. 斜体字部分是综合评测的调控动作环节，是进行动作精细调整的控制变量，通过动作调控以适应环境变化和任务需求，确保动作顺利完成。
3. 定量评价：动作测试条件，动作完成标准和测试场地布置；记录测试跳远和测试连续3次跳远立定跳远最远的距离（m）。
4. 定性评价：记录动作评测的单个动作环节完成质量，"√"为成功、"○"为失败；定性评价等级依次分为三等，依次是优秀、中等、一般。

附件

8. 爬行动作整体构成序列综合评测表

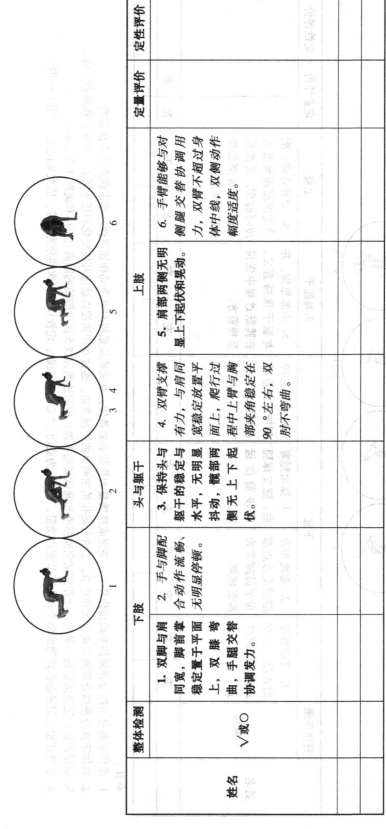

整体检测	下肢	头与躯干	上肢	定量评价	定性评价
	1. 双脚与肩同宽，脚前掌稳定置于平面上，双膝弯曲，手腿交替协调发力。	3. 保持头与躯干的稳定与水平，无明显抖动，髋部两侧无上下起伏。	5. 肩部两侧无明显上下起伏和晃动。		
	2. 手与脚配合动作流畅，无明显停顿。		4. 双臂支撑有力，与肩同宽稳定放置平面向上，爬行过程中上臂与胸部夹角稳定在90°左右，双肘不弯曲。	6. 手臂能够协调对侧腿交替协调用力，双臂不超过身体中线，双侧动作幅度适度。	
姓名					
√或○					

备注：
1. 黑体字部分是综合评测的基础动作环节，是完成高质量动作的必要条件，其完成质量将对整个动作连贯性、稳定性产生直接影响。
2. 斜体字部分是综合评测的精细调整动作环节，是进行动作精细调整控制变量，通过动作调整以适应环境变化和任务需求，确保动作顺利完成。
3. 定量评价：儿童爬行测试过程中的动作完成质量和测试场地布置；记录儿童10 m爬行的时间（s）和手脚移动的总次数。
4. 定性评价：记录动作评测的单个动作环节完成质量，"√"为成功，"○"为失败；定性评价等次共分为三等，依次是优秀、中等、一般。

· 209 ·

9. 单脚跳动作整体构成分序列综合评测表

整体评测	下肢			头与躯干	上肢	定量评价	定性评价
	1. 支撑腿弯曲着陆,并在蹬离地面时伸直。	2. 起跳和着陆的发力点部位于前脚掌—脚趾球部。	3. 摆动腿弯曲,随支撑腿同步前摆摆运动。	4. 左/右两腿皆应具备单脚跳能力。	5. 头部稳定,并与躯干保持直立,在腾跃过程中保持目视前方。	6. 双臂弯曲,配合支撑腿蹬地发力协同前摆,支撑腿对侧手臂前摆幅度应适当增大。		
姓名 编号 √或O	左 右	左 右	左 右	左 右	左 右	左 右	左 右	
	下肢			头与躯干	上肢	左 右	

备注:
1. 黑体字部分是综合评测的基础动作环节,是完成高质量动作的必要条件,其完成质量将对整个动作连贯性、稳定性产生直接影响。
2. 斜体字部分是综合评测动作环节的调控动作环节,是进行动作精细调整测试动作环节的调整,通过动作调整以适应环境变化和任务需求,确保动作顺利完成。
3. 定量评价: 记录测试场地条件、动作测试标准和测试场地布置,记录连续完成 5 次单脚跳的距离 (m) 和跳跃高度 (cm)。
4. 定性评价: 记录测试的单个动作环节完成质量,"√" 为成功,"O" 为失败; 定性评价等次共分为三等,依次是优秀、中等、一般。

10. 前滚翻动作整体构成序列综合评测表

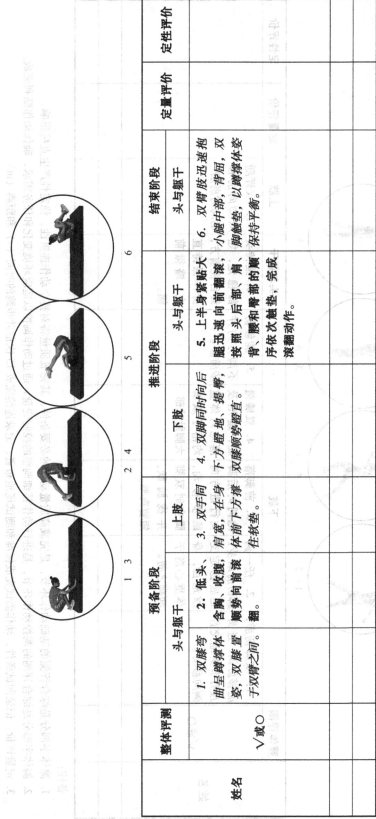

整体评测	预备阶段		推进阶段		结束阶段		定量评价	定性评价
	头与躯干	上肢	下肢	头与躯干	头与躯干	下肢		
姓名 √或〇	1. 双膝弯曲呈蹲撑体姿，双膝置于双臂之间。	3. 低头，含胸、收腹，顺势向前滚翻。	3. 双手同肩宽，在身体前下方撑在软垫。	4. 双脚同时向后下方蹬地，提臀，双腿顺势蹬直。	5. 上半身紧贴大腿迅速向前翻滚，按照头、后颈、肩、背、腰和臀部的顺序依次完成滚翻动作。	6. 双臂肢迅速抱小腿中部，背屈，双脚触垫，以蹲撑体姿保持平衡。		

备注：
1. 黑体字部分是综合评测的基础动作环节，是完成高质量动作的必要条件，其完成质量将对整个动作连贯性、稳定性产生直接影响。
2. 斜体字部分是综合评测的调整动作环节，是进行动作精细调整的控制变量，通过动作变化和环境变化和任务需求，确保动作顺利完成。
3. 定量评价：动作测试条件，动作测试完成标准和测试场地布置，记录连续完成5次前滚翻的时间（s）和距离（m）。
4. 定性评价：记录动作评测的单个动作环节完成的质量，"√"为成功，"〇"为失败；定性评价等次依次分为三等，依次是优秀、中等、一般。

11. 前并步动作整体构成序列综合评测表

整体评测	下肢			头与躯干	上肢	定量评价	定性评价
	1. 双脚朝前，能够协调、连贯且有节奏地交替向侧移动。	2. 任一侧脚朝前跨步，足底稳定支撑地面，体重心落于两脚之间。	3. 前脚落地同时后脚向行进方向跳步移动，身体腾空时双脚并拢腾跃，短暂离地。	4. 双膝微屈，落地及落地时体重均落于双脚大脚趾球部。	5. 能够朝不同方向并步前移。	6. 维持头部稳定，始终目视前方，身体保持直立，略微前倾。	7. 双臂随双脚向前移动同时前摆。		
姓名 √或○								

备注：
1. 黑体字部分是综合评测的基础动作环节，是完成高质量动作的必要条件。
2. 斜体字部分是综合评测的调控动作环节，是进行动作精细调整的控制变量，通过动作调控以适应环境变化和任务需求，确保动作顺利完成。
3. 定量评价：记录测试条件，动作测试完成标准和测试场地布置；记录连续完成 15 次前并步跳的时间（s）和距离（m）。
4. 定性评价：记录动作测评的单个动作环节完成质量，"√" 为成功，"○" 为失败。定性评价等次共分为三等，依次是优秀、中等、一般。

附件

12. 变向动作整体构成序列综合评测表

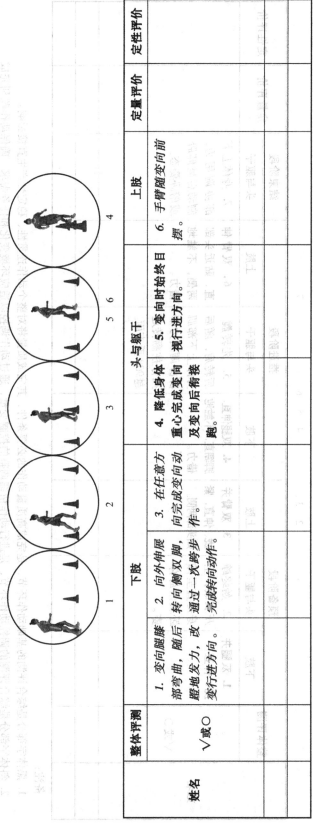

整体评测	下肢			头与躯干		上肢	定量评价	定性评价
	1. 变向腿膝部弯曲，随后蹬地发力，改变行进方向。	2. 向外伸展转向侧双脚，通过一次跨步完成转向动作。	3. 在任意方向完成变向动作。	4. 降低身体重心完成变向及变向后衔接跑。	5. 变向时始终目视行进方向。	6. 手臂随变向前摆。		
姓名	√或○							
	上肢							
	躯干							
	下肢							

备注：
1. 黑色字部分是综合评测的基础动作环节，是完成高质量动作的必要条件，其完成质量将对整个动作连贯性、稳定性产生直接影响。
2. 斜体字部分是综合评测的调整动作环节，是进行动作精细调整的控制变量，通过动作调控以适应环境变化和任务需求，确保动作顺利完成。
3. 定量评价：记录测试场地条件、动作测试标准和测试场地布置；记录连续完成3次变向的时间（s）。
4. 定性评价：记录动作评测的单个动作环节完成质量，"√"为成功，"○"为失败；定性评价等次共分为三等，依次是优秀、中等、一般。

13. 侧滚翻动作整体构成序列综合评测表

整体评测	预备阶段			推进阶段			结束阶段		定量评价	定性评价
	下肢	头与躯干	上肢	下肢	头与躯干	上肢	头与躯干			
	1. 双腿并拢、伸直。	2. 始终睁开双眼,全身挺直呈仰卧或俯卧姿态。	3. 双臂并拢、伸直,紧贴头部两侧。	4. 双腿伸直,脚绷直,不蹬地借力。	5. 先转髋,后转肩,随后身体上下部肌群协调发力牵拉脊柱翻转超过90°垂直面。	6. 双臂伸直、贴近头部两侧,不触地借力。	7. 身体上下部协调用力,制动调整后呈仰卧或俯卧姿态。			
姓名 √或○										
整体连贯										

备注：
1. 黑体字部分是综合评测的基础动作环节,是完成高质量动作的必要条件,其完成质量将对整个动作连贯性、稳定性产生直接影响。
2. 斜体字部分是综合评测的调控动作环节,是进行动作精细调整的控制变量,通过动作调控以适应环境变化和任务需求,确保动作顺利完成。
3. 定量评价：记录测试条件、动作测试完成标准和测试场地布置；记录连续5次完成侧滚翻的时间（s）与距离（m）。
4. 定性评价：记录动作评测的单个动作环节完成质量,"√"为成功,"○"为失败；定性评价等次共分为三等,依次是优秀、中等、一般。

14. 后滚翻动作整体构成序列综合评测表

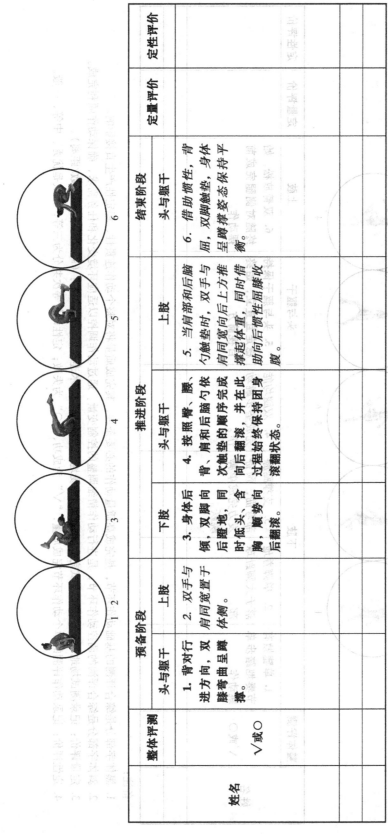

整体评测	预备阶段			推进阶段			结束阶段	定量评价	定性评价
	头与躯干	上肢	下肢	头与躯干	上肢	头与躯干			
	1. 脊对行进方向，双膝弯曲呈蹲撑。	2. 双手与肩同宽置于体侧。	3. 身体后倾，双脚向后蹬地，同时低头、含胸，顺势向后翻滚。	4. 按照臀、腰、背、肩和后脑依次触垫的顺序完成向后翻滚，并在此过程始终保持团身滚翻状态。	5. 当肩部和后脑勺触垫时，双手与肩同宽撑垫，双手向上方推撑起体重，同时借助后惯性屈膝收腹。	6. 借助惯性，背屈，双脚撑垫，身体呈蹲撑姿态保持平衡。		
姓名									
√或○									

备注：
1. 黑体字部分是综合评测的基础动作环节，是完成高质量动作的必要条件，是完成动作的必要环节。
2. 斜体字部分是综合评测的调整动作环节，是进行动作精细调整的动作环节，通过动作调控以适应环境变化和任务需求，确保动作顺利完成。
3. 定量评价：记录测试条件、动作测试完成标准和测试场地布置；记录连续完成5次后滚翻的时间（s）与距离（m）。
4. 定性评价：记录动作评测的单个动作环节完成质量，"√"为成功、"○"为失败；定性评价等次共分为三等，依次是优秀、中等、一般。

15. 垫步跳动作整体构成序列综合评测表

姓名	整体评测	下肢			头与躯干	上肢	定量评价	定性评价
		1. 单腿做有节奏地踏步单跳动作。	2. 单脚着地落于大脚趾球部。	3. 支撑腿膝部弯曲，预备发力完成单脚跳跃。	4. 双腿均能完成垫步跳动作。	5. 头与躯干保持稳定且直立，始终目视前方。	6. 双臂放松，始终随对侧腿完成前摆动作。		
	√或O								
	整体评价								

备注：
1. 黑体字部分是综合评测的基础动作环节，是完成高质量动作的必要条件。
2. 斜体字部分是综合评测的调控动作环节，是进行动作精细调整的控制变量，通过动作调整以适应环境变化和任务需求，确保动作顺利完成。
3. 定量评价：记录测试场地条件，动作测试完成标准和测试场地布置；记录15米连续垫步跳的时间（s）和步频（次数/距离）。
4. 定性评价：记录动作评测的单个动作环节完成质量，"√"为成功，"O"为失败，定性评价等次共分为三等，依次是优秀、中等、一般。

附件

16. 直腿跨跳动作整体构成序列综合评测表

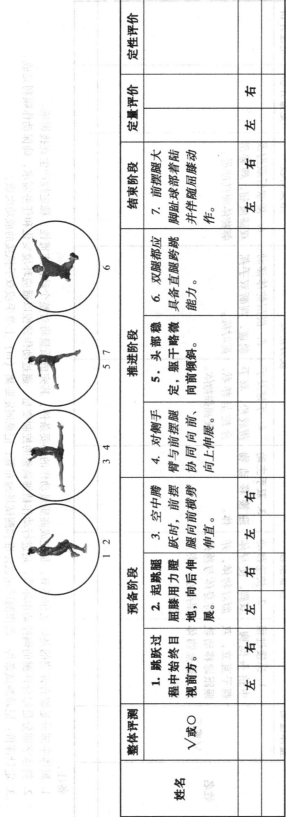

整体评测	预备阶段		起跳阶段		推进阶段		结束阶段	定量评价	定性评价
姓名 √或○	1. 跳跃过程中始终目视前方。	2. 起跳腿屈膝用力蹬地，向后伸展。	3. 空中腾跃时，前摆腿向前横劈伸直。	4. 对侧手臂与前摆腿协同向前、向上伸展。	5. 头部稳定，躯干略微向前倾斜。	6. 双腿都应具备直腿跨跳能力。	7. 前摆腿大脚趾球部着陆并伴随屈膝动作。		
	左	左	左				左	左	
	右	右	右				右	右	

备注：
1. 黑体字部分是综合评测的基础动作环节，是完成高质量动作的必要条件，其完成质量将对整个动作连贯性、稳定性产生直接影响。
2. 斜体字部分是综合评测的调控动作环节，是进行动作精细调整的控制变量，通过动作调控以适应环境变化和任务需求，确保动作顺利完成。
3. 定量评价：记录测试场地条件，动作测试完成标准和测试场地布置，测试单次和连续3次直腿跨跳的距离（m）。
4. 定性评价：记录动作评测的单个动作环节完成质量，"√"为成功、"○"为失败；定性评价等次共分为三等，依次是优秀、中等、一般。

17. 抓接动作整体构成序列综合评测表

整体检测	预备阶段		发力阶段			结束阶段	定量评价	定性评价
	1. 抓接过程中抬头挺胸，躯干直立，双眼跟踪移动物体，聚焦物体移动。	2. 快速移动双脚，使身体面对物体，并将身体与物体保持在一条直线上。	3. 双手主动迎接移动物体。	4. 手臂放松，双手指放松，双手合拢呈杯状，以便抓握物体。	5. 根据物体飞行轨迹，判断双手抓握时机。	6. 接球后双肘反双膝微屈，顺势消解物体惯性冲量。		
姓名 √或○								
器材							运算结果	运算结果

备注：
1. 黑体字部分是综合评测的基础动作环节，是完成高质量动作的必要条件，其完成质量将对整个动作连贯性、稳定性产生直接影响。
2. 斜体字部分是综合评测的调控动作环节，是进行动作精细调整的控制变量，通过动作调整以适应环境变化和任务需求，确保动作顺利完成。
3. 定量评价：记录测试条件，动作测试完成标准和测试场地布置；记录固定距离（m）上单手或双手抓接的成功次数。
4. 定性评价：记录动作评测的单个动作环节完成质量，"√"为成功，"○"为失败；定性评价等次共分为三等，依次是优秀、中等、一般。

附件

18. 肩下投掷动作整体构成序列综合评测表

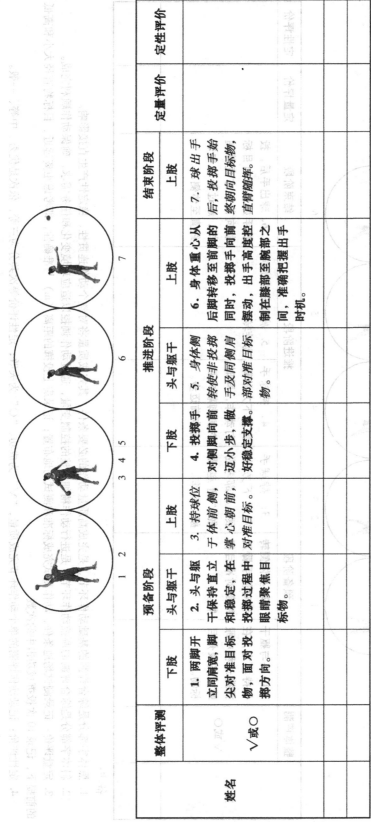

整体评测	预备阶段			推进阶段			结束阶段	定量评价	定性评价
	下肢	头与躯干	上肢	下肢	头与躯干	上肢	上肢		
	1. 两脚开立同肩宽，脚尖对准目标物，侧面对投掷方向。	2. 头与躯干保持直立和稳定，在投掷过程中眼睛聚焦目标物。	3. 持球位于体前侧，掌心朝前，对准目标。	4. 投掷手对侧脚向前迈小步，做好稳定支撑。	5. 身体非投掷侧肩及同侧手部对准目标物。	6. 身体重心从后脚转移至前脚的同时，投掷手向前摆动，出手高度控制在膝部至腰部之间，准确把握出手时机。	7. 球出手后，投掷手始终朝向目标物，直臂随挥。		
姓名									
√或○									

备注：
1. 黑体字部分是综合评测的基础动作环节，是完成高质量动作的必要条件，是完成高质量动作的必要条件，其完成质量将对整个动作连贯性、稳定性产生直接影响。
2. 斜体字部分是综合评测的调整动作环节，是进行动作精细调整的控制环节，通过动作调控以适应环境变化和任务需求，确保动作顺利完成。
3. 定量评价：记录测试场地条件、动作完成标准和测试场地布置，记录肩下投掷的距离（m）与准确性，即考虑距离远近，目标物直径大小和高低的前提下，记录10次投掷成功击中的次数。"√"为成功、"○"为失败，定性评价等次共分为三等，依次是优秀、中等、一般。
4. 定性评价：记录动作评测的单个动作环节完成质量。

19. 肩上投掷动作整体构成序列综合评测表

整体评测	预备阶段		推进阶段		结束阶段		定量评价	定性评价
	1. 头与躯干保持稳定，在投掷过程中眼睛始终聚焦目标物。	2. 身体侧转，使对侧手臂及肩部对准目标物。	3. 持球手向后下方伸展，肘部弯曲，做"超越器械"动作。	4. 持球手向前下方做鞭打动作，同时对侧脚朝向目标脚向前迈步。	5. 肩部随髋部向前旋转。	6. 球出手后，投掷手始终朝向目标物向前下方直臂随挥，超过身体中轴线直至身体侧。		
姓名 √或O	上肢	躯干	下肢	下肢	下肢	下肢		

备注：
1. 黑体字部分是综合评测的基础动作环节，是完成高质量动作的必要条件，其完成质量将对整个动作连贯性、稳定性产生直接影响。
2. 斜体字部分是综合评测的调控动作环节，是进行动作精细调整的控制变量，通过动作调整以适应环境变化和任务需求，确保动作顺利完成。
3. 定量评价：记录测试场地条件、动作测试完成标准和测试的距离（m）与准确性，即考虑距离远近，目标物直径大小和高低的前提下，记录 10 次投掷成功击中的次数。
4. 定性评价：记录动作评测的单个动作环节完成质量，"√"为成功，"O"为失败，定性评价等次共分为三等，依次是优秀、中等、一般。

附件

20. 双手持棒击球动作整体构成序列综合评测表

| 1 | 2 | 3 | 4 | 5 | 6 | 7 | 8 |

整体评测	预备阶段			发力阶段		随挥阶段	定量评价	定性评价
	1. 面对球侧身站立，开立同肩宽，使肩侧指向目标区。	2. 双脚开立同肩宽，身体重心位于后脚。	3. 双手击打过程中始终盯住球。	4. 双手合拢紧握球棒底端，手掌底部对准前脚。	5. 前脚朝目标区域迈步。	6. 髋部先向前转动，然后肩部随转。	7. 双手沿水平方向朝目标区域直臂挥击，控制球棒随身体重心转移至前脚时触球。	8. 击中球后，双臂绕身体中心线向颈后挥。	
姓名	√或○							左 右	

备注：
1. 黑体字部分是综合评测的基础动作环节，是完成高质量动作的必要条件，其完成质量将对整个动作连贯性、稳定性产生直接影响。
2. 斜体字部分是综合评测的调控动作环节，是进行动作精细调整的控制变量，通过动作调控以适应环境变化和任务需求，确保动作顺利完成。
3. 定量评价：记录测试条件，动作测试完成标准和测试场地布置；记录双手持棒击球的距离（m）和击中次数。
4. 定性评价：记录动作评测的单个动作环节完成质量，"√"为成功，"○"为失败；定性评价等次共分为三等，依次是优秀、中等、一般。

21. 原地踢球动作整体构成序列综合评测表

| 1 | 2 | 3 | 4 | 5 | 6 |

整体评测	预备阶段		推进阶段		结束阶段	定量评价	定性评价
	1. 踢球的整个过程中，眼睛始终盯着球。	2. 踢球脚对侧上臂向前和侧面摆动。	3. 支撑脚置于球侧后方8~10 cm处。	4. 踢球脚后摆阶段膝关节弯曲呈90°。	5. 运用足背或脚弓触球。	6. 踢球脚触球后使脚底指向目标区域，做向前上方的随摆动作。		
姓名	√或○							
							左	左
							右	右
	左	左	左	左	左	左		
	右	右	右	右	右	右		
							左	左
							右	右

备注：
1. 黑体字部分是综合评测的基础动作环节，是完成高质量动作的必要条件，其完成质量将对整个动作连贯性、稳定性产生直接影响。
2. 斜体字部分是综合评测的调控动作环节，是进行动作精细调控以适应环境变化和任务需求，通过动作调整完成动作顺利完成。
3. 定量评价：记录测试条件，儿童动作测试完成标准和测试场地布置，记录儿童原地踢球的距离（m）和准确性，即10次踢球中成功击中目标物的次数。
4. 定性评价：记录动作评测的单个动作环节完成质量，"√"为成功，"○"为失败；定性评价等次共分为三等，依次是优秀、中等、一般。

附件

22. 行进间运球动作整体构成序列综合评测表

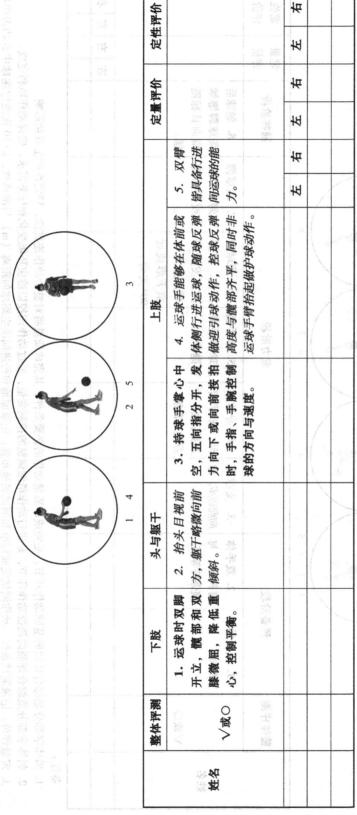

整体评测	下肢	头与躯干	上肢			定量评价		定性评价	
姓名	1. 运球时双脚开立，双膝微屈，髋部和重心，控制平衡。	2. 抬头目视前方，躯干略微向前倾斜。	3. 持球手掌心中空，五指分开，发力向下或向前按拍时，手指、手腕控制球的方向与速度。	4. 运球手能够在体侧做迎引球动作，随球反弹高度与髋部齐平，控球反弹时，同时非运球手臂抬起做护球动作。	5. 双臂皆具备行进间运球的能力。	左	右	左	右
√或○									

备注：
1. 黑体字部分是综合评测的基础动作环节，是完成高质量动作的必要条件，其完成质量将对整个动作连贯性、稳定性产生直接影响。
2. 斜体字部分是综合评测的调控动作环节，是进行动作精细调整的控制变量，通过动作调控以适应环境变化和任务需求，确保动作顺利完成。
3. 定量评价：记录测试条件、动作测试完成标准和测试场地布置，记录左、右单手交替运球运球的移动距离 (m) 与时间 (s)。
4. 定性评价：记录动作测评的单个动作环节完成质量，"√"为成功，"○"为失败，定性评价等次共分为三等，依次是优秀、中等、一般。

23. 凌空抽射动作整体构成序列综合评测表

整体评测	预备阶段		发力阶段				随挥阶段	定量评价	定性评价
	1. 双眼始终紧盯球。	2. 双手体前持球，与髋保持等高。	3. 支撑脚向前迈步，稳定支撑。	4. 身体后仰，踢球腿屈膝后摆，做好发力准备。	5. 单手朝踢球脚足背抛掷球。	6. 踢球腿屈髋、伸膝向前发力踢球，直至与躯干形成近90°夹角。	7. 踢球脚对侧手臂向前或侧面摆动。	8. 触球后踢球脚继续指向目标随摆。		
√或〇									左 右	左 右
班级 姓名										

备注：
1. 黑体字部分是综合评测的基础动作环节，是完成高质量动作的必要条件，其完成质量将对整个动作连贯性、稳定性产生直接影响。
2. 斜体字部分是综合评测的调整动作环节，是进行动作精细调整的控制变量，通过动作调控以适应环境变化和任务需求，确保动作顺利完成。
3. 定量评价：记录测试条件、动作测试完成标准和测试地布置；记录原地和行进间凌空踢球的距离（m）与准确性，即10次凌空踢球中成功击中物体的次数（击中次数/总次数）。
4. 定性评价：记录动作评测的单个动作环节完成质量，"√"为成功、"〇"为失败，定性评价等次共为三等，依次是优秀、中等、一般。

附件

24. 脚运球动作整体构成序列综合评测表

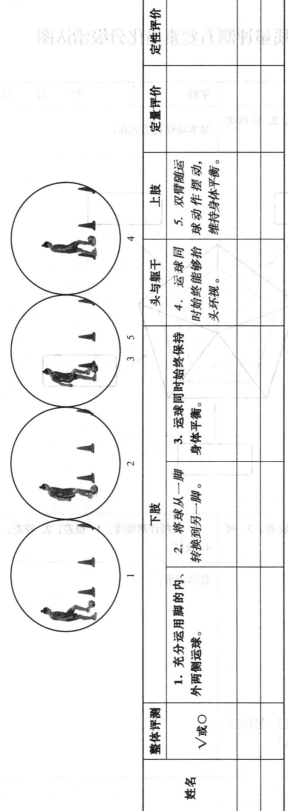

姓名	整体评测	下肢		头与躯干	上肢	定量评价	定性评价
	√或○	1. 充分运用脚的内、外两侧运球。	2. 将球从一脚转换到另一脚。	3. 运球同时始终保持身体平衡。	4. 运球同时始终能够抬头环视。	5. 双臂随运球动作摆动，维持身体平衡。	

备注：
1. 黑体字部分是综合评测的基础动作环节，是完成高质量动作的必要条件，其完成质量将对整个动作连贯性、稳定性产生直接影响。
2. 斜体字部分是综合评测的调控动作环节，是进行动作精细调整调控的动作变量，通过动作调控以适应环境变化和任务需求，确保动作顺利完成。
3. 定量评价：记录测试条件、动作测试完成标准和测试场地布置；①记录绕杆运球距离（m）与时间（s）。
4. 定性评价：记录动作评测的单个动作环节完成质量，"√"为成功，"○"为失败。定性评价等次共分为三等，依次是优秀、中等、一般。

25. 儿童动作质量评测五要素量化分级雷达图

姓名		年龄		年　月　日	
基本动作技能类别：1. 稳定类（　）2. 位移类（　）3. 操控类（　）			基本动作技能名称：		
A. 学生自评维度：1. 很难；2. 较难；3. 可以；4. 容易			B. 教师评测维度：1. 很差；2. 较差；3. 一般；4. 良好		
自我评价：			教师评价：		
自我用力感受评级： 非常轻松□　较轻松□　有点轻松□　轻松□　累□　有点累□　较累□　非常累□					

26. 儿童动作质量评测六要素量化分级雷达图

姓名		年龄		年 月 日
基本动作技能类别：1. 稳定类（ ） 2. 位移类（ ） 3. 操控类（ ）		基本动作技能名称：		

A. 学生自评维度：1. 很难；2. 较难；3. 可以；4. 容易	B. 教师评测维度：1. 很差；2. 较差；3. 一般；4. 良好
自我评价：	教师评价：
自我用力感受评级： 非常轻松☐　较轻松☐　有点轻松☐　轻松☐ 累☐　有点累☐　较累☐　非常累☐	

27. 儿童动作质量评测七要素量化分级雷达图

姓名		年龄		年　月　日	
基本动作技能类别：1. 稳定类（　）2. 位移类（　）3. 操控类（　）			基本动作技能名称：		

A. 学生自评维度：1. 很难；2. 较难；3. 可以；4. 容易	B. 教师评测维度：1. 很差；2. 较差；3. 一般；4. 良好
自我评价：	教师评价：
自我用力感受评级： 非常轻松□　较轻松□　有点轻松□　轻松□ 累□　有点累□　较累□　非常累□	

28. 儿童动作质量评测八要素量化分级雷达图

姓名		年龄		年　　月　　日
基本动作技能类别：1. 稳定类（　）2. 位移类（　）3. 操控类（　）		基本动作技能名称：		

A. 学生自评维度：1. 很难；2. 较难；3. 可以；4. 容易	B. 教师评测维度：1. 很差；2. 较差；3. 一般；4. 良好
自我评价：	教师评价：
自我用力感受评级： 非常轻松□　较轻松□　有点轻松□　轻松□ 累□　有点累□　较累□　非常累□	

29. 儿童基本动作技能教学序列示意表

基本动作技能		2周岁	3周岁	4周岁	5周岁	6周岁	7周岁	8周岁	9周岁	10周岁
稳定技能	单脚站立平衡	4	5	1	6					
	平衡木行走	4	1	3	5					
	着陆		4	3	2					
位移技能	跑步	4	3	6	1	5	4			
	侧并步		5	3	7	2	5	7		
	纵跳		1	2		1	4			
	跳远			3	8	6	2			
	爬行		3	1	5	4	5			
	单脚跳			5	3	2	6			
	前滚翻			1		6	5			
	前并步			6		4	2			
	变向			4	5	1	5	6	3	
	侧滚翻			1	3	3	6	4		
	后滚翻			2	6	4	3	7		
	垫步跳			5		2	3	4		
	直腿跨跳				5	1	2	4		6

续表

基本动作技能		2周岁	3周岁	4周岁	5周岁	6周岁	7周岁	8周岁	9周岁	10周岁
	抓接		1	2	4	5				
	肩下投掷		2	1	6	3	7			
	肩上投掷			1	4		3	5		
操控技能	双手持棒击球			1	2	3	5	6	7	8
	原地踢球			1	3	2	4	5	6	
	行进间运球				1	4	2	5	6	8
	凌空抽射				1	2	3	4	6	
	脚运球				3	1		7	5	4

·231·

续表

基本变量数学关系	受试 1	受试 2	受试 3	受试 4	受试 5	受试 6	受试 7	受试 8	受试 9	受试 10
衣服				5	4	2				
同工工种					6					
同工工资			3	1	4	5	1	2		
奖金与工资			5	1	5	3	4	5		
地理调职				1	4	4	2	7		8
福利 注					3	1	5	2		
上行调动同级				5	1	3	4	3		8
体体空闲				3	1	2	3	5	5	
风险金					3	3	4	5	2	4